GWAITH HYWEL SWRDWAL A'I DEULU

golygwyd gan

DYLAN FOSTER EVANS

ABERYSTWYTH
CANOLFAN UWCHEFRYDIAU CYMREIG A CHELTAIDD
PRIFYSGOL CYMRU
2000

℗ Prifysgol Cymru ©, 2000.

Y mae cofnod catalogio'r llyfr hwn ar gael gan y Llyfrgell Brydeinig.

ISBN 0 947531 90 4

Cysodwyd gan staff Canolfan Uwchefrydiau Cymreig a Cheltaidd Prifysgol Cymru.
Argraffwyd gan **print in black**, Midsomer Norton.

CYFRES BEIRDD YR UCHELWYR

Gwaith Hywel Swrdwal a'i deulu

Dull y golygu

Lluniwyd testunau cyfansawdd o'r cerddi, gan ddangos y darlleniadau amrywiol (ond nid rhai orgraffyddol pur) yn yr 'Amrywiadau' ar waelod y testun. Os yw darlleniad amrywiol yn digwydd mewn grŵp o lawysgrifau, cofnodir ef yn orgraff y llawysgrif hynaf yn y grŵp hwnnw. Os oes gair neu ran o linell yn eisiau mewn llawysgrif, nodir hynny drwy roi'r gair neu'r geiriau sy'n eisiau (yn orgraff y testun golygedig) mewn bachau petryal. Os oes llinell neu linellau yn eisiau mewn llawysgrif, nodir y rheini mewn bachau petryal wrth drafod trefn y llinellau. Fodd bynnag, os yw'r gair neu'r geiriau'n annarllenadwy neu wedi cael eu dileu oherwydd staen, twll, &c., dynodir hynny â bachau petryal gwag.

Cyflwynwyd y testun mewn orgraff Cymraeg Diweddar ac wedi ei briflythrennu a'i atalnodi. Diweddarwyd orgraff a sain geiriau, oni bai fod y gynghanedd yn gofyn am sain Gymraeg Canol (gw. GDG[3] xlvi); er enghraifft, diweddarwyd -*aw*-, -*aw* yn *o* pan oedd angen (oni bai fod yr odl yn hawlio cadw'r *aw*) ac -*ei*-, -*ei* yn *ai*. Ond ni ddiweddarwyd geiriau Cymraeg Canol dilys megis *fal*, *no*(*g*), *gwedy*, *uddun* (sef 'iddynt'), *ymy*, *yty* (sef 'imi', 'iti'), *wyd* (sef 'wyt'), *carud*, *cery*, &c.

Y mae nifer o'r cerddi yn y golygiad hwn i'w cael mewn un llawysgrif yn unig. Y bwysicaf o'r llawysgrifau hynny yw Pen 54, lle y credir bod cerddi Hywel Swrdwal ac Ieuan ap Hywel Swrdwal wedi eu cofnodi yn llaw y beirdd eu hunain. Ceisiwyd, felly, ymyrryd cyn lleied â phosibl wrth lunio testun ar sail y llawysgrif hon. O ganlyniad, ni cheir cysondeb llwyr yn y testunau unigol nac yn y cyfanwaith, er enghraifft o safbwynt treiglo, cynnwys yr anadliad caled ar ôl y rhagenw cyntaf lluosog (cf., e.e., 7.34 *I Gymru i enynnu'n iaith* â 7.72 *Roi gwledd nef i'n harglwydd ni*), neu gyda ffurfiau megis *henw*/*enw* ac *ennill*/*ynnill*. Er colli cysondeb (cysyniad nad oedd efallai yn gwbl ystyrlon i feirdd y cyfnod), ceir darlleniad sydd mor agos â phosibl at y fersiwn cynharaf sydd wedi goroesi.

Yn yr Eirfa ar ddiwedd y gwaith rhestrir y geiriau a drafodir yn y nodiadau (a nodir hynny ag 'n'), yn ogystal â geiriau dieithr neu eiriau sy'n digwydd mewn ystyr wahanol i'r arfer.

Gan mai gwaith teulu o feirdd a geir yn y gyfrol hon, y mae yn aml gryn ansicrwydd ynglŷn ag awduraeth y cerddi. O ganlyniad, ni chyflwynir gwaith y beirdd hyn mewn adrannau ar wahân, ond yn hytrach gyda'i gilydd (ynghyd â dau gywydd ymryson gan Lawdden). Ceir, felly, un Eirfa, un rhestr o enwau personol ac un rhestr o enwau lleoedd sy'n cyfeirio at waith yr holl feirdd. Nodir enw'r bardd o dan deitl pob cerdd; os oes amheuaeth ynglŷn â'i hawduraeth, dangosir hynny ag '?'.

Diolchiadau

Cydnabyddir yn ddiolchgar gymorth y canlynol: Golygyddion a staff Geiriadur Prifysgol Cymru; staff Adran y Llawysgrifau a'r Cofysgrifau yn Llyfrgell Genedlaethol Cymru, Aberystwyth; Bwrdd Golygyddol a Golygyddion Ymgynghorol y gyfres hon; yr Athro Emeritws D.J. Bowen, Ms Manon Foster Evans, Mr Daniel Huws a Mr Tomos Roberts. Hoffwn ddiolch hefyd i Gyfarwyddwr a staff y Ganolfan Uwchefrydiau Cymreig a Cheltaidd am eu cymorth a'u cefnogaeth yn ystod y cyfnod y bûm yn gweithio yno (ac yn wir, wedi i mi adael), ac yn fwyaf arbennig i Dr Ann Parry Owen am ei gwaith manwl, trylwyr ac amyneddgar wrth baratoi'r golygiad hwn ar gyfer ei gyhoeddi.

Cynnwys

GWAITH IEUAN AP HYWEL SWRDWAL

GWAITH DAFYDD AP HYWEL SWRDWAL

Byrfoddau

Llyfryddol

Arch Camb	*Archaeologia Cambrensis*, 1846–
B	*Bwletin y Bwrdd Gwybodau Celtaidd*, 1921–93
Bangor	Llawysgrif yng nghasgliad Prifysgol Cymru, Bangor
Bangor (Mos)	Llawysgrif yng nghasgliad Bangor (Mostyn) ym Mhrifysgol Cymru, Bangor
Barn	'Llyfr y Barnwyr' yn yr Hen Destament
P.C. Bartrum: WG1	P.C. Bartrum, *Welsh Genealogies AD 300–1400* (Cardiff, 1974)
P.C. Bartrum: WG2	P.C. Bartrum, *Welsh Genealogies AD 1400–1500* (Aberystwyth, 1983)
BaTh	*Beirdd a Thywysogion: Barddoniaeth Llys yng Nghymru, Iwerddon a'r Alban*, gol. Morfydd E. Owen a Brynley F. Roberts (Caerdydd ac Aberystwyth, 1996)
BD	*Brut Dingestow*, gol. Henry Lewis (Caerdydd, 1942)
Beirn	*Y Beirniad*, gol. J. Morris Jones (1911–20)
BL Add	Llawysgrif Ychwanegol yng nghasgliad y Llyfrgell Brydeinig, Llundain
Bl B XVII	*Blodeugerdd Barddas o'r Ail Ganrif ar Bymtheg*, gol. Nesta Lloyd (Llandybïe, 1993)
Bl BGCC	*Blodeugerdd Barddas o Ganu Crefyddol Cynnar*, gol. Marged Haycock (Llandybïe, 1994)
Bodley	Llawysgrif yng nghasgliad Llyfrgell Bodley, Rhydychen

BrM	*Breuddwyd Maxen*, gol. Ifor Williams (Bangor, 1908)
Brog	Llawysgrif yng nghasgliad Brogyntyn, yn Llyfrgell Genedlaethol Cymru, Aberystwyth
BY	*Y Bibyl Ynghymraec*, gol. Thomas Jones (Caerdydd, 1940)
ByCy	*Y Bywgraffiadur Cymreig hyd 1940* (Llundain, 1953)
CA	*Canu Aneirin*, gol. Ifor Williams (Caerdydd, 1938)
Cal. Pat. Rolls 1476–1485	*Calendar of the Patent Rolls, 1476–1485* (London, 1901)
CAMBM	*Catalogue of Additions to the Manuscripts in the British Museum*
Card	Llawysgrif yn Llyfrgell Ganolog Caerdydd
CBPM	G. Hartwell Jones, *Celtic Britain and the Pilgrim Movement* (London, 1912)
CH	William Gwyn Lewis, 'Astudiaeth o Ganu'r Beirdd i'r Herbertiaid hyd Ddechrau'r Unfed Ganrif ar Bymtheg' (Ph.D. Cymru [Bangor], 1982)
Chirk	Llawysgrif yng nghasgliad Castell y Waun, yn Llyfrgell Genedlaethol Cymru, Aberystwyth
CLC²	*Cydymaith i Lenyddiaeth Cymru*, gol. Meic Stephens (ail arg., Caerdydd, 1997)
CLlH	*Canu Llywarch Hen*, gol. Ifor Williams (Caerdydd, 1935)
CM	Llawysgrif yng nghasgliad Cwrtmawr, yn Llyfrgell Genedlaethol Cymru, Aberystwyth
CO³	*Culhwch ac Olwen*, gol. Rachel Bromwich a D. Simon Evans gyda chymorth D.H. Evans (Caerdydd, 1997)
Comp Peer	G.E. Cockayne, *The complete peerage of England, Scotland, Ireland, Great Britain and the United Kingdom extant, extinct or dormant* (new ed., 13 vols., London, 1910–59)

CRC	*Canu Rhydd Cynnar*, gol. T.H. Parry-Williams (Caerdydd, 1932)
CSF	Francis Payne, *Crwydro Sir Faesyfed* (2 gyf., Llandybïe, 1966–8)
Cylchg CHSFeir	*Cylchgrawn Cymdeithas Hanes a Chofnodion Sir Feirionnydd*, 1949–
Cylchg HC	*Cylchgrawn Hanes Cymru*, 1960–
Cylchg LlGC	*Cylchgrawn Llyfrgell Genedlaethol Cymru*, 1939–
R.R. Davies: CCC	R.R. Davies, *Conquest, Coexistence, and Change*: *Wales 1063–1415* (Oxford and Cardiff, 1987)
R.R. Davies: LSMW	R.R. Davies, *Lordship and Society in the March of Wales* (Oxford, 1978)
R.R. Davies: ROG	R.R. Davies, *The Revolt of Owain Glyn Dŵr* (Oxford, 1995)
DE	*Gwaith Dafydd ab Edmwnd*, gol. Thomas Roberts (Bangor, 1914)
Deut	'Deuteronomium' yn yr Hen Destament
DGG²	*Cywyddau Dafydd ap Gwilym a'i Gyfoeswyr*, gol. Ifor Williams a Thomas Roberts (ail arg., Caerdydd, 1935)
DN	*The Poetical Works of Dafydd Nanmor*, ed. Thomas Roberts and Ifor Williams (Cardiff and London, 1923)
DNB	*Dictionary of National Biography*, ed. L. Stephen and S. Lee (Oxford, 1917)
DWH	Michael Powell Siddons, *The Development of Welsh Heraldry* (3 vols., Aberystwyth, 1991–3)
L. Dwnn: HV	*Heraldic Visitations of Wales*, ed. S.R. Meyrick (Llandovery, 1846)
EANC	R.J. Thomas, *Enwau Afonydd a Nentydd Cymru* (Caerdydd, 1938)
Ecs	'Llyfr Ecsodus' yn yr Hen Destament
EEW	T.H. Parry-Williams, *The English Element in Welsh* (London, 1923)

Études	*Études celtiques*, 1936–
EWGT	*Early Welsh Genealogical Tracts*, ed. P.C. Bartrum (Cardiff, 1966)
G	*Geirfa Barddoniaeth Gynnar Gymraeg*, gol. J. Lloyd-Jones (Caerdydd, 1931–63)
GC	*Gwaith Casnodyn*, gol. R. Iestyn Daniel (Aberystwyth, 1999)
GCBM i	*Gwaith Cynddelw Brydydd Mawr*, i, gol. Nerys Ann Jones ac Ann Parry Owen (Caerdydd, 1991)
GCBM ii	*Gwaith Cynddelw Brydydd Mawr*, ii, gol. Nerys Ann Jones ac Ann Parry Owen (Caerdydd, 1995)
GDG	*Gwaith Dafydd ap Gwilym*, gol. Thomas Parry (Caerdydd, 1952)
GDG³	*Gwaith Dafydd ap Gwilym*, gol. Thomas Parry (trydydd arg., Caerdydd, 1979)
GDGor	*Gwaith Dafydd Gorlech*, gol. Erwain H. Rheinallt (Aberystwyth, 1997)
GDID	*Gwaith Deio ab Ieuan Du a Gwilym ab Ieuan Hen*, gol. A. Eleri Davies (Caerdydd, 1992)
GDLl	*Gwaith Dafydd Llwyd o Fathafarn*, gol. W. Leslie Richards (Caerdydd, 1964)
GeirB	*Geiriadur Beiblaidd*, gol. Thomas Rees, D. Francis Roberts, J.T. Evans, David Williams, Ifor Williams (Wrecsam, 1926)
Gen	'Genesis' yn yr Hen Destament
GEO	*Gwaith Einion Offeiriad a Dafydd Ddu o Hiraddug*, gol. R. Geraint Gruffydd a Rhiannon Ifans (Aberystwyth, 1997)
GGDT	*Gwaith Gruffudd ap Dafydd ap Tudur, Gwilym Ddu o Arfon, Trahaearn Brydydd Mawr ac Iorwerth Beli*, gol. N.G. Costigan (Bosco) *et al.* (Aberystwyth, 1995)
GGH	*Gwaith Gruffudd Hiraethog*, gol. D.J. Bowen (Caerdydd, 1990)

GGl²	*Gwaith Guto'r Glyn*, gol. J. Llywelyn Williams ac Ifor Williams (ail arg., Caerdydd, 1961)
GGrG	*Gwaith Gronw Gyriog, Iorwerth ab y Cyriog, Mab Clochyddyn, Gruffudd ap Tudur Goch ac Ithel Ddu*, gol. Rhiannon Ifans, Ann Parry Owen, W. Dyfed Rowlands ac Erwain H. Rheinallt (Aberystwyth, 1997)
GGLl	*Gwaith Gruffudd Llwyd a'r Llygliwiaid Eraill*, gol. Rhiannon Ifans (Aberystwyth, 2000)
GHC	*Gwaith Hywel Cilan*, gol. Islwyn Jones (Caerdydd, 1963)
GHD	*Gwaith Huw ap Dafydd ap Llywelyn ap Madog*, gol. A. Cynfael Lake (Aberystwyth, 1995)
GIBH	*Gwaith Ieuan Brydydd Hir*, gol. M. Paul Bryant-Quinn (Aberystwyth, 2000)
GIG	*Gwaith Iolo Goch*, gol. D.R. Johnston (Caerdydd, 1988)
GILlV	*Detholiad o waith Gruffudd ab Ieuan ab Llewelyn Vychan*, gol. J.C. Morrice (Bangor, 1910)
GLD	*Gwaith Lewys Daron*, gol. A. Cynfael Lake (Caerdydd, 1994)
GLGC	*Gwaith Lewys Glyn Cothi*, gol. Dafydd Johnston (Caerdydd, 1995)
GLM	*Gwaith Lewys Môn*, gol. Eurys I. Rowlands (Caerdydd, 1975)
GLlBH	*Gwaith Llywelyn Brydydd Hoddnant, Dafydd ap Gwilym, Hillyn ac eraill*, gol. Ann Parry Owen a Dylan Foster Evans (Aberystwyth, 1996)
GLlG	*Gwaith Llywelyn Goch ap Meurig Hen*, gol. Dafydd Johnston (Aberystwyth, 1998)
GLlLl	*Gwaith Llywarch ap Llywelyn 'Prydydd y Moch'*, gol. Elin M. Jones (Caerdydd, 1989)
GM	*Gwassanaeth Meir*, gol. Brynley F. Roberts (Caerdydd, 1961)
GMB	*Gwaith Meilyr Brydydd a'i Ddisgynyddion*, gol. J.E. Caerwyn Williams *et al.* (Caerdydd, 1994)

GMW

D. Simon Evans, *A Grammar of Middle Welsh* (Dublin, 1964)

GO

L'oeuvre poétique de Gutun Owain, gol. E. Bachellery (Paris, 1950–1)

GOLlM

Gwaith Owain ap Llywelyn ab y Moel, gol. Eurys Rolant (Caerdydd, 1984)

GPC

Geiriadur Prifysgol Cymru (Caerdydd, 1950–)

GRB

Gwaith Rhys Brydydd a Rhisiart ap Rhys, gol. J.M. Williams ac Eurys I. Rowlands (Caerdydd, 1976)

R.A. Griffiths: PW i

R.A. Griffiths, *The Principality of Wales in the Later Middle Ages*: *i. South Wales 1277–1536* (Cardiff, 1972)

GSC

Gwaith Siôn Ceri, gol. A. Cynfael Lake (Aberystwyth, 1996)

GSCMB

'Guide to the Special Collections of Manuscripts in the Library of the University College of North Wales Bangor' (cyfrol anghyhoeddedig, Bangor, 1962)

GSCyf

Gwaith Dafydd Bach ap Madog Wladaidd 'Sypyn Cyfeiliog' a Llywelyn ab y Moel, gol. R. Iestyn Daniel (Aberystwyth, 1998)

GSH

Gwaith Siôn ap Hywel ap Llywelyn Fychan, gol. A. Cynfael Lake (Aberystwyth, 1999)

GSRh

Gwaith Sefnyn, Rhisierdyn, Gruffudd Fychan ap Gruffudd ab Ednyfed a Llywarch Bentwrch, gol. Nerys Ann Jones ac Erwain Haf Rheinallt (Aberystwyth, 1995)

GTP

Gwaith Tudur Penllyn ac Ieuan ap Tudur Penllyn, gol. Thomas Roberts (Caerdydd, 1958)

GWL ii[2]

A Guide to Welsh Literature 1282–c. 1550 Volume II, ed. A.O.H. Jarman and Gwilym Rees Hughes, revised by Dafydd Johnston (Cardiff, 1997)

Gwyn

Llawysgrif yng nghasgliad J. Gwyneddon Davies, yn Llyfrgell Prifysgol Cymru, Bangor

Haf	Llawysgrif yng nghasgliad Hafod, yn Llyfrgell Ganolog Caerdydd
HCLl	*Gwaith Huw Cae Llwyd ac Eraill*, gol. Leslie Harries (Caerdydd, 1953)
HMNLW	*Handlist of Manuscripts in the National Library of Wales* (Aberystwyth, 1943–)
HMons	J.A. Bradney, *A history of Monmouthshire from the coming of the Normans into Wales down to the present time* (3 vols., London, 1904–33)
HS	*Gwaith Barddonol Howel Swrdwal a'i fab Ieuan*, gol. J.C. Morrice (Bangor, 1908)
J.R. Hughes	Llawysgrif yng nghasgliad J.R. Hughes, Llyfrgell Genedlaethol Cymru, Aberystwyth
IGE²	*Cywyddau Iolo Goch ac Eraill*, gol. Henry Lewis, Thomas Roberts ac Ifor Williams (ail arg., Caerdydd, 1937)
Io	'Yr Efengyl yn ôl Ioan' yn y Testament Newydd
J	Llawysgrif yng nghasgliad Coleg Iesu, Rhydychen
KAA²	*Kedymdeithyas Amlyn ac Amic*, gol. Patricia Williams (Caerdydd, 1982)
LBS	S. Baring-Gould and J. Fisher, *The Lives of the British Saints* (4 vols., London, 1907–13)
LPGM	G.T. Clark, *Limbus patrum Morganiæ et Glamorganiæ* (London, 1886)
Luc	'Yr Efengyl yn ôl Luc' yn y Testament Newydd
Llawdden, &c.: Gw	M.G. Headley, 'Barddoniaeth Llawdden a Rhys Nanmor' (M.A. Cymru [Bangor], 1937)
LlCy	*Llên Cymru*, 1950–
LlGC	Llawysgrif yng nghasgliad Llyfrgell Genedlaethol Cymru, Aberystwyth
J.E. Lloyd: HW³	J.E. Lloyd, *A History of Wales* (third ed., London, 1939)
Llst	Llawysgrif yng nghasgliad Llansteffan, yn Llyfrgell Genedlaethol Cymru, Aberystwyth

Llywelyn Siôn, &c.: Gw   T. Oswald Phillips, 'Bywyd a Gwaith Meurig Dafydd (Llanisien) a Llywelyn Siôn (Langewydd)' (M.A. Cymru [Caerdydd], 1937)

Math   'Yr Efengyl yn ôl Sant Mathew' yn y Testament Newydd

MCF   Mynegai Cyfrifiadurol i Farddoniaeth, Llyfrgell Genedlaethol Cymru, Aberystwyth (rhoddir y dyddiad y codwyd yr wybodaeth mewn cromfachau)

MED   *Middle English Dictionary* (Ann Arbor, Michigan, 1954–)

Mont Coll   *Collections Historical and Archaeological ... by the Powysland Club*, 1868–

J. Morris-Jones: CD   John Morris-Jones, *Cerdd Dafod* (Rhydychen, 1925)

Mos   Llawysgrif yng nghasgliad Mostyn, yn Llyfrgell Genedlaethol Cymru, Aberystwyth

MWM   Daniel Huws, *Medieval Welsh Manuscripts* (Cardiff and Aberystwyth, 2000)

NBSBM   Tegwen Llwyd, 'Noddwyr Beirdd yn Siroedd Brycheiniog a Maesyfed' (M.A. Cymru [Aberystwyth], 1987)

NBSD   R.L. Roberts, 'Noddwyr y Beirdd yn Sir Drefaldwyn' (M.A. Cymru [Aberystwyth], 1980)

NBSF   A.Ll. Hughes, 'Noddwyr y Beirdd yn Sir Feirionnydd' (M.A. Cymru [Aberystwyth], 1969)

NBSFf   R.A. Charles, 'Noddwyr y Beirdd yn Sir y Fflint' (M.A. Cymru [Aberystwyth], 1967)

NCE   *New Catholic Encyclopaedia* (New York, 1967–79)

NLWCM   J.H. Davies, *The National Library of Wales: Catalogue of Manuscripts*, i (Aberystwyth, 1921)

Nu   'Numeri' yn yr Hen Destament

OCD   *The Oxford Classical Dictionary*, ed. M. Cary *et al.* (Oxford, 1949)

OCD³	*The Oxford Classical Dictionary*, ed. Simon Hornblower and Antony Spawforth (third ed., Oxford, 1996)
ODCC³	*The Oxford Dictionary of the Christian Church*, ed. F.L. Cross and E.A. Livingstone (third ed., London, 1997)
OED²	*The Oxford English Dictionary* (second ed., Oxford, 1989)
Pant	Llawysgrif yng nghasgliad Panton, yn Llyfrgell Genedlaethol Cymru, Aberystwyth
Pen	Llawysgrif yng nghasgliad Peniarth, yn Llyfrgell Genedlaethol Cymru, Aberystwyth
Pen 67	*Peniarth 67*, transcribed and edited by E. Stanton Roberts (Cardiff, 1918)
Pen 76	*Peniarth 76*, copïwyd gan E. Stanton Roberts a golygwyd gan W.J. Gruffydd (Caerdydd, 1927)
PKM	*Pedeir Keinc y Mabinogi*, gol. Ifor Williams (Caerdydd, 1930)
R	*The Poetry in the Red Book of Hergest*, ed. J. Gwenogvryn Evans (Llanbedrog, 1911)
RB	*The Text of the Bruts from the Red Book of Hergest*, ed. J. Rhŷs and J. Gwenogvryn Evans (Oxford, 1890)
RCHAM (Glamorgan)	*An Inventory of the Ancient Monuments of Glamorgan* (4 vols., London, 1976–88)
RWM	*Report on Manuscripts in the Welsh Language*, ed. J. Gwenogvryn Evans (London, 1898–1910); fe'i defnyddir hefyd i ddynodi rhif llawysgrif yng nghatalog J.G.E.
SC	*Studia Celtica*, 1966–
SCWMBLO	F. Madan and H.H.E. Craster, *Summary Catalogue of Western Manuscripts in the Bodleian Library at Oxford* (Oxford, 1924)
Stowe	Llawysgrif yng nghasgliad Stowe, yn y Llyfrgell Brydeinig, Llundain

T   *The Book of Taliesin*, ed. J. Gwenogvryn Evans
                               (Llanbedrog, 1910)

TA   *Gwaith Tudur Aled*, gol. T. Gwynn Jones
                               (Caerdydd, 1926)

THSC   *The Transactions of the Honourable Society of
                               Cymmrodorion*, 1892/3–

TLlM   G.J. Williams, *Traddodiad Llenyddol Morgannwg*
                               (Caerdydd, 1948)

Treigladau   T.J. Morgan, *Y Treigladau a'u Cystrawen* (Caer-
                               dydd, 1952)

TRS   *The Radnorshire Society Transactions*, 1931–

TWS   Elissa R. Henken, *Traditions of the Welsh Saints*
                               (Cambridge, 1987)

TYP²   *Trioedd Ynys Prydein*, ed. Rachel Bromwich
                               (second ed., Cardiff, 1978)

WATU   Melville Richards, *Welsh Administrative and
                               Territorial Units* (Cardiff, 1969)

WCD   P.C. Bartrum, *A Welsh Classical Dictionary:
                               People in History and Legend up to about A.D.
                               1000* (Aberystwyth, 1993)

WG   J. Morris Jones, *A Welsh Grammar* (Oxford,
                               1913)

G. Williams: RRR   Glanmor Williams, *Recovery, Reorientation and
                               Reformation: Wales c. 1415–1642* (Oxford, 1987)

W Surnames   T.J. Morgan and Prys Morgan, *Welsh Surnames*
                               (Cardiff, 1985)

WWR²   H.T. Evans, *Wales and the Wars of the Roses*
                               (second ed., Stroud, 1998)

Wy   Llawysgrif yng nghasgliad Wynnstay, yn Llyfr-
                               gell Genedlaethol Cymru, Aberystwyth

YB   *Ysgrifau Beirniadol*, gol. J.E. Caerwyn Williams
                               (Dinbych, 1965–)

YCM²   *Ystorya de Carolo Magno*, gol. Stephen J.
                               Williams (ail arg., Caerdydd, 1968)

YEPWC   *Ymryson Edmwnd Prys a Wiliam Cynwal*, gol. Gruffydd Aled Williams (Caerdydd, 1986)

YSG   *Ystoryaeu Seint Greal*, gol. Thomas Jones (Caerdydd, 1992)

Termau a geiriau

a.	ansoddair, -eiriol	gn.	geiryn
a.	*ante*	gol.	golygydd, golygwyd
adf.	adferf		gan
amhff.	amherffaith	grb.	gorberffaith
amhrs.	amhersonol	grch.	gorchmynnol
anh.	anhysbys	grff.	gorffennol
ardd.	arddodiad, -iaid	gthg.	gwrthgyferbynier, -iol
arg.	argraffiad	gw.	gweler
art.cit.	*articulo citato*	Gwydd.	Gwyddeleg
b.	benywaidd	H.	Hen
ba.	berf anghyflawn	*ib.*	*ibidem*
be.	berfenw	*id.*	*idem*
bf. (f.)	berf, -au	*l.c.*	*loco citato*
c. (g.)	canrif	ll.	lluosog; llinell
c.	*circa*	Llad.	Lladin
C.	Canol	llau.	llinellau
cf.	cymharer	llsgr.	llawysgrif
cfrt.	gradd gyfartal	llsgrau.	llawysgrifau
Clt.	Celteg, Celtaidd	m.	mewnol
cmhr.	gradd gymharol	myn.	mynegol
Cym.	Cymraeg	n.	nodyn
cys.	cysylltair, cysylltiad	neg.	negydd, -ol
d.g.	dan y gair	*ob.*	*obiit*
dib.	dibynnol	*op.cit.*	*opere citato*
dyf.	dyfodol	pres.	presennol
e.	enw	prff.	perffaith
eb.	enw benywaidd	prs.	person, -ol
e.c.	enw cyffredin	pth.	perthynol
ed.	*edited by, edition*	r	*recto*
e.e.	er enghraifft	rh.	rhagenw, -ol
eg.	enw gwrywaidd	S.	Saesneg
e.p.	enw priod	*sc.*	*scilicet*
ex inf.	*ex informatione*	*s.l.*	*sine loco*
f.	ffolio	*s.n.*	*sub nomine*
ff.	ffolios	td.	tudalen
fl.	*floruit*	un.	unigol
Ffr.	Ffrangeg	v	*verso*
g.	(c.) canrif	vols.	volumes
g.	gwrywaidd		

Rhagymadrodd

Yr enw Swrdwal a chefndir y teulu

Fel y dywedodd J.C. Morrice, golygydd cyntaf gwaith y teulu hwn o feirdd, 'enw dieithr i glust Cymro ydyw Swrdwal'.[1] Mwy chwithig eto, o fewn cyddestun Cymraeg, yw'r ffurf Surdeval a geir yn y llawysgrifau hynaf o waith y beirdd hyn.[2] Ac yn wir, fel yr awgryma'r enw, nid yng Nghymru y mae chwilio am wreiddiau'r teulu, nac ychwaith yn Lloegr, ond yn hytrach yn Ffrainc. Ceir yno ddau le o'r enw Sourdeval, y naill yn *arrondissement* Mortain yn *départment* La Manche, a'r llall yn *départment* Calvados.[3] Dichon mai unigolyn a hanai o un o'r ddau le hyn ac a ymsefydlodd yn Lloegr yn sgil y goncwest Normanaidd a ddaeth â'r cyfenw i Brydain am y tro cyntaf. Gwyddom am un gŵr o'r fath yn yr unfed ganrif ar ddeg, sef Richard de Surdeval, a oedd yn un o ddau brif denant Robert de Mortain yn swydd Efrog pan ysgrifennwyd Llyfr Domesday.[4] Y mae'n bur annhebygol mai Richard oedd hynafiad uniongyrchol teulu Swrdwal yng Nghymru, gan mai dwy ferch oedd ei unig etifeddion.[5] Ond gall mai perthynas iddo oedd y cyntaf o'r enw i ymsefydlu yng Nghymru yn sgil y goncwest Normanaidd.

Yn ôl Theophilus Jones yn ei gyfrolau mawreddog ar hanes Brycheiniog, enw'r gŵr hwnnw oedd Syr Huw Swrdwal, a chysyllta ef â phlwyf Aberysgir, gan ddyddio dyfodiad cyntaf y teulu i'r ardal honno i amser Bernard de Neufmarché, goresgynnydd gwreiddiol arglwyddiaeth Brycheiniog ar ddiwedd yr unfed ganrif ar ddeg:

> The mesne manor of Aberyskir, formerly held by knight's service, under the lord of Cantreff-selyff, as well as the fee, in the lands throughout the whole parish was bestowed by Bernard Newmarch on Sir Hugh Surdwal or Sir Hugh of the gloomy or solitary vale ... The family of Surdwal soon left this parish or changed their surnames after the Welsh manner, so that they cannot be followed, the imperfect pedigree here given, fixes them in Llandilo'r vân in the beginning of the eighteenth century, where they still remain, though their names may now be Evan, Thomas,

---

[1] HS vii. Ond dywed yr awdur yn 'Howel a Ieuan Swrdwal: Dau o Feirdd y Bymthegfed Ganrif', *Y Geninen*, xxvi (1908), 239, ei fod wedi clywed yr enw ar un o drigolion Môn.

[2] Yn enwedig yn Pen 54.

[3] Gösta Tengvik, *Old English Bynames* (Uppsala, 1938), 115.

[4] *The Victoria History of the County of York*, ii, ed. William Page (London, 1912), 154–5. Erbyn 1088 neu 1106 yr oedd yn brif denant i'r brenin.

[5] *Ib.* 115.

David, or in short, any other common appellative of the present day.
According to Matthew Paris, one of the name of Robert Surdwall or de
Surda Valle, accompanied the lord Beaumond in a crusade in the time
of Henry the second; but whether this was an ancestor, a cotemporary
or relation of Sir Hugh Surdwal, is not as clear as it is that one of the
Welsh house, Hywel Surdwal, was employed with others, in the time of
Edward the fourth, to inquire into and certify the pedigree of William
Herbert, first earl of Pembroke, upon his advancement to that title and
instalment at Windsor. He was one of the Arwydd feirdd, or heraldic
bards of Wales and flourished, according to Owen, in his Cambrian
biography, between 1460 and 1490, but his fame was established long
prior to the former æra: he has left several poems, still preserved in the
principality.[6]

At hynny, gellir ychwanegu cyfeiriad diddorol gan Jones at weithred
dyddiedig 1711 sy'n cyfeirio at denement ym mhlwyf Aberysgir o'r enw *Tyr
Howel Surdwal* a oedd yn y flwyddyn honno yn eiddo i un Rice Jones o
Aberysgir. Dywed Jones ymhellach, '[t]hough this tenement, called Howel
Surdwal's land, seems to place the residence of one of the family near the
center of the parish, the tradition of the country is that, the manor house
and residence of the lord always was on the scite of the present mansion,
now converted into farmer's dwelling near the Aber'.[7]

Anodd, bellach, yw gwybod beth oedd sail amlinelliad Jones o ddyddiau
cynnar teulu Swrdwal yng Nghymru, ond ceir cadarnhad dogfennol i brofi
cysylltiad hirhoedlog y teulu â Brycheiniog. Ymhlith y breinlenni a gadwyd
o Briordy Aberhonddu y mae un a ysgrifennwyd yn 1205–6 i gofnodi rhodd
o chwe erw o dir ger Afon Tywi gan *Stephen de Surdeval* i ryw *Simon, son
of G*.[8] Yr oedd y tir hwn wedi ei glirio gan Stephen ar ei draul ei hun, ac yr
oedd Simon i'w ddal drwy dalu rhent blynyddol o ddeuddeg ceiniog, er nad
oedd yn rhaid iddo dalu dim am y saith mlynedd gyntaf. Cyfeiria'r ddogfen
hefyd at le o'r enw *Kilmenawit*, sef, y mae'n debyg, Cilmynawyd ym mhlwyf
Llanfihangel Rhydieithon, sir Faesyfed.[9] Diddorol yw sylwi bod dau aelod
o ddeuluoedd a fyddai'n amlwg fel noddwyr beirdd mewn cyfnodau

[6] Theophilus Jones, *A History of the County of Brecknock*, ii (Brecknock, 1809), 204–5.
Diweddar yw'r hanes am Hywel yn chwilio i gefndir achau Wiliam Herbert; ceir yr honiad yn
Richard Fenton, *A Historical Tour through Pembrokeshire* (second ed., Brecknock, 1903; second
reproduction, Haverfordwest, 1994), 340–1.

[7] Theophilus Jones, *op.cit.* 206.

[8] R.W. Banks, 'Cartularium Prioratus S. Johannis. Evang. de Brecon', Arch Camb, fourth
series, xiv (1883), 281–2. Sylwer bod dogfen a gyhoeddir *ib.* 225 yn cysylltu *Wiliam Peitivin* â
Kilmanaut yn y cyfnod 1215–22. Os yr un enw yw *Peitivin* â *Poitons*, yna yr oedd William yn
aelod o'r teulu a roes ei enw i Peutyn, gw. E.P. Jones, 'Cartrefi enwogion Sir Frycheiniog',
Brycheiniog, xiii (1968–9), 114. Efallai, felly, fod cysylltiad cynnar iawn rhwng teulu Swrdwal a
Pheutyn, llys a fyddai'n ganolfan nawdd bwysig iddynt yn y dyfodol.

[9] Gw. E. Anwyl, 'Notes on some Radnorshire Place-names', Arch Camb, sixth series, xi
(1911), 162. Gwelir hefyd y sillafiad *Cilmenawydd*.

diweddarach ymhlith y tystion, sef William Waldeboeuf a William Havard.

Erbyn y bymthegfed ganrif, felly, yr oedd y teulu wedi hen ymsefydlu ym Mrycheiniog a'r cyffiniau. Fel y gellid disgwyl, ceir cyfeiriadau achlysurol ychwanegol atynt yn nogfennau'r cyfnod. Yr oedd aelod o'r teulu a chanddo'r enw *William Fychan ap Gwilym Sourdevall* yn byw yn ardal Aberhonddu yn 1413.[10] Enwir hefyd un *Philip Surdwall* ar rôl aséis Casnewydd am y flwyddyn 1476.[11] Nid oes modd gwybod a oedd y gwŷr hyn yn berthnasau agos i'r beirdd ai peidio, ond y maent yn brawf fod y cyfenw yn eithaf cyfarwydd yn ne-ddwyrain Cymru yn y bymthegfed ganrif.

Fel yr awgrymodd Theophilus Jones, y mae'n debyg i'r teulu golli ei gyfenw anghyffredin ac ymdoddi'n gyfan gwbl i'r gymdeithas Gymreig a'i dull o enwi. Fodd bynnag, yr oedd o leiaf un teulu Cymraeg yn parhau i arddel y cyfenw yn yr ugeinfed ganrif. Yng Nghaernarfon yn 1859, ganed un William Surdival yn fab i James ac Elisabeth Surdival.[12] Ymfudodd y mab hwn i America yn un ar hugain oed a'i ordeinio'n weinidog. Ymunodd â Gorsedd Beirdd America ac yng ngeiriau Bob Owen, Croesor, '[he] was a gifted writer of prose and poetry, and his services were in frequent demand as Eisteddfod conductor and adjudicator'.[13] Cyn diwedd ei oes fe'i hetholwyd yn archdderwydd America a bu farw 23 Gorffennaf 1943. Y mae'n ffaith ryfeddol i fardd Cymraeg o'r enw Surdival frigo i'r wyneb unwaith eto wedi bwlch o bedair canrif a rhagor.

Er mai o dras Eingl-Normanaidd yr oedd y beirdd hyn, nid oes lle i amau natur eu teyrngarwch cenedlaethol. Yr oeddynt wedi ymsefydlu yng Nghymru ers cenedlaethau lawer a, heb amheuaeth, fe'u hystyrient eu hunain yn Gymry.[14] *Cymro a'i cân*, medd y bardd amdano ef ei hun wrth ganu marwnad genedlaetholgar i Watgyn Fychan o Frodorddyn.[15] Ymhlith y beirdd, ceir gŵr o gefndir ac anian nid annhebyg yn Nafydd ab Edmwnd. Disgynnai ef o Syr Thomas de Macclesfield, hynafiad yr Hanmeriaid, teulu o darddiad Seisnig ond a oedd erbyn diwedd y bedwaredd ganrif ar ddeg wedi ymgymreigio i'r fath raddau fel y bu i sawl aelod ymuno â gwrthryfel Glyndŵr.[16]

Y mae Hywel Swrdwal yn mynegi ei elyniaeth at y Saeson yn huawdl iawn yn ei gywydd marwnad hynod o gofiadwy i Wiliam Herbert, Iarll Penfro, a ddienyddiwyd yn 1469.[17] Fel y tystia marwnadau'r beirdd, enynnodd y dienyddiad hwn gryn dipyn o gasineb hiliol. Eto, prin fod yr un

[10] Gw. R.R. Davies: CCC 424 ac R.R. Davies, 'Race Relations in Post-Conquest Wales', THSC, 1974–5, 52.

[11] *The Marcher Lordships of South Wales 1415–1536*, ed. T.B. Pugh (Cardiff, 1963), 89 a 116.

[12] Ceir ei hanes mewn ysgrif goffa yn LlGC Papurau Bob Owen, Croesor, 18/12.

[13] *Ib.* 7.

[14] Cf. sylw R. Williams fod y tad a'r mab 'yn fwy Cymreig, bron, na'r Cymry eu hunain' yn 'Rhai o feirdd anenwog Sir Drefaldwyn', *Y Geninen*, xviii (1900), 67.

[15] Gw. isod 23.9.

[16] CLC² 155, R.R. Davies: ROG 137–41.

[17] Cerdd 7.

ohonynt mor gignoeth â chywydd Hywel Swrdwal. Ceir agwedd wahanol, fodd bynnag, yng nghywydd Ieuan ap Hywel Swrdwal i Syr Rhisiart Gethin, cerdd sy'n brawf o gymhlethdod gwleidyddol a chenedlaethol y cyfnod. Cywydd yw hwn sy'n canmol Syr Rhisiart fel Cymro sy'n ymladd yn erbyn y Ffrancod (dros frenin Lloegr), ond gwelir ynddo hefyd ganmol tad Syr Rhisiart am hollti pennau'r Saeson (yn ystod gwrthryfel Glyndŵr, y mae'n debyg)!

Wedi dweud hynny, y mae'n bur sicr fod y ddau fardd hyn yn ym-wybodol o'u tras gyfandirol. Yn Pen 54, y llawysgrif bwysicaf sy'n cynnwys gwaith Hywel, ceir y ffurf *Surdeval* sawl tro wrth waelod y cerddi, a hynny, yn ôl pob golwg, yn llaw Hywel ei hun.[18] Y mae'n bosibl fod y ffurf hon, sef y ffurf fwyaf Ffrengig ar y cyfenw, yn dangos ymwybyddiaeth o ffynhonnell wreiddiol yr enw. Pan gyfeirir at y beirdd hyn mewn cerddi ganddynt hwy eu hunain neu gan feirdd eraill, *Swrdwal* neu efallai *Surdwal* a geir ganddynt.[19] Dyna, gellid tybio, oedd yr ynganiad cyffredin ar lafar, ond arhosodd y ffurf fwy Ffrengig ar gof a chadw trwy gydol oes y beirdd hyn.

Ceir prawf mwy pendant fod y Swrdwaliaid yn ymwybodol o'u tras gyfandirol mewn cywydd mawl i Frycheiniog gan Hywel Dafi.[20] Y mae'r cywydd hynod ddiddorol hwn yn fynegiant clir iawn o'r balchder a deimlai rhai o deuluoedd y Mers yn eu tras estron. Deil Hywel Dafi fod cryfder Brycheiniog yn deillio o'r uniad a fu rhwng y teuluoedd bonheddig lleol a'r gwladychwyr o Ffrainc. Y mae datganiad mor glir o'r ymdeimlad hwn yn beth eithaf prin yng ngwaith Cywyddwyr y bymthegfed ganrif, a ffaith ddiddorol, felly, yw fod teulu Swrdwal ymhlith y rheini a restrir gyda'r Ffrancod. Dyfynnir isod y darn o'r cywydd sy'n ymwneud â'r teuluoedd hyn:

> blodevait blodav ievaink
> bobllwyth gida ffrwyth gwaed ffraink
> hafardiaid heaf wyr da
> walbiaid gwnteriaid ta
> llv o blant bowrchill ai blaid
> a swrdwal a ffitsordiaid
> awbrain hynoedd brenhinwaed
> ysgwls nid yw is i gwaed
> tri bonedd brenhinedd bro
> aeth yn vn weithian yno
> kyradog kafas vras i vraich
> brychan bron breichiav n brynaich
> kwnkwerwyr hil bedwyr had
> o normandi n rym vndod.

---

[18] Gw. isod tt. 8–9.

[19] Gw., e.e., y cyfeiriadau yn y mynegai isod.

[20] Gw. Pen 96, 623 ('moliant gwlad varcheiniog'). Hoffwn ddiolch i'r Athro D.J. Bowen am ddwyn y cywydd hwn i'm sylw.

Ffaith arall a allai fod wedi atgyfnerthu ymwybyddiaeth y Swrdwaliaid o'u cefndir Ffrengig oedd fod Ffrancwr o'r enw de Surdeval yn amlwg yn y rhyfeloedd yn erbyn Lloegr yn y cyfnod hwn, a bod modd olrhain cysylltiad rhyngddo a chylch noddwyr Hywel Swrdwal.[21] Yr oedd y Seigneur de Surdeval yn filwr profiadol yng ngogledd Ffrainc ac yn ardal y Sianel yng nghyfnod y Rhyfel Can Mlynedd ac wedi hynny. Yn 1457 llwyddodd i beri cryn ofid i'r awdurdodau Seisnig drwy ysbeilio porthladd Sandwich yng Nghaint. Erbyn hynny yr oedd eisoes wedi goresgyn ynysoedd Jersey a Guernsey a oedd ar y pryd dan ofal John Nanfan, gŵr a chanddo gysylltiadau agos â Chymru. Eisoes yn 1439 buasai Nanfan yn gwnstabl Caerdydd ac yn rhysyfwr arglwyddiaeth Morgannwg. Heb unrhyw amheuaeth, adwaenai Wiliam Herbert yn bersonol ac, yn ôl pob tebyg, yr oedd yn gyfarwydd ag eraill o noddwyr y Swrdwaliaid yng Nghymru. Drwgdybid Nanfan, ar y pryd, o gynllwynio gyda de Surdeval i drosglwyddo'r ynysoedd i ddwylo'r Ffrancwr. Braf fyddai cael gwybod beth oedd barn Hywel Swrdwal a'i deulu am helyntion y Surdeval arall yn erbyn y Saeson yn y Sianel.

Achau'r beirdd

Ni cheir ond ychydig o wybodaeth am hynafiaid Hywel Swrdwal yn yr ach a geir gan Theophilus Jones. Rhed honno fel a ganlyn: 'Sir Hugh Surdwal, one of Bernard Newmarch's knights—Howel Surdwal—Evan ap Jeuan—David ap Jeuan—Evan Coch, or the red haired—Meredith, alias Bedo bwch or Bedo bach, Bedo the buck or little Bedo, was of Llandilo'r fân', ac yn y blaen.[22] Nid ychwanegir rhyw lawer yng nghasgliad P.C. Bartrum. Y cwbl a gofnodir yno yw fod merch anhysbys i Ddafydd ab Ieuan ap Hywel Swrdwal wedi priodi Maredudd (neu'r Bedo Bach) ap Morgan ab Ieuan Goch o Landeilo'r-fân.[23] Y mae'n amlwg mai'r un ach yw hon yn y bôn ag un Jones, er nad yw'n cyd-daro'n union. Ond ceir rhagor o wybodaeth yng ngwaith y beirdd eu hunain ac yng ngwaith eu cyfoeswyr.

Yn gyntaf, yn ei gywydd i Niclas Ysnél, ymddengys fod Hywel Swrdwal yn cyfeirio ato'i hun fel *mab Ieuan*.[24] Os felly, rhoes enw ei dad ar ei fab. Ceir rhagor o wybodaeth deuluol yng nghywydd marwnad Hywel Dafi i Ieuan ap Hywel Swrdwal ac yn yr atebion i'r farwnad honno gan Lywelyn Goch y Dant a Gruffudd ap Dafydd Fychan.[25] Dyma'r cyfeiriadau a geir yno at Ieuan:

---

[21] Cofnodwyd ei hanes yn Anne Marshall, 'The Rôle of English War Captains in England and Normandy, 1436–1461' (M.A. Cymru [Abertawe], 1974), 30 a 35–6.

[22] Jones, *op.cit.* 205.

[23] P.C. Bartrum: WG2 'Ieuan Goch of Llandeilo'r-Fân'.

[24] Gw. isod 12.26.

[25] D.J. Bowen ac E.I. Rowlands, 'Ymryson rhwng Hywel Dafi a Beirdd Tir Iarll', LlCy iii (1954–5), 107–14.

i. Hywel Dafi

> Dyrnod saeth, dyrnaid saethydd,
> dan f'ais o Gydewain fydd.
> Marw Ieuan, aeth 'y mron i
> mor oer â thrum Eryri.
> Am Swrdwal y mae'r galon
> ym yn graig o Almaen gron.[26]

> Rhaid yw ym ar hyd y wedd
> ddal un a ddêl o Wynedd,
> oni chaf, ataf eto,
> ddal ei fab yn ei ddôl fo.[27]

> Iawn awdur awen ydoedd:
> Ieuan ail i Wion oedd.
> Adar a gydlafarai,
> ŵyr Adda Moel, ar wŷdd Mai.[28]

> Trindod a roes tafod hy
> Swrdwal yn y trysordy.[29]

ii. Llywelyn Goch y Dant

> Y mae'n y tir (myn y tân),
> oes, Hywel, eisiau Ieuan.
> Ap Hywel, fraisg angel fry,
> Swrdwal oedd ein trysordy.[30]

iii. Gruffudd ap Dafydd Fychan

> Athro ynn oll (Aeth i'r naid.)
> oedd Ieuan, och na ddywaid,
> ap Hywel, cydafel Cai,
> Swrdwal, hwyr un a'i sardiai.[31]

Gellir tynnu sawl casgliad o hyn oll. Yn gyntaf, defnyddid yr enwau Ieuan Swrdwal ac Ieuan ap Hywel Swrdwal am yr un gŵr, fel yr awgrymir yn y llawysgrifau sy'n cynnwys ei waith. Yn ail, yr oedd gan Ieuan fab a oedd yn fardd fel ei dad a'i daid. Yr oedd hefyd, fel yr honnir gan Hywel Dafi uchod, yn ŵyr i Adda Moel, er y dylid cofio bod ystyr ehangach i'r

[26] *Ib*. 107 (I.5–10).
[27] *Ib*. 107–8 (I.27–30).
[28] *Ib*. 108 (I.57–60).
[29] *Ib*. 108 (I.65–6).
[30] *Ib*. 109 (II.1–4).
[31] *Ib*. 111 (III.7–10).

gair *ŵyr* yn y cyfnod hwnnw nag sydd iddo heddiw.[32] Canodd Hywel Swrdwal i Faredudd, un o feibion Adda Moel, a oedd yn fyw yn chwarter cyntaf y bymthegfed ganrif.[33] Priododd Adda ddwywaith â gwragedd o deuluoedd amlwg iawn, sef Myfanwy ferch Ednyfed ap Tudur o gyff Ednyfed Fychan, a Gwenllïan ferch Owain ap Gruffudd o gyff Gwynfardd Dyfed, perthynas o bell i Ddafydd ap Gwilym.[34] Priododd Elen ferch Adda Moel—merch o'r briodas â Myfanwy—â Hywel ap Dafydd ap Cadwaladr o Fachelltref; yr oedd Hywel yn fyw yn 1438–59.[35] Tybed felly nad cyfnither i Ieuan ap Hywel Swrdwal, yn ogystal â chyfoeswr agos iddo, oedd Elen, gwraig Hywel? Fodd bynnag, rhwng popeth, ceir digon o wybodaeth i fentro llunio rhywfaint ar ach y teulu:

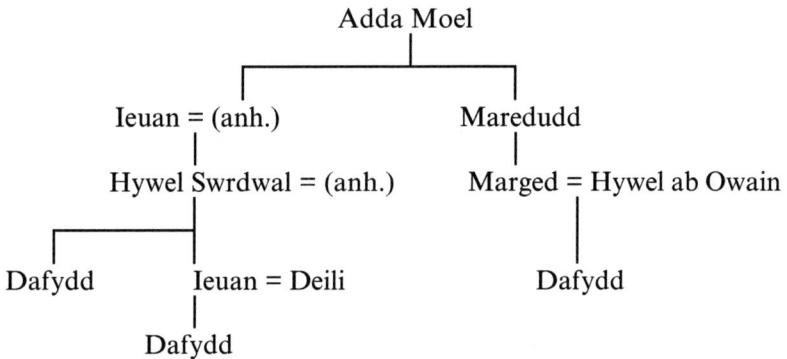

Adda Moel

Ieuan = (anh.)   Maredudd

Hywel Swrdwal = (anh.)   Marged = Hywel ab Owain

Dafydd   Ieuan = Deili   Dafydd

Dafydd

Gwelir hefyd yn yr ach uchod fod cysylltiad teuluol rhwng Dafydd ap Hywel ab Owain, noddwr yr unig gywydd a briodolir i Ddafydd ap Hywel Swrdwal,[36] a'r Swrdwaliaid eu hunain.

Hywel Swrdwal

Cartref

Ceisiwyd uchod lunio ach Hywel Swrdwal ar sail y gwahanol ffynonellau sydd wedi goroesi. Ysywaeth, nid oes unrhyw un o'r rhain yn nodi lleoliad ei gartref ag unrhyw sicrwydd. Ond ceir un darn o dystiolaeth sy'n ei leoli yn y Drenewydd yng Nghedewain ym mhumdegau'r bymthegfed ganrif. Yng nghyfrifon swyddogol Rhisiart Dug Iorc, cofnodir am y flwyddyn 1457–8 fod Hywel Swrdwal mewn dyled i'r Dug o ganlyniad i'w swydd fel

---

[32] Gallai olygu 'disgynnydd' yn gyffredinol.

[33] Gw. cerdd 1.

[34] P.C. Bartrum: WG1 'Marchudd' 13, 'Gwynfardd Dyfed' 2.

[35] *Ib.* 'Bowdler'. Ar Ddafydd ap Cadwaladr, tad Hywel a noddwr pwysig i'r beirdd, gw. GLlG cerdd 1 a GSCyf cerdd 1.

[36] Gw. cerdd 34 isod a'r nodyn cefndir arni.

beili'r Drenewydd.[37] Gŵr arall a gofnodir yn y dogfennau hyn yw Dafydd Llwyd ap Dafydd ab Einion, un o noddwyr Hywel, a oedd yn gasglwr tollau yn y dref ar ran y Dug.[38] Sylwer hefyd mai â'r arglwyddiaeth a oedd am y ffin â Chedewain, sef Ceri, y cysyllta Llawdden Hywel.[39] Yr oedd Ceri a Chedewain ill dwy yn rhan o etifeddiaeth teulu Mortimer a ddaeth i ran Dug Iorc.

Parhâi Hywel yn ffafriaeth yr Iorciaid yn ystod teyrnasiad Edward IV, a gwelir i'w flwydd-dal o gan swllt gael ei amddiffyn rhag effaith Deddf Ailafael 1464–5.[40] Diddymu grantiau a wnaed gan y Goron oedd bwriad deddfau megis hon er mwyn sicrhau nad âi gormod o rym o law'r brenin.[41] Enwir nifer mawr o Gymry pwysig eraill yn y ddeddf hon, gan gynnwys Henri ap Gruffudd o Ewias, Henri Trahaearn ab Ieuan ap Meurig (nai gwrthrych cerdd 8), aelodau o deulu'r Herbertiaid a'r Fychaniaid, a Wiliam ap Morgan ap Dafydd Gam (perthynas agos i'r ddau deulu olaf). Yn eu plith hefyd ceir, o bosibl, o leiaf un bardd arall, sef *Howel Davy*.[42]

Ei noddwyr ac ardal ei ganu
Man cychwyn unrhyw astudiaeth o ardal canu Hywel Swrdwal yw'r llawysgrif bwysicaf o'i waith, sef Pen 54. Y mae hon yn perthyn i ddiwedd y bymthegfed ganrif, ac y mae'n bur debygol fod y rhan ohoni sy'n cynnwys cerddi Hywel yn llaw y bardd ei hun.[43] Y mae'r llawysgrif ei hun, o bosibl, i'w chysylltu â'r teulu pwysig o noddwyr a oedd yn byw yn y Peutyn Gwyn, Llandyfaelog Fach, ger Aberhonddu. Dengys y cerddi hyn fod gan Hywel noddwyr o arglwyddiaethau ar hyd de Cymru. Y mwyaf gorllewinol oedd Hywel ap Siancyn, a drigai yng Nghemais, sydd bellach yn sir Benfro. Deuai Robert Mathau a Siancyn Twrberfil o arglwyddiaeth Morgannwg, Ieuan ap Gwilym o Frycheiniog, Gruffudd ab Ieuan ap Meurig o Gaerllïon, a Siôn ap Rhosier o'r Fenni. Ond y noddwr pwysicaf y ceir cerddi iddo yn Pen 54 yw Wiliam Herbert o Raglan, gŵr a gefnogai blaid Iorc fel y gwnâi

---

[37] E.D. Jones, 'Some Fifteenth Century Welsh Poetry relating to Montgomeryshire, III', Mont Coll liv (1955–6), 52.

[38] *Ib.* Dywed Guto'r Glyn mewn cywydd i Ddafydd Llwyd fod 'Swrdwal' a Llawdden wedi canu cerddi iddo: *Dau â chywyddau i chwi / Drwy fydr sy'n ymdrafodi; / Swrdwal, waisg saer dilesgerdd, / Bu'n bwrw coed bôn a brig cerdd. / Llawdden â'i fwyell eiddaw / Ni âd gŵŷdd deunydd lle daw* (GGl² 113 (XLII.43–86)). Ceir cyfeiriad pellach gan Lewys Glyn Cothi sy'n tanlinellu pwysigrwydd perthynas Dafydd Llwyd a Hywel: *Swrdwal trwy gantref nefoedd, / prydu i Dduw pob pryd ydd oedd, / prydu fal y bu'n y byd / glod Dafydd, cael gild hefyd* (GLGC 442 (202.51–4)). Ysywaeth, nid yw'r gerdd neu'r cerddi a gyfansoddwyd gan Hywel Swrdwal i Ddafydd Llwyd yn hysbys bellach, gw. Eurys I. Rowlands, 'Moliant Dafydd Llwyd o'r Drefnewydd a'i Ddisgynyddion', LlCy v (1958–9), 174.

[39] Gw. 19.45.

[40] WWR² 93.

[41] Arni, gw. James H. Ramsay, *Lancaster and York* (2 vols., Oxford, 1892), ii, 310–11.

[42] Dyma awgrym D.J. Bowen, 'Beirdd a noddwyr y bymthegfed ganrif', LlCy xviii (1994–5), 61–2.

[43] Gw. MWM 95–6.

holl noddwyr Hywel Swrdwal. Fel y dengys y tabl isod, yr oedd gan Wiliam gysylltiad teuluol â'r rhan fwyaf o'r gwŷr hyn, ac fel y dengys y nodiadau cefndir, dichon fod ganddo gysylltiadau gwleidyddol â'r gweddill. At y garfan hon o noddwyr gellir ychwanegu'r Fychaniaid, a oedd yn blant ac yn wyrion i Wladus Gam, mam Wiliam Herbert. Yr oedd y cylch hwn o noddwyr yn un clòs iawn.

Ceir cylch arall o noddwyr o ganolbarth Cymru. Er bod y rhain yn hanu o ardal wahanol, trigent mewn arglwyddiaethau a oedd ym meddiant Iorc neu ei fab Edward IV, neu lle yr oedd eu dylanwad yn gryf. Y noddwyr mwyaf gogleddol, y mae'n debyg, oedd Maredudd ab Adda Moel a Dafydd Llwyd ap Dafydd ab Einion, gwŷr a gysylltir â'r Drenewydd yng Nghedewain. Gwelwyd i Hywel Swrdwal ddal swydd yn y Drenewydd a bod ganddo gysylltiad teuluol â Maredudd ab Adda Moel, dwy ffaith sy'n cadarnhau pwysigrwydd yr ardal hon iddo. O'r un fro y deuai Morus ap Siôn, er ei fod, fe ymddengys, yn iau na'r ddau noddwr o'r Drenewydd.

Gwelir felly mai gŵr y Mers oedd Hywel Swrdwal—ni chadwyd unrhyw gerdd ganddo i noddwr o dywysogaethau De a Gogledd Cymru. Y mae ei ganu yn adlewyrchu ffyniant diwylliannol, economaidd a gwleidyddol trigolion yr ardaloedd a gysylltir â theulu Iorc.

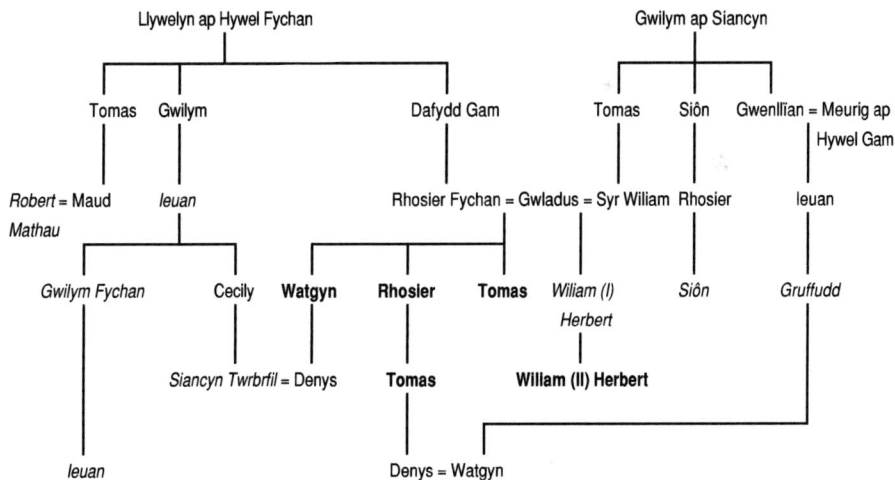

Yn y tabl uchod, y mae'r noddwyr hynny y cadwyd cerddi iddynt yn llawysgrif Pen 54 wedi eu nodi mewn teip italig. Y mae'r noddwyr y ceir cerddi iddynt mewn llawysgrifau eraill yn unig wedi eu nodi â phrint trwm.

Dyddiadau
Dichon mai'r gerdd gynharaf o eiddo Hywel Swrdwal yw honno a ganodd i

Faredudd ab Adda Moel o'r Drenewydd.[44] Yr oedd Maredudd wedi ymladd yng ngwrthryfel Glyndŵr ar ochr y brenin ac wedi ennill ffafriaeth yn y Mers dan nawdd teuluoedd Mortimer a Charlton. Nid oedd yn ŵr ifanc yn 1427, blwyddyn y cofnod diweddaraf hysbys amdano, ac y mae cywydd Hywel iddo yn awgrymu, o bosibl, ei fod mewn cryn oed pan ganwyd ef.[45] Hwyrach, felly, mai rywdro yn ail chwarter y ganrif y canodd Hywel Swrdwal iddo, ond gallai fod wedi canu iddo'n gynharach na hynny.

Y dyddiad mawr tua diwedd gyrfa Hywel Swrdwal yw 1469, pan laddwyd nifer o uchelwyr de Cymru ym mrwydr Banbri. Canodd Hywel farwnad Wiliam Herbert, ac y mae'r gerdd farwnad i Siôn ap Rhosier yn amlwg wedi ei chyfansoddi wedi hynny.[46] O'r cerddi eraill, ni cheir yr un cyfeiriad hanesyddol clir at ddigwyddiadau diweddarach, felly gellir mentro dyddio gyrfa Hywel i c. 1430–c. 1475.

Cerddi annilys ac amheus eu hawduraeth

Am ddeuddyn ymddyweddi (cerdd 22)
Y mae'r rhan fwyaf o'r llawysgrifau yn priodoli'r gerdd hon i Hywel Swrdwal, ond y mae'r copi cynharaf yn ansicr ei briodoliad. Y copi hwnnw yw'r un a geir yn Pen 54, yn y rhan o'r llawysgrif a ysgrifennwyd, o bosibl, gan Hywel Swrdwal ei hun.[47] Yno priodolir y gerdd naill ai i Ddafydd ab Ieuan Du neu i Ddeio ab Owain ap Maredudd Llwyd. Os Hywel a'i copïodd, nid ef a'i cyfansoddodd, gan mai go brin y byddai ef yn gwneud camgymeriad ynglŷn ag awduraeth un o'i gerddi ef ei hun. Cynhwyswyd y gerdd mewn atodiad i waith Deio ab Ieuan Du ar sail testun Pen 54, a'r un llawysgrif a ddefnyddir yn sail i'r golygiad a geir yn y gyfrol hon.[48]

Am ryw waith aur myrr a thus
Marwnad Gwladus Gam yw'r cywydd hwn, ac fe'i priodolir i Hywel Dafi yn ogystal â Hywel Swrdwal. Y mae'n debygol mai Hywel Dafi, bardd a gysylltir yn arbennig â Rhaglan, yw'r awdur.[49]

Anna a wnaeth i nyni (cerdd 21)
Priodolir y gerdd hon i nifer helaeth o wahanol feirdd, gan gynnwys Iolo Goch, Llawdden, Hywel Dafi, Siôn Cent, Ieuan Brydydd Hir,[50] Ieuan ap

---

[44] Gw. y nodyn cefndir i gerdd 1 isod.
[45] Dyna un dehongliad posibl o'r ffaith ei fod yn *gwnllyw*, ond gw. 1.4n.
[46] Gw. y nodyn cefndir i gerdd 9 isod.
[47] Gw. uchod td. 8.
[48] Gw. GDID 64–5 (Atodiad 6). Sylwer, fodd bynnag, fod cryn amrywiaeth rhwng y darlleniadau o destun Pen 54 a ddefnyddiwyd yn y gyfrol hon a'r testun diplomataidd a geir yn GDID.
[49] Gw. CH i, 28–30 (cerdd 7).
[50] Gw. GIBH 21.

Hywel Swrdwal a Hywel Swrdwal. A barnu wrth yr amrywiaeth yn y copïau gwahanol o ran cynnwys a threfn y llinellau, cesglir i'r gerdd gael ei throsglwyddo ar lafar am gyfnod. O ganlyniad, nid yw cymharu'r llaw-ysgrifau yn ateb cwestiwn ei hawduraeth. Fodd bynnag, y mae nifer mawr o'r llawysgrifau yn ei phriodoli i'r naill Swrdwal neu'r llall, ac o blith y rheini hawl Hywel arni sydd gryfaf. Ond ni ellir bod yn sicr.

Cerais dan hug o eurael
Yn un llawysgrif yn unig y priodolir y cywydd serch hwn i Hywel Swrdwal, sef LlGC 3048D [= Mos 145], ac y mae tystiolaeth y llawysgrif honno yn amwys fel y gwelir o'r olnod: *Hywel Swrdwal, medd arall Ifan ap Llywelyn Fychan.* Ceir testun o'r gerdd mewn dros ugain o lawysgrifau, a'r rhan fwyaf o'r rheini yn ei phriodoli i Ieuan ap Llywelyn Fychan gyda nifer llai yn ei phriodoli i Guto'r Glyn ac i Lawdden. Gellir, felly, fod yn bur hyderus nad Hywel Swrdwal yw'r awdur. Ceir testun o'r gerdd yn Llawdden, &c.: Gw 126–8 (cerdd 42). Nid oes yr un cywydd serch wedi ei gynnwys yn y casgliad hwn o waith Hywel.

Curig, bendigedig wyd (cerdd 20)
Ceir y cywydd hwn mewn tair llawysgrif. Fe'i priodolir yn un i Hywel Swrdwal, yn un arall i Lewys Glyn Cothi, ac y mae'n anhysbys yn y drydedd. Nis cynhwyswyd yn GLGC, ac nid oes modd bod yn bendant ynglŷn â hawl Hywel Swrdwal arno, ond o ran arddull a chynnwys y mae'n gyson â'i waith.

Mae'n dwyllwr o deallwn
Priodolir y gerdd hon, sy'n trafod y Saith Bechod Marwol, y Saith Rinwedd a'r Deg Gorchymyn, i Hywel mewn wyth llawysgrif. O ran iaith ac arddull, fodd bynnag, nid yw'n gyson o gwbl â chanu Hywel a'i gyfnod. Dichon iddi gael ei phriodoli iddo yn sgil y cerddi crefyddol eraill sydd wrth ei enw.

Mil oedd oed Iesu, molaf—ei hirbarch
Englyn yw hwn i nodi dyddiad marwolaeth Wiliam Herbert, Iarll Penfro, yn 1469. Priodolir ef i Hywel Swrdwal a Guto'r Glyn, ond y mae'n enghraifft o ddosbarth o englynion tebyg sydd gan amlaf yn perthyn i ganrifoedd diweddarach na'r dyddiad a goffânt.[51]

Tydi'r gwynt, tad eira ac od
Trafodir y gerdd hon isod wrth drafod gwaith Ieuan ap Hywel Swrdwal.

---

[51] Ceir testun o'r englyn yn CH i, 100.

Y / I'r byd rhwng ei bedwar ban
Digwydd y cywydd crefyddol hwn mewn mwy na deg llawysgrif ar hugain. Fe'i priodolir i Hywel Swrdwal mewn pump, sef Bangor (Mos) 5, 145ᵛ, BL Add 31072, 16ᵛ, Bodewryd 1, LlGC 695E, 146 a LlGC 3049D [= Mos 146], 36. Y mae'r rhain i gyd, ac eithrio BL Add 31072, yn perthyn i ddiwedd yr unfed ganrif ar bymtheg neu ddechrau'r ganrif ddilynol. Ceir priodoliadau i Hywel Dafi mewn oddeutu deunaw llawysgrif, ac y mae rhai o'r rheini cyn hyned â'r rhai sy'n cynnwys priodoliadau i Hywel Swrdwal. Priodolir y gerdd i Siôn Cent mewn rhyw hanner dwsin o lawysgrifau, i Iolo Goch mewn dwy, i Hywel ab Adda ab Ieuan ap Tudur mewn un, ac i Ruffudd Gryg mewn un. Er na ellir gwrthod yn gwbl hyderus awduraeth Hywel Swrdwal, y mae'n fwy tebygol mai Hywel Dafi a'i cyfansoddodd.

Y fun deg a fendigwyd
Ceir y cywydd hwn i Fair, neu rannau ohono, mewn chwe llawysgrif ar hugain. Yn y llawysgrifau hyn fe'i priodolir i Ddafydd Nanmor, Bedo Aeddren, Huw Cae Llwyd, Deio ab Ieuan Du, a Hywel Swrdwal. Y mae dau gopi cynnar o'r gerdd ar glawr sy'n dyddio, y mae'n debyg, o oes Harri VIII. Yn BL Add 14967 [= RWM 23], 211 a 267 fe'i priodolir i Ddafydd Nanmor (er mai fersiwn carbwl braidd a geir yno) ac yn BL Add 14997 [= RWM 24], 80 fe'i priodolir i Huw Cae Llwyd. Ymhlith y llawysgrifau eraill o'r ail ganrif ar bymtheg neu'n gynharach na hynny sy'n ei phriodoli i Huw Cae Llwyd ceir LlGC 435B, 53 (17g.), LlGC 6681B, 5 (17g., llaw John Jones Gellilyfdy), LlGC 13079B, 60 (diwedd yr 16g.), Pen 100, 217 (17g., un o lawysgrifau Dr John Davies, Mallwyd). Hywel Swrdwal a'i piau, yn ôl hanner y llawysgrifau, ond y mae'r rhan fwyaf o'r rhain yn deillio o destun y gellir ei gysylltu â Llywelyn Siôn. Yn ei law ef y mae testunau Card 5.44, 27, LlGC 970E [= Merthyr Tudful], 51, LlGC 21290E [= Iolo Aneurin Williams 4], 52, Llst 47, 151 a Llst 134, 39. Deillio o'i gopïau ef a wna LlGC 13061B, 146, a J.R. Hughes 5, 1. O'r gweddill, y mae BL Add 14971 [= RWM 21], 106 yn un o lawysgrifau Dr John Davies, Mallwyd (gwelwyd uchod fod un arall o'i lawysgrifau o blaid Huw Cae Llwyd). Y mae testunau LlGC 642B, 56 (17g.) a LlGC 7191B, 49 (diwedd yr 17g.) wedi eu copïo nesaf i gerddi crefyddol eraill a briodolir i Hywel Swrdwal; gall fod yno gymysgu rhyngddynt o ran awduraeth. Cwpled yn unig a geir yn Pen 196, 63 (18g.). (I *Sowrdwal* y'i priodolir yn BL Add 15040, 58ᵛ (17g.), ffurf a gamddehonglwyd yn 'Gown Dwal' yn y mynegeion.) Bedo Aeddren yw'r awdur yn ôl Brog (y gyfres gyntaf) 2 , 466ᵛ (1599) a'r copi ohono yn J 101 [= RWM 17], 623. Deio ab Ieuan Du yw'r awdur, yn ôl Pen 77, 257 (16g.). Gwelir, felly, fod anghytundeb ynglŷn â'r awduraeth o'r llawysgrifau cynharaf ymlaen, a bod nifer y priodoliadau i Hywel Swrdwal yn adlewyrchiad o brysurdeb Llywelyn Siôn. Gan nad yw'r llawysgrifau cynharaf o blaid awduraeth Hywel Swrdwal, y mae'n debygol mai'r tebygrwydd rhyngddo a

cherddi eraill o'i eiddo sydd i gyfrif am briodoliadau'r cywydd hwn.[52]

Y mae utgorn am Watgyn (cerdd 23)
Y mae'n amlwg y dylid priodoli'r gerdd hon naill ai i Hywel neu i Ieuan ap
Hywel Swrdwal, ond nid yw'n glir i ba un. Unwaith eto, y mae amlder y
copïau ac ôl trosglwyddo llafar yn peri ei bod yn anodd gwahaniaethu
rhwng hawl y ddau fardd. Tueddir yn betrus o blaid Hywel, yn bennaf gan
fod y gerdd hon yn ymdebygu'n agos i'w gerdd farwnad i Wiliam Herbert
(cerdd 7). Ond ni honnir bod hynny'n torri'r ddadl y naill ffordd na'r llall.

Y rhiain wych rhy wen wyd
Yn un llawysgrif yn unig y priodolir y cywydd serch hwn i Hywel Swrdwal,
sef Pen 76, mewn llaw sy'n dyddio o ail chwarter yr unfed ganrif ar bym-
theg. Cyhoeddwyd y gerdd eisoes mewn golygiad diplomataidd o'r llaw-
ysgrif.[53] Fe'i priodolir i Robin Ddu o Fôn mewn naw llawysgrif ac i Hywel
Aeddren mewn pump. Y mae testunau o'r unfed ganrif ar bymtheg ymhlith
y rhai sy'n enwi'r beirdd hyn. Awgryma pwys y dystiolaeth, felly, nad
Hywel Swrdwal a ganodd y cywydd hwn, cywydd sy'n dra gwahanol i'r
rhan fwyaf o'r cerddi eraill a briodolir iddo.

Cerdd goll
Yn Pen 55, 125, ceir cwpled sydd, yn ôl pob tebyg, yn ffurfio diweddglo
cywydd a gollwyd. Y mae'r dernyn hwn yn yr un llaw â'r cerddi o waith
Hywel Swrdwal a gadwyd yn Pen 54, a gellir awgrymu mai cwpled olaf
cywydd marwnad ydyw:

> duw ir mab o dir y medd
> dyro gvras drugaredd
> ho surdeval

Ieuan ap Hywel Swrdwal

Dyddiadau
Awgrymwyd uchod y dyddiad *c.* 1430 ar gyfer dechrau gyrfa farddol
Hywel Swrdwal. Y mae'n rhaid tybio i'w fab Ieuan ddechrau canu'n fuan
iawn wedyn. Yn y lle cyntaf, y mae'r dyddiadau dendrogronolegol a rodd-
wyd i Fryndraenog yn y Bugeildy yn awgrymu mai yn fuan wedi 1436 y
canodd Ieuan i'r tŷ hwnnw.[54] Yn ail, y mae'n debyg mai i'r un cyfnod yn
fras y perthyn ei gerdd i Syr Rhisiart Gethin, gŵr a fu'n gapten amlwg ar y

---

[52] Cyhoeddwyd testun golygedig o'r cywydd yn GDID 58–9 (Atodiad A3). Ceir trafodaeth
arno gan Christine James, 'Pen-rhys: Mecca'r Genedl', yn *Cwm Rhondda*, gol. Hywel Teifi
Edwards (Llandysul, 1995), 37–9, 50, 56 a 67n49, lle y tueddir i ffafrio awduraeth Hywel
Swrdwal.
[53] Pen 76 , 123–4. Am ddisgrifiad o'r llawysgrif, gw. *ib*. vii–viii a RWM ii, 503.
[54] Gw. nodyn cefndir cerdd 25.

lluoedd Seisnig yn Ffrainc yn ystod dauddegau a thridegau'r bymthegfed ganrif.[55] Yn olaf, y dyddiadau 1430–50 sy'n ymddangos yn fwyaf addas ar gyfer ei gywydd mawl i Rys ap Siancyn o Aberpergwm.[56] Tuedda hyn i awgrymu mai oddeutu 1440 y dechreuodd Ieuan ganu.

Y mae hefyd yn anodd bod yn siŵr pryd yn union y tawelodd Ieuan. Cadwyd un farwnad iddo gan Hywel Dafi, a honno'n gerdd a enynnodd ymateb gan ddau gywyddwr arall, sef Llywelyn Goch y Dant a Gruffudd ap Dafydd Fychan.[57] Ni wyddom union ddyddiad yr ymryson hwn a fu yn sgil marwolaeth Ieuan, ond gellir bwrw amcan ar sail yr hyn sy'n hysbys am y beirdd hyn. Yr oedd Hywel Dafi yn fardd gweithgar a oedd yn ei flodau rhwng 1450 a 1480. Cysylltir ef yn arbennig â Rhaglan, llys yr oedd y Swrdwaliaid hwythau yn gyfarwydd ag ef.[58] Ni wyddys cymaint am Lywelyn Goch y Dant, ond canodd farwnad i Syr Rhosier Fychan o Dretŵr a fu farw yn 1471. Y trydydd bardd yw Gruffudd ap Dafydd Fychan. Ychydig a wyddys am hwn hefyd, ond canodd yntau gywydd i ŵr a fu farw yn 1471, sef Harri VI. Rhwng popeth, felly, gellid awgrymu c. 1470 fel dyddiad yr ymryson a dyddiad marw Ieuan.[59] Gwelir, felly, yr ymddengys i'w yrfa gydredeg yn agos iawn ag eiddo ei dad. Fodd bynnag, os cyfeirio at Harri VII a'r Gard brenhinol a wneir yng ngherdd 30 (gw. y nodyn cefndir), yna y mae'n rhaid estyn dyddiadau Ieuan hyd at 1485, neu wedi hynny.

Yn y farwnad i Ieuan, cyfeiria Hywel Dafi at (lan) Hafren, Brycheiniog, y Drenewydd a Rhydychen. Y mae'n bosibl mai yn Rhydychen y bu Ieuan farw, ac y mae'r rhaglith a geir mewn rhai copïau o'r awdl Saesneg i Fair (cerdd 33) yn honni mai Cymro ym Mhrifysgol Rhydychen a'i cyfansoddodd.[60] Ond nid oes cofnod swyddogol iddo ef astudio yno yn y cyfnod hwn.[61]

Cerddi annilys ac amheus eu hawduraeth

Ai gwir cwympo gŵr campus (cerdd 28)
Cadwyd y gerdd hon mewn wyth llawysgrif, ond gellir diystyru tystiolaeth

---

[55] Gw. nodyn cefndir cerdd 24.

[56] Gw. nodyn cefndir cerdd 27.

[57] Gw. D.J. Bowen ac E.I. Rowlands, 'Ymryson rhwng Hywel Dafi a Beirdd Tir Iarll', LlCy iii (1954–5), 107–14.

[58] Arno, gw. CLC² 354 a D.J. Bowen, 'Tri chywydd gan Hywel ap Dafydd ab Ieuan ap Rhys', *Dwned*, v (1999), 70–1.

[59] Dyma hefyd oedd awgrym G.J. Williams yn TLlM 35.

[60] Gw. E.J. Dobson, 'The Hymn to the Virgin', THSC, 1954, 99–100.

[61] Yr oedd rhyw *John Surdevall* neu *Surdyvall* ym Mhrifysgol Rhydychen ar ddiwedd y 15g., gw. A.B. Emden, *A Biographical Register of the University of Oxford to A.D. 1500*, iii (Oxford, 1957–9), 1817. Ond gŵr o swydd Efrog oedd ef (lle yr ymddengys y sefydlodd y teulu gyntaf ym Mhrydain yn sgil y goncwest Normanaidd, gw. uchod td. 1), ac nid ymddengys fod unrhyw gysylltiad rhyngddo a Chymru. Bu farw yn 1522.

tair ohonynt gan nad ydynt ond copïau uniongyrchol o lawysgrifau cynharach.[62] Y mae hyn yn gadael pum llawysgrif: Pen 69, Pen 100, Bodewryd 1, Brog (y gyfres gyntaf) 2 (priodoliadau i Hywel Cilan), a Pen 10 (priodoliad i Ieuan Swrdwal). Y mae perthynas glòs rhwng Pen 100, Bodewryd 1, a Brog (y gyfres gyntaf) 2, a gellir tybio eu bod yn tarddu o'r un ffynhonnell. Saif Pen 69 rhwng y dosbarth hwn o lawysgrifau a Pen 10 o ran natur ei thestun. Er bod y dystiolaeth uchod yn tueddu i ffafrio awduraeth Hywel Cilan, sylwer bod Pen 10 ymron i ganrif yn hŷn na'r hynaf o'r llawysgrifau eraill. Digwydd testun Pen 10 mewn casgliad o gerddi i deulu'r Collfryn y gellir ei ddyddio i ddiwedd y bymthegfed ganrif neu ddechrau'r ganrif ddilynol; ceir ynddo gerddi gan Hywel Cilan, Dafydd ap Gwilcws, Dafydd ap Maredudd ap Tudur, Gruffudd Nannau a Thomas Morgannwg. Awgryma Mr Daniel Huws mai rhan o lyfr a ysgrifennwyd ar gyfer teulu'r Collfryn yw'r adran hon o'r llawysgrif: os felly, gellir rhoi'r pwys mwyaf ar ei thystiolaeth ynglŷn ag awduraeth y gerdd. Ymhellach, awgryma Mr Huws y gall mai yn llaw Ieuan Swrdwal ei hun yr ysgrifennwyd y gerdd hon. Boed hynny'n wir ai peidio, y mae'n amlwg fod Pen 10 yn llawysgrif bwysig iawn, ac o ganlyniad i'w thystiolaeth hi priodolir y gerdd hon i Ieuan Swrdwal. Arni hi hefyd y pwyswyd drymaf wrth lunio'r testun; felly, y mae hwnnw'n wahanol mewn sawl man i'r testun a gyhoeddwyd eisoes fel gwaith Hywel Cilan.[63]

Trindod sy'n troi o undyn
Ceir y cywydd hwn, moliant i dri mab Ieuan Blaenau, mewn pymtheg llawysgrif. Ymhlith y rhain ceir priodoliadau i Ieuan ap Hywel Swrdwal yn LlGC 728D, 37, LlGC 8497B, 184, Llst 55, 130 (detholiad o'r cywydd) a Stowe 959 [= RWM 48], 179^v. Ar y llaw arall, fe'i priodolir i Ieuan ap Tudur Penllyn yn Pen 95, 71; i Hywel Cilan yn Llst 53, 77 a BL Add 31072, 78^r; ac i Huw Pennal yn BL Add 31061, 74^r a 125^r, Bodewryd 1, 271, Bodley Welsh e 4, 68^v, Brog (y gyfres gyntaf) 2, 468^r, J 101 [= RWM 17], 625, Llst 133, 29^r (rhif 101), a Pen 100, 323. Fe'i gwrthodwyd gan olygydd-ion Hywel Cilan ac Ieuan ap Tudur Penllyn,[64] ond nid mor hawdd yw gwahaniaethu rhwng hawl Ieuan ap Hywel Swrdwal a Huw Pennal arno. Er bod mwy o lawysgrifau o blaid Huw Pennal, y mae perthynas agos rhwng nifer ohonynt, ac y mae'r llawysgrifau cynharaf o blaid Ieuan. Ar y llaw arall, y mae'n anodd gweld paham y priodolid un o gerddi dilys Ieuan i'r bardd llawer llai enwog Huw Pennal. Y mae'n debygol, felly, y gellir dilyn Ray Looker a phriodoli'r cywydd hwn iddo ef.[65]

---

[62] Ar y llawysgrifau, gw. uchod tt. 8–9 ac isod tt. 233–40.
[63] GHC 3–5 (cerdd II).
[64] *Ib*. xxi–xxii, GTP xxxviii.
[65] Gw. ByCy 378.

Tydi'r gwynt, tad eira ac od
Y mae'r gerdd hon ymhlith y mwyaf poblogaidd o'r cywyddau, a barnu wrth dystiolaeth dros gant o lawysgrifau. Pum llawysgrif yn unig sy'n ei phriodoli i Ieuan ap Hywel Swrdwal ac un yn unig i Hywel Swrdwal. Mewn llawysgrifau eraill fe'i priodolir i Ddafydd ap Gwilym,[66] Dafydd Nanmor, Gruffudd ap Dafydd ap Rhys a Syr Rhosier (Davies?), Offeiriad Llanberis. Ond y mae'r rhan fwyaf o'r llawysgrifau o blaid awduraeth Maredudd ap Rhys, a than ei enw ef y'i cyhoeddwyd yn *Y Flodeugerdd Newydd*, gol. W.J. Gruffydd (Caerdydd, 1909), 58–61 a chan Dr Enid Roberts yn ei golygiad o waith Maredudd ap Rhys sydd i ymddangos yng Nghyfres Beirdd yr Uchelwyr.

O michti ladi, owr leding—tw haf (cerdd 33)
Trafodir awduraeth y gerdd hon gan E.J. Dobson, a daw ef i'r casgliad fod y llawysgrifau yn ffafrio awduraeth Ieuan ap Hywel Swrdwal yn hytrach na Hywel Swrdwal neu Ieuan ap Rhydderch ab Ieuan Llwyd.[67]

Y beirdd a fynnen' eu bod
Digwydd y cywydd adnabyddus hwn mewn o leiaf chwe llawysgrif ar hugain. O'r rheini, dwy yn unig sy'n ei briodoli i Ieuan ap Hywel Swrdwal, a pherthyn y ddwy i flynyddoedd olaf y ddeunawfed ganrif a dechrau'r bedwaredd ganrif ar bymtheg. Y mae'r gyntaf, Card 79, 195, yn llaw Edward Charles a'i hysgrifennodd yn 1796–9. Un o'r llawysgrifau a gopïwyd gan Owen Jones a Hugh Maurice yw'r llall, BL Add 31069, 139[r]; ceir y dyddiad 1804 ar yr wynebddalen. Priodola gweddill y llawysgrifau y gerdd i Ruffudd ab Ieuan ap Llywelyn Fychan neu i Ruffudd ap Llywelyn Fychan. Ceir dau gopi anghyflawn a dienw. Cyhoeddwyd y gerdd gan J.C. Morrice fel gwaith Gruffudd ab Ieuan ap Llywelyn Fychan.[68]

Y gŵr a gaiff gyrru gwin
Cadwyd copi o'r gerdd hon mewn ymron i ddeg llawysgrif ar hugain, ond pedair yn unig sy'n ei phriodoli i Ieuan ap Hywel Swrdwal, sef Bangor (Mos) 3, 20[r], Bangor (Penrhos) 1573, 67, Bodewryd 1, 109 a Llst 125, 743. Y mae'r gweddill, gan gynnwys y rhai hynaf, yn ei phriodoli i Ieuan Deulwyn. Yn un llawysgrif, sef BL Add 14967 [= RWM 23], fe'i priodolir i *Gweirvl vz hoell vychan* neu *Jeuan devlwyn*. Gellir bod yn hyderus mai Ieuan Deulwyn a'i piau.

Cerddi coll
Y mae peth tystiolaeth ar gael yn awgrymu i nifer o gerddi Ieuan gael eu colli. Yn Llst 55, casgliad o ddyfyniadau o waith y Cywyddwyr yn llaw

---

[66] Gw. GDG clxxxiv.
[67] Gw. E.J. Dobson, 'The Hymn to the Virgin', THSC, 1954, 84.
[68] GILlV 18–21 (cerdd viii).

Siôn Dafydd Rhys, priodolir nifer o ddyfyniadau i 'Ieuan ap Hywel'.[69] Ymddengys nad oes copïau cyflawn o'r cerddi hyn ar gael bellach, ac efallai eu bod yn cynrychioli cerddi coll o waith Ieuan ap Hywel Swrdwal. Ar y llaw arall, y mae yn Llst 55 ddyfyniadau o waith hysbys Ieuan, ac yno rhoddir ffurf lawn ei enw bob tro. Dichon, felly, mai gwaith rhyw Ieuan ap Hywel arall a gadwyd gan Siôn Dafydd Rhys.

Dafydd ap Hywel Swrdwal

Un cywydd yn unig a briodolir i Ddafydd ap Hywel Swrdwal, ac un copi yn unig ohono sydd wedi goroesi, sef copi Pen 66, llawysgrif a ysgrifennwyd yn ôl pob tebyg tua diwedd yr unfed ganrif ar bymtheg. Ni ellir, felly, ddweud llawer amdano, ac nid enwir neb o'r enw yn y gyfran honno o ach y teulu sydd wedi goroesi. Fodd bynnag, profir bodolaeth Dafydd ab Ieuan ap Hywel Swrdwal gan yr achau, ac awgryma marwnad Hywel Dafi fod gan Ieuan fab a oedd yn barddoni.[70] Y mae'n bosibl, felly, mai Dafydd ab Ieuan ap Hywel Swrdwal oedd gwir awdur y gerdd hon, yn enwedig o sylwi ar enw noddwr y gerdd, sef *moliant david ap holl ap owen esgair o llanbrynmair*, a allai fod wedi arwain y copïydd i nodi Dafydd ap Hywel Swrdwal fel enw'r bardd, yn hytrach na Dafydd ab Ieuan ap Hywel Swrdwal. Am y tro, fodd bynnag, derbynnir priodoliad y llawysgrif hon a ysgrifennwyd tua chanrif wedi oes y bardd.

Hanai'r noddwr, Dafydd ap Hywel, o Lanbryn-mair yng Nghyfeiliog, rhan o arglwyddiaeth Powys, ac yr oedd ganddo, drwy Adda Moel, gysylltiad teuluol â'r Swrdwaliaid.[71]

Cynnwys cerddi teulu Swrdwal

O ystyried Hywel Swrdwal a'i fab Ieuan gyda'i gilydd, gellir dweud bod eu canu yn nodweddiadol o ganu'r bymthegfed ganrif. Canu mawl a marwnad uchelwyr yw'r rhan fwyaf ohono, ac y mae'n amlwg fod y teulu yn ymuniaethu â dosbarth o uchelwyr yn y Mers a oedd yn Iorciaid o ran teyrngarwch ac yn perthyn yn agos ar lefel deuluol. O ganlyniad, y mae'r cerddi yn ffynhonnell werthfawr ar gyfer hanes y cyfnod, yn enwedig cerddi megis marwnad Wiliam Herbert a marwnad ei hanner brawd Watgyn Fychan. Yn y ddwy gerdd hyn y gwelir teimladau gwladgarol y beirdd yn fwyaf amlwg wrth iddynt ddatgelu llawer o'u syniadau a'u rhagfarnau.

O ran eu cerddi crefyddol, y peth cyntaf i sylwi arno yw'r ffaith nad yw'r priodoliadau mor bendant ag yn achos y rhan fwyaf o'r cerddi mawl. Y mae hyn, i raddau, yn ganlyniad i'r ffaith nad oes cymaint o lawysgrifau

---

[69] Llst 55, 13, 25, 28, a 36.
[70] Gw. uchod td. 6.
[71] Gw. uchod td. 7.

cyfoes neu gynnar sy'n cynnwys y farddoniaeth grefyddol. Hefyd, y mae'n bur debygol nad oedd enw'r bardd unigol yn cael ei gofio mewn modd mor bendant pan ganai gerddi crefyddol. Deunydd apocryffaidd sy'n rhoi cryn sylw i Fair a'i theulu yw cynsail y rhan fwyaf o'r cerddi crefyddol sy'n aros wrth enw'r beirdd hyn, ac yn hynny y maent eto yn nodweddiadol o'u cyfnod. Cwbl annodweddiadol, wrth gwrs, yw'r awdl Saesneg Canol i'r Forwyn Fair a briodolir i Ieuan ap Hywel Swrdwal (cerdd 33).

Ceir gan y tad a'r mab ymryson â bardd arall, sef Llawdden.[72] Y mae cynnwys y cerddi hyn yn bur debyg i'w gilydd, ac efallai iddynt gael eu cyfansoddi ar yr un pryd yn arwydd o gyfeillgarwch a thynnu coes. Chwarae ar draddodiadau'r cywyddau gofyn a'r cerddi llatai a wna'r cerddi hyn, ac y mae ynddynt awgrym i'r beirdd gael cryn fwynhad wrth farddoni am fywydau carwriaethol llawer mwy bywiog ac amrywiol nag a oedd ganddynt mewn gwirionedd.

O ran crefft, y mae'n amlwg fod y ddau fardd yn gynganeddwyr digon medrus a'u bod yn cynnal safonau eu cyfnod. Y gynghanedd groes a thraws sydd fwyaf cyffredin ganddynt, fel y gellid disgwyl. Hyd yn oed yn y gerdd i Faredudd ab Adda Moel (cerdd 1), sef y gerdd gynharaf yn y casgliad, y mae'n debyg, y mae cynghanedd groes mewn cynifer â deuparth y llinellau, canran uchel iawn o gofio bod y gerdd yn perthyn i'r un cyfnod yn fras â gwaith Llywelyn ab y Moel a Rhys Goch Eryri. Yn y gerdd ddiweddaraf y gellir ei dyddio, sef marwnad Hywel Swrdwal i Siôn ap Rhosier, y mae cyfartaledd y draws a'r groes gyda'i gilydd yn bur debyg i'r hyn a geir ym marwnad Maredudd ab Adda Moel. Fodd bynnag, nid yw cyfartaledd y cynganeddion croes ond ychydig dros hanner cant y cant ynddi, yn groes i'r hyn a ddisgwylid o'i chymharu â'r gerdd i Faredudd a gyfansoddwyd rai degawdau yn gynharach. Gwelir, felly, mor anodd yw ceisio cyffredinoli gormod ynglŷn â'r gynghanedd wrth geisio dyddio a dilysu gwaith beirdd y cyfnod hwn.

Wrth geisio gwerthfawrogi gwaith y beirdd hyn, y mae ambell gywydd yn aros yn y cof. Yr uchafbwyntiau dramatig yw marwnad Hywel Swrdwal i Wiliam Herbert (cerdd 7) ac, o bosibl, ei farwnad i Watgyn Fychan (cerdd 23)—y mae'n anodd anghofio casineb grymus y naill ac addasrwydd cymariaethau hanesyddol y llall. Y mae Hywel Swrdwal yn fardd ffraeth ar brydiau, megis pan ddisgrifia ei gydnabod yn gofyn iddo a ydyw'n magu pwysau wedi iddo wisgo mantell Niclas Ysnél (cerdd 12). Y mae ffraethineb a gwreiddioldeb yn rhan amlwg o farddoniaeth Ieuan ap Hywel Swrdwal yntau, fel y dengys ei ymryson â Llawdden (cerddi 31 a 32) a'i ddelwedd estynedig o impio cerdd yn ei gywydd i Rys ap Siancyn (cerdd 27).

Yr oedd y ddau fardd hyn yn amlwg yn feirdd profiadol o safon. Y mae'n anodd gwybod a oeddynt yn feirdd cwbl broffesiynol. Perthynent i deulu o fân uchelwyr, a gwyddom fod gan Hywel swydd arall, ac y mae'r

---

[72] Cerddi 18, 19, 31 a 32.

posibilrwydd fod Ieuan wedi cael addysg yn Rhydychen hefyd yn awgrymu bod mwy i'w fywyd yntau na barddoni yn unig. Ond bid a fo am hynny, gellir dweud iddynt ennill eu plwyf ymhlith beirdd mwyaf diddorol y ganrif.

1

Moliant Maredudd ab Adda Moel o'r Drenewydd
gan Hywel Swrdwal

Y paun, syth lew, pen saith wlad,
Pur cywraint, piau'r cariad.
Distain gwledydd, Nudd ynn yw,
4   Daroganllafn dewr gwnllyw.
M'redudd ddewr, ymroid i'w ddart,
Mur gan od, mawr gan Edwart,
Mab Adda, ym mhob byddin,
8   Mawr ei gost am aur a gwin,
Ystiwart a'i ddart o ddur,
Drwy wg, i bobl draig bybyr.
Tros Geri troes ei gariad,
12   Ceidw'n ei lys Cydewain wlad,
A Chawres, aeth â'i cheyrydd;
Deunaw sêl danaw y sydd,
'Rwystli, Cyfeiliog restlafn,
16   Rhest yn lifiad rhoes dan lafn.
Troes M'redudd tros 'y mrodir
Ystôr teg ystiwart hir.
Trôi Adda Moel, traidd am wŷr,
20   Trwy gywaeth, trôi â gwewyr.
Pob doniaeth, oedd pawb danaw,
Pawb yn y dref, pob un draw,
Ŵyr Wilym a'i wrolaeth,
24   Ymrydaidd ffriw, M'redudd ffraeth.
Teiroes a fo, trwsiaf fawl,
Orwyr Llywelyn wrawl,
Goresgynnydd, gwrs gwinwaed,
28   Tid aur oedd, Tudur a'i waed.
Einion Fychan ymwanwr,
Einion arall oedd gall gŵr,
Ac o'r Iarll, y gŵr eurlliw,
32   Hwn oedd gall, henaidd a gwiw,
Elystan Iarll, anian llew,
Bron rhiwliad, barwn rhylew.
Ŵyr Higyn ydyw'r cun call,
36   Orwyr Llywelyn arall.

Iarll y Mars, eurllew mawrswydd,
Un rhoes aur ynn, Rhosier rwydd.
Aed Iarll Cent arall cantun,
40   Clarwns nerth, Clarens yn un.
Gwaed bron y goron a gaid,
O'r mart mawr i'r Mortmeriaid—

Ein gŵr ninnau'n Garnwennan,
44   Ymrydaidd lew, M'redudd lân,
Gŵr dewrwych a gâr daraw,
Cawr a'i nerth yn curo naw.
Ni wnaeth gam na dim camwedd,
48   Rhyswr mawr, rhoes aur a medd;
Ni fyn gam, llew dinam llwyd,
Naws can aig, ac nis c'nigiwyd.
Haela' gŵr o hil y gwaed,
52   Bywlawn eryr blaenorwaed,
Aur a sidan a rannodd,
A gynau rhad a gwin rhodd.
Ei fardd ydwyf urddedig,
56   Y bwrdd âi ym heb awr ddig.
Capten Glan Hafren hyfryd,
Coffr barn, caiff air y byd.
Cadwai'r dref rhag dolef dig,
60   Cariad Adda, carw diddig;
Cadwai seithwlad, ail Cadell,
Gwirion ŵr a'i gyrrai'n well;
Ceidw ehengblas i'w nasiwn,
64   Codiad o'i had, ceidw Duw hwn!

Ffynonellau
A—Brog (y gyfres gyntaf) 2, 462ᵛ, 462ʳ, 452ʳ   B—J 101 [= RWM 17], 602
C—Llst 118, 644

Y mae llawysgrifau A ac C ill dwy yn llaw Wmffre Dafis; y mae llawysgrif
B yn gopi uniongyrchol o A. Ymhellach ar y llawysgrifau, gw. isod tt. 233–
40.

Amrywiadau
6 *AB* gain. 16 *AB* lifaid. 20 *AB* troe gowaeth; *C* traidd a gwewyr. 40 *AB*
klirown nerth. 42 *C* mort. 43 *AB* ninav garn wenan. 51 *AB* hael gwr. 60 *AB*
addas. 61 *AB* kadwai/r/. 64 *C* codiad had.

Olnod
ABC Howel Swrdwal ai kant.

2
Awdl foliant Rhosier Fychan
gan Hywel Swrdwal

Enwer y neidr o union—achau,
    Uchaf ei hen gyffion;
    Ni fegir, pen arfogion,
4   Ei sud yn yr ynys hon.

Pob llys o'r ynys a ranner—dan ŵr,
    Dyna aer Meistr Rhosier,
    Y mae'n un rhif, pan rhifer,
8   Ŵr sad, ei roddion â'r sêr.

Rhif y sêr o glêr i gael arian—bath
    Ato byth y tynnan';
    Coffr pob clod a nodan',
12   Bu lai braint Beli a Brân.

Beli, ail Rhodri, rhydrawns—i gryfion
    A'th grafanc recwnsiawns;
    Rhosier, llew ffyrfder holl Ffrawns
16   Wyd i erlyn hyd Orliawns.

Blaen dawns hyd Orliawns wyd i erlyn—gwŷr,
    A Syr Garwy Prydyn;
    Chwi fal Lawnslod yw'r nodyn,
20   Uwch pawb y dowch, uwch pob dyn.

Pob dyn o Dywyn duedd—â gennych
    Ac annos o'r Gogledd;
    Deau enwog, dwy Wynedd,
24   Diweniaith lamp, dôn' i'th wledd.

I'th wledd, da rinwedd, dirionach—na Nudd,
    Y daw dy wledydd, dŷ diledach.
Cwrt Llechryd, ennyd dianach—y'i caid,
28   Dyry i weiniaid yn dirionach.
    Dau well wyd, Rosier, dau syberwach
    Na deau haelion, a dau haelach.

Ni nodwyd doethion nad wyd doethach,
32   Ni roed gwin rhial erioed amlach.
Can oes i Wladus, cawn iach—giniawau,
        Yma, bu orau, mwy heb eiriach.
        Ni aned gwraig hael erioed haelach,
36   I neb â'i rhoddion ni bu rwyddach.
        Ni bu o'i graddau neb garueiddach
        Oni bu Anna, wyneb iawnach.
Tithau, Rosier nêr, yn iach—y'th weler,
40   Erioed o faber yr wyd fwbach;
        Ni bu ar orwydd neb gyf'rwyddach,
        Ni bu dan sidan wyneb lanach,
        Ni bu dan felfed mor ddiledach,
44   Oni bu Rolant, neb wrolach.
Ni bu dŵr na gŵr nac iach—cyn gryfed,
        Na neb cyn haeled o'r wythfed ach.
        Ni bu'n ysgwïer neb syberwach,
48   Ac ni bu'n farchog neb rywiogach,
        Ac ni bu'n arglwydd undyn rwyddach,
        Na duc o ryfel na deg gryfach.
Na sonien', llwygen' holl wygach—fal us
52   O gyrrau'r ynys, gwŷr yr anach.
        Ni bu Syr Lawnlod erioed barodach,
        Ni bu Syr Liwnel yn ddiwagelach,
        Ni bu Bredur â dur yn daerach,
56   Ac ni bu Walchmai erioed ddifeiach,
Na Sawden Pab'lon, na sadach—yn ŵr,
        Nag wyd, y milwr o goed mawliach.
        Ac ni bu Arthur erioed burach,
60   Na Ffwg fab Gwarin erioed flinach,
        Nag Efrog b'ladrddarn erioed gadarnach,
        Na Siliws Sisar erioed ddiffafrach,
Na Chynyr a'i wŷr irach—eu rhyfel,
64   Na Derfel uchel erioed iachach.

        Wyd yn orau, heb gau dorau,
        Nos a borau yn syberwi.
        I Gwrt Llechryd, Iarll y tyfud
68   Lle dôi Ynyd llu daioni.
        Mae dy ddwyais oll yn harnais
        A gwiw farnais a gaf arni.
        Wyd oruchel megis Derfel
72   Ym mhob rhyfel am eu profi.

I'r lle delech y'n grysawech
A da rannech i drueni.
Briwiech gedyrn a'ch llaw Edyrn,
76   Mêr ac esgyrn, mau aer gwisgi.
Cryf dy gryfder, mwyn dy fwynder,
Traws dy drawster, trysta drosti.
Hael dy haelder lle'th gymerer
80   A nod rhifer yn y trefi.
A Ffwg ddiffael i'ch cas a'ch cael,
A meistr mael mwy stôr i mi.
Da draw didrai, da fwyd difai,
84   Da Duw'n dy dai, da yw d'enw di.

D'enwi, bur eryr euraid—yn orau,
    O nawradd gwaed dugiaid,
    O'r brenin, iôr barwniaid,
88   O'i gyff y neidr a gaid.

Ffynonellau

A—BL Add 14991, 282^v B—LlGC 2023B [= Pant 56], 359   C—LlGC
16964A, 122^r D—LlGC 17121D [= Gwysanau 38], 81   E—Llst 133, 8^v (rhif
30) F—Pen 100, 90

Y tair llawysgrif bwysig yw CDF. Y mae testunau ABE yn ddibynnol ar
eiddo F. Seiliwyd y testun golygedig ar destunau D ac F sy'n cynnig y
testun gorau, gyda'r testun llawnaf yn D. Ymhellach ar y llawysgrifau, gw.
isod tt. 233–40.

Amrywiadau

1 *D* y neidir enwir. 2 *ABEF* o hên. 5 *CD* y rraner. 6 *C* aer y meistr; *ABEF*
mastr. 7 *D* ynrif kyfrifer. 13 *C* rrodi rrai drawns; *D* rhy drawns. 14 *C*
rrykwklissiawns. 16 *ABEF* o erlyn. 17 *D* dawn. 18 *ABEF* y sy garw i Brydyn.
20 *ABEF* awch pob dyn. 22 *AB* a gennych o'r, *CD* ag anias ar; *EF* a'r. 24 *C*
down. 26 *C* dai diledach. 27 *ABEF* diwannach. 28 *D* yn dvrv weiniaid. 29
CD rosser a dav. 30 *C* day hailion. 32 *ABEF* ni roed gwin rhial i neb amlach,
C ny rroes gwin rreial neb yn amlach. 35 *A* gwraid hael i neb haelach, *BEF*
gwraig hael i neb haelach, *D* gwreigdda erioed havlach. 36 *ABEF* a neb. 37
C gyreiddach. 38 *C* wynach. 40 *D* arv do faber. 42 *ABEF* sadach. 43 *ABEF*
ni bu'n dan felfed mor; *C* felfed yn ddiledach, *D* felfed yn mor ddi ledach.
44 *ABEF* Rawling. 46 *CD* o wvthfed. 48 *C* rrowiwogach. 49 *C* [Ac] nyby yn.
50 *ABEF* dau gryfach. 52 *ABEF* vnach. 53 *C* [erioed] yn barodach. 54 *C*
Lywnel ddiwagelach; *A* ddiwrgelach. 55 *C* nyby Byredyr ai ddyr ddewrach,
D ag nybv bredvr ar dvr dayrach. 56 *C* [erioed] yn ddifeiach. 57 *ABEF*

Babilon. 58 *ABEF* na gwr na milwr a geiriau mowlach. 59–64 [*ABCEF*]. 67 *C* o gwrt llechryd iarll diechryd. 68 *ABEF* lle doe ennyd; *C* o doi echryd yw di ochri. 69 *C* Wytt fal garnais oll. 70 *C* heb gof oyrnai. 71 *C* wytt fal kyfel ath waiw yfel. 73 *C* Pawb a chwenych ddyfod kenych; *ABEF* croeseywch. 74 *ABEF* y da; *C* [A] da y rrenych y dirioni. 76 *C* o doi gedyrn yw digoydi; *ABEF* mae ryw gwisgi. 77 *D* krvf y grvfder mwvn y; *C* gryfder heb hynawster. 78 *D* traws y drawster trvst di rresti. 79 *D* hael y havlder llech kymerer. 81 *D* ywch cael, *ABEF* ich cael. 82 *ABEF* meistri. 83 *D* draw di rrai. 85 *D* denw pvr. 86 *D* dvwgiaid. 87 *ABDEF* i'r brenin. 88 *ABDEF* o gyff.

Ailadroddir yr englyn agoriadol yn llawysgrifau EF.

Teitl
A Mawl (*mewn llaw ddiweddarach* Sr Rosier). *B* Mawl. *C* Rosser vychan (*mewn llaw ddiweddarach* owdl mawl i Rosser vyχan).

Olnod
A–F howel sswrdwal ai kant.

3
Moliant Tomas ap Syr Rhosier Fychan o Dretŵr
gan Hywel Swrdwal

Y llew'n ynnill ein ynys
O Ros i Rôn, air Syr Rhys;
Mastr Tomas, dart Ymyr
4   Y barnaf i dy bren fyr.
Ys enw teg iawn sant a gad
Ywch o India a'ch hendad.
Calon Dafydd a'i onnen,
8   Curas a rhwysg Rhosier Hen.
Efrog wyn o Forgannwg
Ac un ffon â Gei neu Ffwg.
Ŵyr i'r gwalch o oror Gwy
12   Wyd a'i genedl hyd Gonwy.
Cadarn o facwy ydwyd,
Cenau llew o Watcyn Llwyd.
Moreiddig am roi oeddud,
16   Mil drom wrth ymliw â drud.
Bwa croes o fab y cryg
Âi trwy gwmplid trigeinplyg.
Yn faen blif y'th gyfrifiais,
20   Un o wns hen Einion Sais.
Gorau gwaed pan fo'n Lloegr gas
I gadw Dofr, gwaed y Defras.
Bwrw o'th ddwyfron ar d'onnen
24   Bwys gŵr fal hynt Basgrfil hen.
Ef a ŵyr llin Ifor llwyd
O brydiau ba ŵr ydwyd.
Ni chaid yn y rheini chwedl
28   Ond digoniant dy genedl.
Dy wyth ach dithau uwch oedd
Obry'n henwau brenhinoedd:
Mab Brychan a Gwgan gynt,
32   Moreiddig, Cymry oeddynt.

     Diwyd dy dad wyt â dart,
Dy dad yw diwyd Edwart.
Ef a bair hwn i fab Rhys
36   Roi iawn henw ar ein hynys—

Ei henw ymlaen, Frytaen fry,
Un o'th hynai' a wnaeth hynny.
Troes eilwaith Gantre' Selyf,
40   Yr henwaed da'r hwn a'i tyf.
Ni ddôi un arglwydd uniawn
Heb nai Syr Phylib yn iawn.
Y neidr wyd a wn dy ryw,
44   Arfer neidr o farn ydyw
Rhag drwg rhagod a rhygar,
Gwenwyno lle y bo bâr.
Dy hydeb ac wyneb gwych
48   Yn gawr a wna a gerych.
Dy gyneddfau callhau'r llaill,
Dy fâr yn dofi eraill.

Y neidr, pan êl yn oediawg,
52   A bair i'r hydd barhau 'rhawg.
Y neidr wyd o hyn hyd Rôn,
A'n carw sy'n arwain coron.
Nad êl y bwlch yn d'olwg,
56   Y neidr a wadd a wna drwg.
Dau ryw ŵr a ddaw'n dy raid:
Rhyw Cawrda' a'r Ricardiaid.
Meistr wyd, myn, Domas, dy ran,
60   Syr fych fal Rhosier Fychan!

Ffynonellau
A—BL Add 14991, 271ᵛ B—LlGC 2023B [= Pant 56], 298 C—Llst 133, 5ʳ
(rhif 17) D—Pen 100, 48

Y mae'r testunau oll yn tarddu o lawysgrif D. Ymhellach ar y llawysgrifau,
gw. isod tt. 233–40.

Amrywiadau
8 *AB* euras. 10 *AB* a Ffwg. 17 *AB* bwa cras. 27 *A* chad un yn y. 40 *A* a tyf. 43
[*A*]. 44 *A* [arfer] y neidr. 55 *A–D* na ad (nad el *mewn llaw ddiweddarach yn*
D).

Teitl
AB Mawl Thomas ab Edward. *C* Cywydd. *D* Mawl Thomas ab Edwart
(*mewn llaw ddiweddarach na'r testun*).

Olnod
A–D hywel swrdwal ai k.

Trefn y llinellau
A 1–42, [43], 44–60.
B 1–60.

4
Awdl foliant Wiliam Herbert
gan Hywel Swrdwal

Y byd oll i gyd lle gwn—a gyrchant
 Fegis gorchadw pardwn;
 Pan fo'r gras a'r ystasiwn,
4   Pa lai a syrth o'r plas hwn?

Plas hwn, ni wn i'n ynys—[ ] well,
 Allwydd cyfoed Emrys,
 Ac i Raglan gaeroglys
8   Y dêl swydd yr Arglwydd Rhys.

Arglwydd calon rwydd o ruddin—bonedd,
 Bennaeth tylwyth Godwin,
 Duw, ustus o waed Iestin
12   I'w dir a'i gad i roi gwin.

Rhoed eryr ein gwŷr yn guras—i Gred
 O Garadog Freichfras;
 Duw ni rôi, er dwyn o'i ras,
16   I dan iau waed Eneas.

Gwaed Cynfelyn, cyn Cynan—ab Iago,
 Bugail cenedl Gadfan;
 Bid Herbard ar lwyth Dardan
20   Fal brawd i Feli a Brân!

Mae Beli i ni dros newydd—a hen
 A hwn o Syr Dafydd;
 Ni ŵyr pen ysgrifennydd
24   Fyth rif ar y fath a rydd.

Duw a roes encil draw es encyd
 I gael a feddaf o gelfyddyd;
 Duw'n ei oes a'm rhoes ym mryd—gweddïo
28   Er rhoi iddo fo lawer hawdd fyd.

Ar unmab Gwynlliw mawr ydiw 'mryd,
A mwy yw ar Dduw a Mair ddiwyd;
Gan Fair a Duw cair cadw o'u cyd—gyngor
32   Rhag camrychor Cymru iechyd.

Camreol ar ôl y goreilyd,
Cymru o'i deutu ef a'i detyd;
Cadw sydd ein gwledydd yn glyd—rhag cael cam,
36   Y mae ofn Wiliam fy anwylyd.

Uwch y deÿrnas a'i chedernyd
A'i challter a'i braich a'i chwlltr ryw bryd,
Ac y mae'n argae rhag ofn ergyd—dwys
40   I gynnwys llawnbwys mewn lle enbyd.

Un a fo cyfion, ef a'i cyfyd,
A wnêl anghyfarch, dibarch y dyd;
Urddeiddio Cymro yw cymryd—ei fodd,
44   O myn ei anfodd y mae'n ynfyd.

Ef a gâr pysg draw gael rhodiaw rhyd,
Ac ef a gâr ei adar yr ŷd;
Ninnau garwn hwn ar hyd—holl Gymru,
48   Gorau ynn garu'r gŵr a'n gweryd.

Gwell arglwydd Cymro i'm bro o'm bryd
No Sais yn cyfarth Saesneg hefyd,
(Iaith hwn a 'styriwn nes y deiryd—ynn)
52   No phlaid Ellmyn, tyn fuant ennyd.

Ai unllais â Sais maes a esyd?
Ai unbris gwenith braisg â gwannyd?
Oedd ungwr Tewdwr, dad hadyd—Cymru,
56   Â Heinsiust obry, hensais dybryd?

Ein gwaith, am hynny, Gymry i gyd,
A rown i garu yr un gwryd:
A'i caro efô hir fywyd—iddo,
60   A'r neb nis caro ni bo'n y byd!

Ffynhonnell
Pen 54i, 303

Ymhellach ar y llawysgrif, gw. isod td. 239.

Darlleniadau'r llawysgrif
4–5 *Ceir ar frig y ddalen uwchben y llinellau hyn* Y Jarll iavank ar llewod a dynn. 25 [encil]. 31 kyngor. 34 devtv ef a dettyt. 43 kyryt. 44 [y].

Olnod
ho surdeval.

5
Awdl foliant Wiliam Herbert
gan Hywel Swrdwal

Llwyddiant a ffyniant, amddiffynnwr—gwŷr,
  I gâr Rhys ap Tewdwr;
  Nyni a ddamunwn ŵr
4 O waed da i oed deuwr.

Dwyfil sy'n dyfod i'w ofyn—beunydd,
  Bonedd sy'n ei ganlyn;
  Dau lu aml dâl o iwmyn,
8 Dwy long yn dyfod â'i lyn.

Llyn ein harglwydd rhwydd o lan Rhin—a ddoeth
  Lle'dd aeth yn gyffredin;
  Ni rown frwynen, pei brenin,
12 Er ofn neb, mae f'arfau'n win.

Pand arfog ydwyf? Pwy'n y dyrfa—well
  A allai luydda
  Pei curas win yr Asia,
16 Pei crys dur Ipocras da?

Gwin bastart Herbart a'n tyn—o'n gofal,
  Ac yfed meddyglyn;
  Aml yw osai melyswyn,
20 Maint y sydd o win Mawnts ynn.

Mal Sin aml ym win ger mur—ei seler,
  Mal solas llys Arthur;
  Caprig teg heb awr segur,
24 Cwler de pael, clared pur.

Claredwin Gasgwin o'r gwŷdd,—gwin Bwrdios
  I gan bordaid beunydd;
  Clared o'r cloau irwydd,
28 Camplid iach a'm cwymp liw dydd.

Gwin newydd beunydd o bob ynys—draw,
   O Droea hyd Ben-rhys;
   Adwaen long yn dwyn i'w lys
32   O Sain Miliwns win melys.

Gwin Rhwmnai heb lai o'r blaen,—gwin Colobr,
   Gwin Cwlen a'r Almaen;
   Gwin Aensio, 'm Iago, a Maen,
36   Gwin Lisbwrn ganol Ýsbaen.

Gwin blaen yr Ýsbaen, gwin rasbi,—gwin Teir,
   Gwin Twren, gwin Brefi;
   Gwin a wnânt yn Normandi,
40   Y gwin i Went a gawn ni.

Ni a gawn un gair gan Fab ein gwen Fair
   Nerthu ein heurgrair, unair anant.
Herbart synhwyrbell a geidw bro Gadell,
44   Am nad oes ei well, myn Dewi Sant.
Gorau un gŵr yw o Fôn i Fynyw
   Ac ail o Gernyw i Glegyrnant.
Ni bu ac ni bydd, un nid oes i'n dydd,
48   A ddôi i'w gynnydd a'i ddigoniant.
Y gair a garo a fydd iddo fo
   Tra fo un Cymro yn cau amrant,
Tra gân trugeinnyn â dwylo delyn
52   A thra gano dyn fyth air gan dant.
Tra fo tyrfaoedd a lleiswyr llysoedd
   Iddo gwna miloedd ganu moliant.
Duw mawr hyd ym Môn o air yr awron
56   Oll i'w swyddogion llys a ddygant.
Ni wn i yno swyddog nas haeddo
   Ar a fo iddo fawr o feddiant.
Ardwy stiwardiaid, aur ysgwieiriaid
60   Y sy i eirchiaid er nas archant.
Y sawl i'w seler a roes yr isier,
   Bwtler a sewer a'm croesawant.
Ni bydd i'n byddin ginio, 'm delw Gynin,
64   Heb o botiau gwin o bob tu gant.
Tebyg ŷnt, heb gêl, fwrdd cwpwrdd capel,
   Ewri i gwarel aur ac ariant.
Ni wn i'n ddinam na bai hwy (baham?)
68   Y gair i Wiliam nog i Rolant.

Ar Dduw gweddïwn ac oes a geisiwn
I hwn a'i nasiwn a ffynasant.
Pa le ni ddêl plaid at hen Frytaniaid
72   A'i gorff a'i enaid mewn gwir ffyniant?
Gorau a garon' a gâr y goron
A gair y gwirion, gorau gwarant.
Un braich rhag ofn briw yt Edwart ydiw,
76   O Iorc i Gaeriw, racw gwiriant.
Edwart, ail Eudaf, ac Wiliam galwaf
I chwi hoedl Addaf a chydlwyddiant.

Ffynonellau
A—BL Add 14971 [= RWM 21], 260^v B—BL Add 31072, 11^r C—Brog (y gyfres gyntaf) 2, 452 D—Card 3.2 [= RWM 27], 43 E—Card 5.44, 93^r F—J 101 [= RWM 17], 603 G—LlGC 16B, 200 H—LlGC 970E [= Merthyr Tudful], 168 I—LlGC 3051D [= Mos 148], 379 J—LlGC 5273D, 51^r K—LlGC 6209E, 251 L—LlGC 6511B, 24^r M—LlGC 21290E [= Iolo Aneurin Williams 4], 93^v N—Llst 118, 194 O—Llst 134, 102^v P—Pen 64, 231 Q—Stowe 959 [= RWM 48], 75^r

Y mae llawysgrifau EHLMO oll yn llaw Llywelyn Siôn ac yn debyg iawn eu darlleniadau; felly hefyd C ac N, sydd yn llaw Wmffre Dafis. Y mae testunau llawysgrifau B, D, ac F yn ddibynnol yn eu tro ar A, R, ac C. Y mae'n debygol mai'r llawysgrif hynaf yw P a rydd destun da ac fe'i dilynir hi gan amlaf wrth lunio'r testun golygedig, er ei bod hithau, fel N, yn anghyflawn mewn mannau. Ymhellach ar y llawysgrifau, gw. isod tt. 233–40.

Amrywiadau
3 *EHMOQ* a ni a; *I* ddymvnem, *L* ddamvnwr. 5 *D* y ofyn. 6 *BDQ* ssydd ny; *HIJM* galyn. 7 *EHLMO* dwy lv ams, *K* dau bu aml; *CF* deûlû; *D* dalo y emen. 8 *I* a borthid ai lynn; *DQ* ssyn; *J* oi lynn. 9 *EHLMO* y lynn arglwydd Rwydd o benn Rin a ddaüth, *DQ* llynn arglwydd rwydd o ben rianedd; *B* o lan krin a ddoeth, *J* o lawn rhin a ddoeth, *P* lann rrin ddoeth. 10 *EHLMO* lle dda, *P* lle daeth; *DQ* y kyffredinn. 11 *P* brwynea be brenin; *AIK* brwynen, *B* brwyner; *CFGN* ba brenin, *D* bay frenen, *IQ* bei brenin, *J* ba frenin. 12 *D* may ú farfau n, *P* mav arvav/n/. 13 *EGHLMO* pond. 14 [*D*], *O* o allv llv adda; *EHLM* lv adda. 15 *CE—HL—OQ* gwin. 16 *B* bys dur; *G* dur Gwin ipocras, *J* dvr gwin Hypocras; *D* y Copras. 17 *O* gwin harbart bastar; *ABKP* am tynn om, *F* ar tynn on. 19 *DEHLMOQ* amliw osai; *DQ* melysswinn. 20 *CFGJN* naint, *EHLMO* main; *CGJN* nawnt synn, *F* mawnt synn, *EHLMO* mawnsedd ym, *I* mawntes ynn, *DQ* mawnssai yn. 21 *CFGN* aml in win mal yn sin, *E* aml ym win melyn singÿr, *H* aml ynn win melyn sÿwgur, *I* may sin

aml ym win, *LMO* aml ynn win melyn singvr, *DQ* aml gwin melyn ssywgur ny. 22 *HLO* lys. 23 *D* pob awr; *CFN* avr. 24 *ABIKP* kwlert pa waeth klared pvr; *CFGN* cwlwr de pael, *DQ* kwbwrt y bawb, *ELMO* kwpart epael, *H* kwpart apael, *J* Cwler de pal; *DQ* kaprig. 25 *DQ* klared gwin; *DQ* [gwin Bwrdios]; *ABK* Bwrdiaws, *EHLMO* bwrdiawns, *I* bwrdews. 26 *ABCFGIKNP* bordiaid, *DQ* vordaid, *J* bwrdais. 27–8 [*DQ*]. 27 *EH* kig bara jr kloiav, *LM* kig bary ir kloye, *O* kig bara klav irwydd; *CFGJN* klarai; *B* ar kloau. 30 *DEHLMOQ* i benn Rys. 31 *CFGINQ* adwen. 32 *D* O sai miliwns Gwin, *Q* ossai miliwns gwin; *J* san, *N* sin. 33 *CFJN* calabr, *DQ* kalais, *ELHM* kales, *G* golobr. 34 *DQ* or almaenn, *E* yr almaen. 35 *DQ* gwin anssio gwin agra a gann; *EHLMO* angro yngro angraen; *CFN* Iago maen, *I* iago i maen, *J* Iaco a naen. 36 *DQ* gwin lissbwrn gwin yr yssbaen, *EHMO* gwin ysbwrdd a gwin sbaen, *J* lysbwrn ganol yr ysbaen, *L* gwin jsbwrdd gwin yr ysbaen. 37 *DQ* rassbi tayrnn, *EL* Rapsi teyrn. 38 *AGKP* tvren, *CFN* twron, *DEHLMOQ* taren, *J* Tyren; *CFGN* bresi, *D* ú Trefi, *J* Biri, *Q* /u brevi. 39 *B* a wnaed yn, *D* or Nants or, *EH* yw mant i, *LMO* yw mant y, *Q* or nawnd o. 40 *DQ* gwin o went /u garwnn ni. 41 *CFGJN* y gan vab gwen, *EHILMOQ* gan vab gwenn, *D* gen mab gwenn. 42 *CFN* nerthv yn crair vnair yw ai anant, *D* Nerthy Crair yn ayr a wnant, *EHLMO* nerthv krair vn air yw a nant, *G* Nerthu/n/ kraig vnair yw ai anant, *J* nertha'n Crair vnair yw ai Anant, *Q* wrth y krair vn air yw anant; *I* a wnant. 43 *D* Yn Harbart o hirbell, *EHLMO* harbart o hirbell, *G* herbart sy/n/ hwyrbell, *Q* vn herbert o hirbell. 46 *J* [i]; *B* gologyrnant. 47 *EHLMO* yn does vn dydd, *Q* ny does vn dydd. 48 *D* Yddo ay, *EHLMO* y ddav ai, *I* a ddaw yw, *Q* yddo oy. 50 *Q* kamrant. 51 *DQ* trychant, *EHLMO* try gan, *GJ* Tra y kan; *CFJN* ai dwylaw, *D* oy ddwylaw, *EHLMO* o dwylaw, *G* Ai ddwyliaw, *Q* o ddwy law; *D* u ddelynt, *Q* y delynt. 52 *D* A thri cano, *G* a thrae gano; *J* wyth air; *H* gan dan. 53–6 [*DQ*]. 53 *G* Trae. 54 *G* Cagv moliant. 55–6 [*EHLMO*]. 57 *DQ* ni wnn yno swyddog yn fawr nas; *I* nis. 59 *DQ* a dwy vordaid ssydd o ssgwierieid, *ELMO* ar dystiwerdiaid ysgwieiriaid, *H* ar dy ystiwardiaid ysgwieiriaid. 60–2 [*DQ*]. 60 *EHLM* o airchiaid, *O* orvchiaid; *O* na. 61 *EHMO* oi syler; *L* a eler; *GJ* roes ar yssier. 62 *EHLMO* ym grysewant. 63 *DQ* ny bydd vn vyddin myn delw gynin; *CFGJN* ni by; *EHLMO* vn byddin ginion delw; *I* im byddin; *CF* myn delw. 64 *D* y bottaú, *EHLMO* i botav, *I* o bibav, *J* bottelaû, *Q* y botiau. 65–6 [*DQ*]. 65 *E* toi gynt, *H* toli gynt, *LMO* tobi gynt. 66 *EHLMO* ag ewri gwrel, *I* ewri a chwarel, *J* Ewri y gwarel. 67 *CFGN* ni wnn yn, *Q* ni wnn yw; *EHQ* byham, *LMO* bwyham. 68 *G* nod i; *P* rolan. 69 *CFJN* o ddûw, *DLMQ* yddo, *EH* yddoe, *G* O duw. 70 *DQ* y ssonyssant. 71 *DQ* ple na del; *EHLMO* ny del. 72 *DQ* y gorff. 73–8 [*DQ*]. 73 *CFGJ* y gorav garon a gar y goron, *ELO* y gorav galon i garv goron, *H* o goelav galon i garv gwirion, *M* o gorav galon i garv goron. 74 *J* a gar. 75 *EHLMO* e vynn braich ofn; *P* bv braich; *J* heddiw. 76 *ELMO* ag a garant; *CFJN* raco, *G* rako i, *I* ackw i. 77 *EHLM* a gwion y galwaf, *O* a gwiwlon y galwaf. 78 *EHMO* ywch hoedl.

Ailadroddir yr englyn agoriadol yn *HILMO*.

Teitl
ABK Owdyl voliant i Wiliam arglwydd herbart. *C* llyma odl voliant i
arglwydd harbart o Raglan. *D* Awdwl ú Gwin. *G* Owdl voliant i Arglwydd
Herbart. *H* llyma odl voliant i arglwydd herbart. *J* Owd ir Arglwydd
Herbert. *L* odl voliant i wr. *M* llyma odl voliant i syr wiliam harbar o
Raglan. *O* llyma odl voliant i wiliam herbart ai win. *P* i arglwydd herbar[ ].

Olnod
AC–FHILNO howel swrdwal ai kant. *BGJKPQ* hol ssowrdwal.

Trefn y llinellau
A–CFGI–KNP 1–78.
D 1–13, [14], 15–26, [27–8], 29–52, [53–6], 57–9, [60–2], 63–4, [65–6], 67–72,
   [73–8].
EHLMO 1–54, [55–6], 57–78.
Q 1–26, [27–8], 29–52, [53–6], 57–9, [60–2], 63–4, [65–6], 67–72, [73–8].

6
Urddo Wiliam Herbert Ieuanc yn Farchog o'r Badd
gan Hywel Swrdwal

Dechrau da, cymanfa medd,
A wna da yn y diwedd,
Am arglwydd, arwydd Urien,
4   Y dinas draw, Dwnster wen.
Wrth gost yr aeth i gastell
Winsor, ni wn siwrnai well.
Hansel oruchel a roed
8   A ddaw'n dda iddaw'n ddioed.
Gradd lân marchog urddol oedd,
Urddedig o radd ydoedd.
Ni ŵyr un dan y nawradd
12   Ond rhai ba gymaint ei radd.

Llyma'r modd, lle mae'r meddiant,
Y gwnair, i gloi'r gair ar gant:
Ei eillio a ddeellir
16   A gady ei gam i gadw gwir.
Oddyno ydd â i ennaint
I gadw'r corff i gyd rhag haint:
Natur ennaint rhoi unwaith
20   Glendyd a iechyd o'i waith.
Yn hon y brenin ei hun
O'i wag rwyf ef a'i gw'rafun,
Ac a rydd y gair iddo
24   Yn ôl fyth a wnêl efô.
Aros unnos mewn ennaint
Yn hon fry yn hen ei fraint,
A'r marchogion o fonedd
28   A yrr y nos o'r un wedd.
Mantell ruddell a roddir
I gyd o'i gylch i gadw gwir.
Pam ar liw'r carw neu'r marwar
32   Ond dwyn cof gwaed Duw a'n câr?
Ac wedy, medd Cymry call,
Offeren y caiff arall.
Llwyd yw'r wisg, penllad ar ôl,
36   Arwydd bod yn urdd bydol.

Ei wisg ef yn ei grefydd
Yng ngwledd falch angylaidd fydd.
Os sidan las ei edau
40   Neu wyrdd a wisg, un o'r ddau,
Rhoi am hwn, rhwym yw hynny,
Gledd deufin o'i frenin fry.
Hawdd yw ym, caf heddiw win,
44   Lle 'dd wyf, ddeall ei ddeufin:
Y naill fin llym, ail llafn Llŷr,
Draig las, gyda'r eglwyswyr,
A'r nall, mae 'neall yn ôl,
48   Wrth fawd y gyfraith fydol.
Dwy sbardun, medd gwŷr unwaed,
Euraid a roir ar ei draed;
Arwydd rhag trais ar wiriawn,
52   Ei gyffroi i goffáu'r iawn,
A'i swydd ef, os haeddai wŷr,
Acwy maeddu camweddwyr,
A'i grefydd ef yw gw'rafun
56   Eu camau 'ntwy cymaint un.

Ni thry ar lyn, ni thyr ei lw,
Ni pherthyn hyn ar hwnnw,
Na gair ffalst, na gwyro ffydd,
60   Na gair ofer 'n ei grefydd.
Rhygryfaf, rhagor afael,
Rhag elain hydd Rhaglan hael.
Nid â un gŵr dan ei gae
64   Â'i dorch euraid i chwarae.
Brenin blaen Brytaen a'i bro
A roddes ei chwaer iddo.
Neithior yn Winsor a wnaeth
68   Fawr i hwn 'n ei frenhiniaeth,
Gwledd rwydd i'n arglwydd un iaith,
Gweler yn d'wysog eilwaith!

Ffynonellau
A—BL Add 31072, 21ᵛ B—Card 3.2 [= RWM 27], 462 C—Card 5.44, 180ᵛ
D—LlGC 970E [= Merthyr Tudful], 368 E—LlGC 13062B, 473ᵛ F—
LlGC 21290E [= Iolo Aneurin Williams 4], 76ᵛ (*anghyflawn mewn mannau*)
G—Llst 48, 45 H—Llst 134, 148ᵛ I—Stowe 959 [= RWM 48], 241ᵛ

Ymranna'r llawysgrifau yn ddau ddosbarth, sef AC–H a BI. Y mae'r
dosbarth cyntaf yn cynnwys llawysgrifau sydd naill ai yn llaw Llywelyn
Siôn neu'n deillio o'i gopïau ef. Ceir nifer o ddarlleniadau gwahanol yn B
ac I, dwy lawysgrif sy'n perthyn yn agos iawn i'w gilydd. Ymhellach ar y
llawysgrifau, gw. isod tt. 233–40.

Amrywiadau
3 *D* arlwydd; *BFGI* orwydd. 5 *D* wrth ir aeth; *B* y rath. 6 *BI* wnai. 7 *AFG*
honsel; *B* oywchel, *E* or vched. 8 *AE* yddaw'n dda a ddawn ddioed; *C*
yddoe'n. 10 *B* u roedd. 12 *B* yw radd, *I* ywr radd. 14 *B* U wnair; *A* a gant.
15 *BI* eilliad; *A* a dyallir. 16 *ADEFH* a gady i gan, *BI* y gedy gam. 17 *AC–H* i
dda yn. 18 *B* Corph gid. 19 *BI* troi. 20 *BI* ag iechyd; *BI* oi gwaith, *EF* o
waith. 22 *A* o wag rwyf ef gwrafun; *BI* waeg rwyf aū. 24 *B* N y ol fyth na
ele' fo, *I* yn y ol vyth na del. 25 *GH* y nos. 26 *B* fry n hen fraint, *FH* vry yn
hen i vraint, *I* vry ny hen vraint. 27 *AEH* A marchogion. 28 *C* yn nos; *B* n y
ryn wedd, *I* wyr vn wedd. 29 *A* o rhoddir. 30 *BI* o gylch. 31 *BI* pam lliw r. 32
AC–G waed; *BI* dyw n kar. 33 *B* ac wedyn, *CD* a chwedy. 36 *BI* mywn yrdd.
37 *AC–G* aü wisg. 38 *B* Un y wledd fawr, *I* ny wledd vawr. 39 *BGI* o sidan;
BI y heday. 40 *B* Ne wyrdd wisg. 41 *B* am hunny. 43 *AC–FH* i caf. 44 *B*
ddwyfin. 45 *H* vin llin; *BI* vin (*I* dilewyd llym) ail llavan llyr. 47 *A* Ar llall; *B*
yw ny all, *I* yw n nyall. 52 *AC–H* i gyffroi i goffrav ir, *B* Y gyffro y goffa r.
53 *BI* os haedd y wyr. 54 *AFG* akw; *BI* mayddyr. 56 *B* Y cymaint hwy
ceimaint yn. 57 *B* ni thyr lw, *I* nythywr lw. 58 *AC–H* i hwnnw. 59 *A* ffals. 60
A neu grefydd. 61 *BI* rragryvaf. 62 *B* Rag d'elin hyd raglan; *A* rhydd. 63 *B*
Nyd ai yn gwr dan y gaye. 64 *B* yr chware, *GI* ir chwarav. 65 *B* Brittan. 66
B A roddws, *I* ū rroddes; *AC–H* chware. 68 *BI* honn yr vrenhiniaeth. 69–70
[*B*]. 69 *I* rrwydd vn arglwydd; *ACEFG* on jaith, *D* on Raith. 70 *H* gwele r.

Teitl
A I Arglwydd Dwnster yr hwn a aeth yn Grefyddwr. *B* U modd a gwnad
Marchog or Bath. *C* llyma gywydd i arlwydd Dwnster yr hwnn a aeth yn
grevyddwr. *D* llyma gywydd i arlwydd dwnster yr hwnn athoedd yn
grevyddwr. *EFH* llyma gywydd i Arglwydd Dwnster yr hwn a aeth yn
grevyddwr. *I* ū modd y gwnaid marchog or badd.

Olnod
A–EGHI Howel sswrdwal.

Trefn y llinellau
A 1–2, 4, 3, 5–70.
B 1–68, [69–70].
C 1–70.

7

Marwnad Wiliam Herbert
gan Hywel Swrdwal

Ni bo i berchen bwa
Racw'n swydd Iorc unnos dda,
Ac ni bo yno annedd
4   Undyn byw ond yn y bedd.
O dof uwchben ei hennyth
Ni werthaf ŵr o'r North fyth.
Mawr yw'n angof a'n gofid,
8   Am iarll o Went y mae'r llid.
Nid oedd—pam y'i diweddent?—
Ŵr well ei gorff no iarll Gwent.
Nid oedd well yn Lloegr chwellaw
12   No'i frodyr, Iarll Penfro, draw:
Syr Rhisiart, Tomas ryswr,
Siôn wych a'i profes yn ŵr.
Dechrau breninbrennau'n bro,
16   Dodi'r wadd i'w dadwreiddio.
Bwriad a gwaith a brad gwŷr
Banbri ydoedd, ben-bradwyr.
Dwy gynneddf oll, dygnedd fu,
20   Ar Saeson a roes Iesu:
Lolardiaid, traeturiaid hen
Ŷnt erioed, ânt i'r wden!
Troasant eiriau Iesu,
24   Traeturiaid ŷnt i'r tarw du.
Ni rôi Sais yn yr oes hon
Drugaredd i du'r Goron.
Trech anian ym mhob rhan rhôm
28   Nog addysg, ni a'i gwddom.
Tebyg iawn at beganiaid
Ydynt wy, Waden eu taid.
Tebyg iawn eto heb gam
32   I Dduw eilwaith oedd Wiliam.

Edward wyn, dyred unwaith
I Gymru i enynnu'n iaith.
Myn bawb, nid ymwan eb wŷr,
36   Ar dy ôl, â'r dialwyr.

Daly dy ffordd, dilid â ffust
Hwrswⁿs o Hors a Heinsiust.
Na ad wŷr yn y dwyrain,
40 Banbri hwnt, ben byw o'r rhain.
Digiwch fry'r Cymry rhag cam,
Dielwch, er Duw, Wiliam.
Llosgwch, na chiliwch i'ch ôl,
44 Swydd Loncastr a swydd Lincol.
Byrhëwch, ffustiwch yn ffest,
Gyrff hirion gwŷr y Fforest.
Un Duw a wna, a Dewi,
48 Am wŷr y North fy marn i,
Anffod a chernod a chas
I Gaerloyw, ac oer leas!
I chwerthin am y drin draw;
52 Trin eilwaith a'u tro'n wylaw.
Ar Iau 'dd aeth a urddai wŷr
A'r marchog ar y Merchyr,
A'i frodyr a'i wŷr eraill,
56 Llu dduw Llun, yn lladd y llaill.
Nef i'r Cymry gwedy'r gis
A diliw i waed Alis.
Och na chefais, trais fu'r tro,
60 Wrth ddau ben wrthiau Beuno
Yn y modd, ni cheisiwn mwy,
Y gwnâi fry â Gwenfrewy.
Nid amlach main hyd Sain Siâm
64 No'i foliant, nef i Wiliam.
Na fid Gymro drosto draw,
O bu dda, heb weddïaw.
O bu drwm, y byd a red,
68 Maddeuent am ei ddäed.
Ba ŵr a wŷl byw o'i ran
Byth ei gyffelyb weithian?
Iawn o orchwyl ynn erchi
72 Roi gwledd nef i'n harglwydd ni,
A'r rhif a fu farw hefyd
I'r nef gydag ef i gyd.

Ffynhonnell
Pen 54i, 269

Ymhellach ar y llawysgrif, gw. isod td. 239.

Darlleniadau'r llawysgrif
31 Tebic etto. 34 [i]. 36 Ar dy ol or dy ol or dialwyr. 38 heinsut. 44 swyt linkol.

Olnod
ho surdwal.

8
Marwnad Gruffudd ab Ieuan o Gaerllïon gan Hywel Swrdwal

Creulawn o ŵr, iawn a ran,
Yw Duw wrthym, waed Arthan.
Clybod marw llwybreiddgarw brau,
4   Cael annwyd o'n calonnau.
Mawr cwyn, Cymry a'i cennyw,
Marw Gruffudd, ei ddefnydd yw.
Da rhôi yntau, fab Ieuan,
8   Ŵyr Feurig hir, fara can.
Llai yw, 'r blinder ar werin,
Llïon Gaer yn llenwi gwin.
Ba ryw dwrdd sy'n yr wybr dig?
12   Twrdd wylo tir eddilig.
Lle bu win yn llu beunydd
Yr wylir dŵr lawer dydd.
Aeth, Ririd, o'th orwyrion,
16   Flaidd, un hael, y flwyddyn hon.
Bu i tithau, 'm graddau'r grog,
Farw, Trahaearn, frawd rhywiog.
Gwae a ŵyr gwsg i gâr gwan,
20   Ieuanc ynfyd yn cwynfan.
Mae o raffau am Ruffudd
O ddŵr wyth ar ei ddau rudd.
Gorau perchen, unben oedd,
24   Tŷ ar fwyd mewn tref ydoedd.
I'w neuadd faen ydd âi fo
Ag awenydd i'w ginio,
A pharodedd cyffredin
28   Fu ei rost a'i fara a'i win.
Llygaid Gruffudd a guddiwyd—
Llyna ladd Caerllïon lwyd!
Er marw gŵr mawr a garant,
32   Y bobl a eirch byw ei blant.

Teÿrnes yn atwrnai
Gyda Duw a geidw ei dai,
Arglwyddes Annes ferch Siôn
36   Yn rhoi gwin i'r rhai gweinion.

Arfer hon ar a fo rhaid
Erchi annerch ei enaid.
Llawer trental a dalodd
40 Â'i llaw a rhoi llawer rhodd;
Llawer dergys, gwŷs a gaid,
Ar gân oedd rhag ei enaid;
Llawer cardod i dlodion
44 A'u talu hwynt o law hon;
Llawer ceiniog i offeren
A llawer pader o'r pen
Rhoi'n rhodd, ŵyr Henri addwyn,
48 O ŵr â fyth er ei fwyn.
Ni roes chwant ond ar fantell
A modrwy'n wir, ymdroi'n well,
A bwrw du ar bryd ewyn
52 Ac ar Dduw gwra o ddyn,
Ond â'i gwaith enaid ei gŵr
A bair Annes i'w brynwr.
Duw, diolch er ei däed
56 Dan Grist nis gall dyn o Gred.
Bo i Ruffudd y briffordd
I dir nef a gado'r Nordd.
Rhoed iddo, Efô a fedd,
60 Duw ragorol drugaredd,
Gân i'w delw, gwna ei dylyn,
Gytŷ â'i gorff, Gatwg wyn:
Ef âi'i enaid i fyny
64 Â'r enaid hwn i'r un tŷ.

Ffynhonnell
Pen 54i, 266

Ymhellach ar y llawysgrif, gw. isod td. 239.

Darlleniadau'r llawysgrif
18 dyrhaearn. 28 vara i win. 45 i yfferenn.

Olnod
ho surdeval.

9
Marwnad Siôn ap Rhosier o'r Fenni
gan Hywel Swrdwal

Mawr yw eisiau am reswm,
Marw ewythr iarll, mawr a thrwm:
Salmon o ddewis elment,
4   Siôn ap Rhosier, gallter Gwent.
Fo dalai fywyd eilwaith,
Siôn ŵyr Siôn, dros un o'r Saith.
Gwyddiad ar bob bwriad pêr,
8   Siôn, y presen, ap Rhosier,
O fab Siancyn wyn ei win,
Ac o Adam a Godwin.
Gwaed mawr yr Ysgudmoriaid,
12   Gormodd y plygodd eu plaid.
Cywydd llawen eleni,
Cwyn a fyn, nas canwyf i;
Cwyno marw cyn emyrrwyf,
16   Calon brudd, o'r Clinbow 'rwyf.
Lle da'r oedd darlleodr ym,
Iaith goel o dylwyth Gwilym.
Aur a roud, orwyr Odwin,
20   A dysg ym a dewis gwin.

     Aeth i'r pridd, oddi eithr pryd,
Wreiddyn y cyfarwyddyd.
Bob Cymro, awn yno'n ôl
24   Blodau gwybodau bydol.
Carodd ofyn cerdd Ddafydd,
Cerid Duw'r hael â'r cwrt rhydd.
Ba beth heb obaith a ŵyr?
28   Byd eb Siôn bod eb synnwyr!
Colli—pa bwnc a ellir?—
Cwmpas Gwent, cwympo ei 'sgwîr.
Mae ar y Iarll, Mair a ŵyr,
32   Eisiau hwnnw a'i synnwyr.
Pwy gwrda i'n tyrfaoedd?
Pwy'n llys Went eu pen lles oedd?
Pwy'n ei dŷ oedd heb henw dig?
36   Pwy'n y dafarn pendefig?

Pan 'i dug Duw, ponid aeth
Pen iau y gwmpaenïaeth?
Gwae dlodion ei gydwledydd
40   Gan eisiau dig, nos a dydd,
A gwae fwynion Gefenni
A'i doethion a'i haelion hi.

Ancr yw Siôn o fewn côr saint
44   —Llyna gôr llawn o geraint—
Lle gwŷl mil i Syr Wiliam
Fedd gwyn a merch Ddafydd Gam.
Syr Rhisiart a roes resaw
48   I'w gâr o'i lwyth ger ei law.
Oes yn fyw is nef a ŵyr
Y sy yno o synnwyr?
Y llyfrau sydd oll farw, Siôn,
52   Iawn yw uddunt yn weddwon.
Lle 'dd oedd yn allwydd addysg,
Weithion Duw a aeth â'n dysg.
Siôn aeth i deÿrnas nef,
56   Duw iddo a'i dioddef.
Hyn o fyd ei henw efô
Benthig tra geir byw yntho.
Gobaith y ddwyiaith ddiell
60   Fod i Siôn fyd y sy well.
I'r lle sy uwch no'r holl sêr
Y pâr Iesu fab Rhosier!

Ffynonellau
A—LlGC 13072B, 213 B—Pen 54i, 260

Lluniwyd y testun ar sail llawysgrif B, sef yr hynaf o'r ddwy lawysgrif.
Ymhellach ar y llawysgrifau, gw. isod tt. 233–40.

Amrywiadau
2 *A* ewyrth. 5 *A* fo ddaley. 8 *A* a present. 11 *A* mawr ysgydmorieid. 13 *A*
llawen y llewi. 21 *A* pridd ddiaythr pryd. 25 *A* karoedd. 26 *A* keryd. 27 *A* by
beth. 29 *A* pa lwck. 33 *A* ny tifaroedd. 35 *A* pwy ny doedd. 37 *A* pyn ydyg
düw penyd aeth. 38 *A* pennyiey. 48 *A* o lwyth. 50 *B* yn o. 53 *A* allwedd. 56 *A*
düw y ddaw. 58 *A* tryfay, *B* tra gaer. 59 *A* ddwyweith ddyell (*cywirwyd
mewn llaw ddiweddarach yn* ddaywell). 62 *A* pair.

Olnod
A Howel swrdwal ay kant. *B* ho s.

10
Marwnad Robert Mathau o Feisgyn
gan Hywel Swrdwal

Mi a gefais drais a drwg
Mawr i'w gwyno 'Morgannwg:
Marw f'Elffin a rôi'r gwin gwyn,
4   Marw f'ysgol ynys Feisgyn;
Marw Robert, mawr yw'r rhybudd
Fod llawer gwybod ar gudd.
Myned mab arab wryd
8   Mathau i'r bedd, methu'r byd.
Beth gan Dduw hyn is Llyn Llwch
Ond gwarafun digrifwch?

Ni wnaeth o bridd y draethell
12   Iesu Grist ysgwïer well.
Cwyned o'i fyned i'w fedd
Forgannwg i frig Wynedd.
Tridyn yn undyn ynn oedd,
16   Da, doeth a gwalstod ieithoedd;
Doctor oedd, dug y tair iau,
O'r brut maith, Robert Mathau.
O'i enau geiriau a gaid,
20   Ni bu air na bai euraid.
Cof o'i wraidd cyfarwyddyd
Cyfraith ym mhob iaith o'r byd.
Gwrthnysig wrth ein nasiwn
24   Yw Duw, y câr, o dug hwn.
Duw'n fyw ni ad, nef yn well,
Dyn a wypo, da'n nepell
I'r byd ni ellir—ba wedd?—
28   Meddylio mwy ddialedd
No dwyn rhai hen, bargen bol,
A rhoi ieuainc i'r heol.
Am hyn, ben ymhen y bydd
32   Ac o waelaf ei gilydd.
Maddau mab Mathau 'mhob modd
I'w ddwy ynys oedd anodd.
Ble'r oedd, a bod cwbl o'r wŷs,
36   Eithr un athro i'w ynys?

Ni wn i un yn ei ôl
Mwy o'r byd mor wybodol.
Tra fu i'n mysg trefi Meisgyn
40   Ni bu lys well no'i blas ynn.
A fu arno yno aeth
Chwant da a pherchentyaeth.
Llawer a roes wrth glera
44   Ym o ddysg a mwy o dda.
Da fu Argus gwlad Forgan
A'i olwg wrth alw y gwan.
Fal Hywel Dda, naf Selyf,
48   Fu'r carw doeth ar far Caerdyf.
Ba eisiau'n fwy a bwysir
No'i eisiau ef yn y sir?

Cael o'r enaid calonwych,
52   Roberd, sir baradwys wych.
Eiriawl a wna' mawl o'm min
Dros Roberd ar Sierubin,
Dwyn gŵr a aeth dan ei grwys
56   Eb awr oed i baradwys
I'r lle gwŷl wŷr oll a gwledd,
Nef iach a phren y fuchedd.
Cawson hud tradrud rhydrist,
60   Caffo gan groeso gan Grist.
Nis ynillodd, sôn wellwell,
Oni bai Nudd, neb yn well.
Ni cheisiwn nef na'i threfi
64   Be gwypwn nas câi hwn hi.

Ffynhonnell
Pen 54ii, 257

Ymhellach ar y llawysgrif, gw. isod td. 239.

Darlleniadau'r llawysgrif
3 i roir. 24 i kar. 30 y rreol.

Olnod
ho surdeval.

11
Marwnad Siancyn Twrberfil o Landudwg
gan Hywel Swrdwal

Ni charaf fis, na chaer fain,
Ebrill hwnt, nac wybr Llundain,
Na'r gwanwyn er ei gynnydd,
4   Na Phasg ond er mwyn y ffydd:
Rhoi Siancyn wyn ar wanwyn,
Twrbil ynghudd, trebl yw 'nghwyn.
Myn y Tad, cyn myned hwn
8   I gudd, bonheddig oeddwn;
Minnau a euthum ennyd
Yn fab aillt yni fo byd.
Marw yw corff, mau wae rhag gwg,
12   Marw, ac enaid Morgannwg.
Mae'r rhan oedd i Wrgan oll
Ac i Forgan ar gyfrgoll.
Eisiau'r gŵr y sir i gyd
16   A'r breichiau heb awr iechyd.
Dau dir, aeth Duw â'u derwen,
Duw Pasg y torred eu pen.
Mae can gŵn am un gŵn gynt,
20   Duo f'epil hyd Epynt.
Bro Forgan, bro Frychan fry,
Braint wybren, bro Went obry,
Llyma,'n Pedr, wrth eu hedrych,
24   Deirbro flin am Dwrbrfil wych.

Llei byddai llew, bu addwyn,
Pei byw, i gyfryw ei gŵyn.
Dau fawrgwymp i wlad Forgan:
28   Un gynt i gadarn a gwan
Pan golles o draffres drwg
Pen-llin dad, paun Llandudwg.
Llyma'r ail, llyw marwolaeth,
32   A Duw—gwae ni!—'ll dau a'i gwnaeth.
Cwyn yr hen er cyn yr haf,
Cwyn yw am Siancyn ieuaf.
'E dâl lle mae bedd f'alarch
36   Lundain oll lonaid un arch;

Oes, ond tydwedd Sant Edwart,
Llonaid well yn ei dwy wart?
Wylo ydd wyf law a ddwg
40   Môr i ganol Morgannwg;
Mal am fôr Carusalem,
Mawr o ddŵr yw môr y ddrem,
A'r glaw'n fawr o'r galon fau
44   Yw'r aweddwr ar ruddiau.

    Ba ryw chwarae mae Mab Mair
Â'i genedl ddioganair?
Os tabler, archer Ei ras,
48   Yno terniodd ein tyrnas;
Neu os sies yn oes oesoedd,
Siec mad i'r pedeirgwlad oedd.
Duw dan ordd a'n dodai ni
52   Drom o Dawy i Rymi.
Bid dyn dros wyneb y tir
Brytanaidd, byr y tynnir.
Gwae a ŵyr iaith gywir wan
56   Gymräeg am ŵyr Ieuan.
Cymry, och Iesu, ni chânt
Yn oes a ddamunasant:
Eisiau encyd i Siancyn
60   I fyw'n hir i fynnu hyn.
Mawr yw gair am roi gwryd
Mewn bedd Basg; mwy na bydd byd.
Eithr Basg, y Gŵr aeth o'r bedd,
64   Aed â'r gŵr i drugaredd!

Ffynhonnell
Pen 54i, 263

Ymhellach ar y llawysgrif, gw. isod td. 239.

Darlleniadau'r llawysgrif
2 hwnd. 19 kangwn am vngwn. 20 dv o ueppil.

Olnod
ho surdeval.

12
I ofyn ffaling gan Niclas Ysnél
gan Hywel Swrdwal

Niclas—o urddas â'i ach—
Ysnél wyn, oes enw lanach?
Gŵr â llaw, ac iarll o wedd,
4 Gref iawn, a gŵr o fonedd.
Gŵr o Went a gâr antur,
Mwy no dau yw â min dur.
Ar draed, sylfaen a blaenor
8 Yw, ac ar farch ac ar fôr.
Llyna hydd a llywydd llu,
Llew ac amrel holl Gymru.
Dros dir, bid ar drwst ei wns,
12 Penfro, ateb hen Frytwns:
Nid oes yn y fedusawd
Ŵr well fry i'r Iarll a'i frawd.
Aed i'r môr draw, 'y marwn,
16 Gwae Ffranc a gaffo ar hwn,
Brytwn gwych, neu Bortingál;
Tretier, neu 'ntwy ar atal!
O hwylia'r llong i hely'r llaill
20 I lawr â'r hwyliau eraill.
Da y gŵyr o'i dŷ gorwyllt
Ymafel â Gwyddel gwyllt.

Caiff rhag cas Niclas Ysnél
24 Gan gweddi am gnu Gwyddel,
Mantell ar liw'r dunnell dân,
O bai ynghylch mab Ieuan.
Ni roid er ymbil milioedd,
28 Gwrthiau Duw, o gwerthid, oedd.
Ni chollai, ni châi wylliad
Am honno fy nhreisio'n rhad.
Y paun, os caf, fyddaf i:
32 Y mae peunes i'm poeni.
I'm mantell y castellaf
Ger bron hon, gŵr brenin haf.
Mawr ydiw gair, mor deg oedd
36 Mantell dros dalm o Wentoedd.

Argoel taer yw gweled hon
Brynhawn, y borau'n hinon.
Lluest o ros llaes ei drain,
40 Llwyn gwridog llawn goradain.
Er da bardd o rodio byd,
Llen o owls yw'r holl anwylyd.
Erchi mae'r Surdwal ffaling
44 I ddyn brau ni roddai'n bring,
Toryn tu hwnt i wryd,
Ffris a gaiff o ros i gyd.
Mwyaf bai, cwynaf be caid,
48 Mantell hwn maint ei llonaid.
Yn rhyw llestr ar fôr estron
Dan hwyl y'm bernid yn hon.
Ni hwylir yn neheulys
52 Raglan ond o'r llan i'r llys.
O gofyn ym ddyn a ddêl
'Ai tewhäu 'dd wyd, Hywel?'
Modd esgus ym a ddisgyn,
56 'Honno'n fy llunio fellŷn.'

Niclas i drwyn Calais draw
Ni fyn lleidr o fin Llydaw.
Rhwydd-dab ar dir, fab, dra fo,
60 Am ei rodd, a môr iddo
I gadw'r pol i gyd a'r pàs
Ar y fintnag a'r fwntnas.
Ceidw Hafren, da gapten gŵr,
64 Ac Iwerddon a'i gorddwr.
Ceidw drimor, cadwed raement,
Iesu, cadw gawr Is Coed Gwent.

Ffynhonnell
Pen 54i, 352

Ymhellach ar y llawysgrif, gw. isod td. 239.

Darlleniadau'r llawysgrif
42 llenn owls. 63 kedw.

Olnod
h surdeval.

13
Moliant Hywel ap Siancyn o Nanhyfer
gan Hywel Swrdwal

Yng Nghemais y mae gleisiad
Yn llyn a elwir penllad,
Yn emyl craig môr eigiawn,
4   Yn aber doethder a dawn,
Yr hwn y sydd, hyd yn Rhos,
Benáig ar bawb yn agos.

Nid rhaid ym, mewn tir y dêl,
8   Na bwy' hy, lle bo Hywel;
Yng Nghemais, lle ni threisir,
Y mae rhai o'i dai a'i dir,
A'i glod fal yr ôd ar wynt,
12   Ŵyr Ropert, hyd ar Epynt.
Cyrchwn neu frysiwn i'w fro,
Cawn win mab Siancyn yno.
I Nanhyfer i 'fferen
16   Yr â bardd yn llwrw ei ben:
Aed i'r eglwys i dreiglaw
Ac i'r llys sydd ger ei llaw,
Oddyno un ni ddaw'n nes
20   A'i law'n wag êl i neges.
Nid tebyg tir, fal sir saint,
I Gemais o'i ogymaint;
Llaw a braich a llew ei bro
24   Ydiw hwn i'r wlad honno.
Undyn a'n edwyn ydyw,
On'd hael ef nid Hywel yw!
Ni bu hydd rhydd, myn fy nghred,
28   Ni bu eryr cyn bured.
Llew yw'r gŵr mewn llurig wen
O bu lew wyneb lawen.
Brawd gwalch yw o bryd a gwedd
32   Be bai weilch heb eu balchedd.
Yntau yw'r hydd, er nad trwch,
Ac i'r hydd garu heddwch.
Pe eryr fai, pur ar fan,
36   Eryrod a rôi arian.

Barnau a dyr f'eryr i,
Boed hir y bo i'w torri.
Yn ei ddysg, awenydd oedd,
40   Yr aeth llawer o ieithoedd;
Hwn a ddysgodd ohonun'
Bedair iaith heb ado'r un.
Efô a fedrai dröi
44   Y ddwy gyfraith i'n iaith ni.
Ni wna na thraha na thrais
Ond cymorth gweiniaid Cemais.
Yng Nghemais ni chân lleisiwr
48   Eithr y gerdd a wnaeth i'r gŵr,
Ac enw'r hydd a gawn yrhawg
Ym mhob awdl ym Mhebidiawg.
Deall a wn, os da llais,
52   Mal brawd y mawl a brydais.
Dechrau ei waith, dichwerw wedd,
A ddeaill ar ei ddiwedd.

Gelwais Hywel yn leisiad
56   Ar ddechrau'r geiriau a gad,
O Dduw ei roi a oedd raid
I gael oesoedd y gleisiaid!

Ffynhonnell
Pen 54i, 307

Ymhellach ar y llawysgrif, gw. isod td. 239.

Darlleniadau'r llawysgrif
17 or. 44 dw.

Olnod
ho surdeval.

14
Marwnad Gwilym Fychan ab Ieuan
gan Hywel Swrdwal

Am ddialedd rhyfeddaf
Ar bobl gynt o'r Bibl a gaf.
Cyntaf am fwyta'r afal
4   Yr aeth y byd wrth y bâl.
Diliw fu'r ail dialedd:
Darfu'r byd a dŵr fu'r bedd.
Gomorra, Sodma, Dduw sant,
8   O'i ddesyf a soddasant:
Gwedy soddi'n pump dinas
Gwraig Lot aeth yn garreg las!
Dialedd hefyd, Wilym,
12   Fu'ch dwyn er afiechyd ym;
Digon, lle 'dd wyf ddynionol,
O benyd ym yw byw'n d'ôl.
Tair ynys mewn trueni
16   Y sy'n un ynys i ni.
Yn dy fyw ni rown dy fys
Er tir un o'r tair ynys.
Byd y Tad a fu gadarn;
20   A bechai, ef âi i'r farn.
Mae byd weithian, mab dethol?
Mae byd yr ysbryd ar ôl.
Dialwr yw Duw eilwaith
24   Yr hwn oedd yn yr hen waith.

Gwilym Fychan, ni chanaf
Mwy eithr och, ymaith yr af.
Mi a rown Gymry ennyd,
28   Er na bwy' awr yn y byd,
I ddiofryd o ddifri
O chaf fyned atoch chwi.
Dos â mi, nid oes mwy ym,
32   Ar dy ôl, er Duw, Wilym.
Annhebig, myn Curig hy,
Wyf i aros yfory.
Oer yw 'merw o'r ymaros,
36   Os hir 'y nydd, ys hwy'r nos.

Yr haf fu ym yn rhyw fan
Ac fyth gaeaf yw weithian.
Aeth yn nos, nid agos dydd,
40 Wyf lawn o aflawenydd.
Bod heb f'adnabod o neb
Yr wyf innau ar f'wyneb.
Darfu ym oll droi fy min,
44 Dŵr f'wylo a drôi felin:
Llun y ddrem a'i lliw yn ddrwg,
Llwybr wylo lle bu'r olwg.
Llawen fo Duw wrth d'enaid,
48 Llawen fu'r wên pan fai raid,
Gwilym, fegys y gwelych
Golau nef i'th galon wych.
Gwn d'eisiau, diamau ym,
52 Gwae'r galon a'i gŵyr, Gwilym.
Gwn gario, ochr Caer Ochren,
Galon oer y gelain wen.
Gwell yw ym, ag oll amarch,
56 Golli 'mhwyll no gwelláu 'mharch,
Ban wnêl dynion ohonof
Brath gwayw a'm briwia o'th gof.

Yn nhref dy dad lle cad cost,
60 Fab Ieuan, i'th fyw buost.
Weithian ynn, hir Ieuan rym
Efengyliwr, fy Ngwilym.
Ble 'dd af, Duw a'm anafodd,
64 Ble'r ŵyl i gael nobl o rodd?

Moethus fu'r maeth is y Fan,
Moethau nis gwnaf mwy weithian.
Swyddog dan dy ffys oeddwn
68 I'th oes, mawr yw'r hiraeth hwn.
Swydd nid oes heddiw na dim
Ond wylo 'mdanad, Wilim.
Yn iach y rhoddion uchel,
72 Ni wn ddyn yno a ddêl.
Yn iach ein bocsach o'n byd,
A chyfoeth yn iach hefyd.
Yn iach air ynn a chariad,
76 Yn iach i glo ein chwe gwlad,
Yn iach, y galon wychaf
O Lëyn dir i Landaf.

A'th weles, fy netholwr,

80   Fyth ni wŷl dy fath yn ŵr.

Ffynhonnell
Pen 54i, 299

Ymhellach ar y llawysgrif, gw. isod td. 239.

Darlleniadau'r llawysgrif
1 dialedd. 10 y garreg. 28 bwu. 55 [yw]. 74 *Ailadroddir llau. 71–2.*

Olnod
ho surdeval.

Moliant Ieuan ap Gwilym
gan Hywel Swrdwal

Aeth yn rhwydd ym y flwyddyn,
Yfais win, gwelais oen gwyn,
Ac nid oen gwinau ei dâl
4   Ond oen gwyn, Duw'n ei gynnal.
Ef a geir i gryf a gwan,
Oen a llew, yn lle Ieuan.
Fy mendith rif manwlith Môn,
8   Oen Gwilym, yn ei galon.
Oen a fu i Ieuan fwyn
Fedyddiwr, feudwy addwyn.
Ni ŵyr un o'r rhieni
12   Na bo'r un oen o'm barn i.
Gorau holl enwau a llan,
Gras Duw, dan Grist yw Ieuan.
Ieuan wrth fainc a'n nerth fo
16   Fedyddiwr, fab Duw iddo.
Ni bydd yn gadarn arnun
O'r India oll ŵr ond un.
Naw a fu yn un fywyd,
20   O rai gwell no'r gwŷr i gyd.
Gwell yw, myn Curig a Llŷr,
Yr un Ieuan no'r nawyr.
Ni bu enw ar neb unoed
24   Na lliw ar ŵr well erioed.
Ni alwaf yn ei eilun
Yn oen Duw Ieuan ond un.
O gelwy', felly'n fwy ym,
28   Neb, galw Ieuan ab Gwilym.

Gwelais ddoe, gwylio sydd iawn,
Arth yn oen wrth un uniawn,
Ac â golwg y gwelais
32   Oen yn sarff o Einion Sais.
Ei barabl ef a bair blas
Ar heddwch rhwng rhai addas.
O gorfydd, celfydd a'i cân,
36   Dorri gwayw, nid drwg Ieuan,

Dwyn rhent i un dyn yrhawg
Fawr uwch ennill Frycheiniawg.
Telwch, na edwch yn wall,
40   Ei dyrnged yn gadarngall.
Gwnewch eich swydd, yr arglwyddi,
A gedwch hwn gyda chwi.
Nid addas ond ei addef,
44   Pam y bai piau mab ef?
Clywais i glod i ddiorn,
Clywer cyn gweler can gorn.
Af i'w weled â'i filwyr
48   Ac i'w dai ef gyda'i wŷr,
I edrych, ond drych nid rhaid,
Ai gwir chwedl y gorcheidwaid.
Gwas o'i dŷ ag eisiau dim
52   Nis gwelais yn oes Gwilim.
Ni adai wall yn ei dŷ,
Na aded Ieuan wedy,
Ac ni bo arno a'i wŷr
56   Eisiau aur ac oes eryr.
Er na etid ar nawtir
Ei dad na'i hendad yn hir,
Duw a'i dwg o dŷ ei daid
60   I oed hir y Wateriaid!

Ffynonellau
A—Llst 7, 231   B—Stowe 959 [= RWM 48], 49ᵛ

Y mae llawysgrif A yn anghyflawn mewn mannau. Ymhellach ar y llawysgrifau, gw. isod tt. 233–40.

Amrywiadau
1 *B* Vaeth. 2 *B* chwerddais gwelais. 3 *A* gwinav i d[ ]. 4 *A* oen dyw gwynn dyw ny [   ], *B* oen gwynn a dyw ny gynnal. 5 *B* e vo gaid. 6 *B* lly iayann. 9 *B* oen y sydd y iyan ssu wynn. 11 *A* a rreini, *B* orieni. 12 *B* na bor vn oen oni. 14 *A* dan grist gras dyw dan grist yw Ieyan. 15 *B* wrth vamkan nerth vo. 18 *B* india deg. 20 *A* gwyr i [   ]. 21 *A* [   ]w myn. 22 *A* [   ] Ieyan. 23 *A* [   ] enw; *A* neb ynaed, *B* neb or aned. 24 *A* [   ]w ar wr; *B* a roed. 25 *A* [   ] alwaf. 27 *A* a gelwy n velly n. 30 *B* eniawn. 32 *A* oen yn y ssarff. 35 *A* kelvydd ai kair. 36 *A* [ ]ori gwaew. 37 *A* [ ]n Rent. 38 *A* [ ]wr ywch. 40 *B* drynged; *A* i kadarngall. 41 *B* gwnewch ych *wedi ei groesi allan gan yr un llaw*; *A* yr arglw[ ]. 42 *B* hwnn gydach chwi *wedi ei groesi allan*. 43 *B* nyd addas ond y addef *wedi ei groesi allan gan yr un llaw*. 44 *B* dechrau'r ll. *wedi*

ei groesi allan gan yr un llaw ac yn annarllenadwy; *B* mal ef. 45 *A* i glod y ddiorn, *B* y glod yn ddeornu. 46 *B* gweler y kornu. 55 *B* air wyr. 57 *A* [ ] na ettid. 58 *A* [ ] dad. 59 *A* [ ]w ai dwg.

Teitl
B Ievan ap gwilim.

Olnod
AB howel ssowrdwal ai kant.

16
Marwnad Morus ap Siôn o Dregynon
gan Hywel Swrdwal

Hiraeth a'm disynhwyrodd
Am ŵr a ryngai fy modd;
Medrwyd yn wir o'i hiraeth,
4   Morus wych, 'y mwrw â saeth.
Hiraeth a wnaeth yn ei ôl,
Nid hiraeth naturiol.
Trymfyd aeth â'i fyd yfô
8   Am Edwart wrth ymado.
Pes gatai ef, Dduw nefol,
Ni fynnai awr fyw'n ei ôl.
Ni allai, nid enillir,
12   Ddyn ond Duw ei ddwyn o'n tir.

Cadarn herwydd barn y byd
Yno fu yn ei fywyd:
Os swyddog, meistr marchogion,
16   Os heb swydd Morus ap Siôn
E gâi Sais, myn Iago Sant,
Ei faeddu er ei feddiant.
Gwehilion i ddigoni
20   Gwedy hwn yw'n nasiwn ni.
Caeth yw'n gwlad, bu ddiwladaidd,
Corff heb ben neu bren heb wraidd;
Gwan yw 'n ôl ei farfolaeth
24   Oni ddêl a wnêl a wnaeth.
Hyd hyn y cedwir y tir,
Ac weithian y'i bygythir.
Pallodd ei gadw, os adwaen,
28   Pe bai lu pwy âi o'i blaen?
Gwan y gwelaf ein gafael
Am ŵr o'i sut, Morus hael.
Ni wn pwy mwy hyd ym Môn
32   A rydd aur i gerddorion.
Ein cerdd, ni chair mwy erddi,
Na chair, beth a wnair â ni?

Duw nef a ŵyr ein clefyd:
36 Darfu ein barnu o'r byd.
Troi'n ystad, treio'n ystôr,
A'n treisio am ein trysor.
Am gladdu, Iesu a ŵyr,
40 Mab Siôn ŷm heb ei synnwyr.
Gwedy'r mab â'r gwayw dur main
Y gadawaf Gedewain.
Erllynedd cyfannedd fûm,
44 I'w neithior cerdd a wneuthum.
Mae swydd am fy arglwydd i
Flinach arnaf eleni:
Cerdd ry fuan amdano,
48 Caniad o'i farwnad yfô.
Gwae fi Dduw a Dewi deg
Na châi einioes ychwaneg.
Aur y gŵr bob awr a gaid
52 Yn fynych, nef i'w enaid.
Yng ngolwg yr engylion
Y bo'r sant Morus ap Siôn!

Ffynonellau

A¹—BL Add 31056, 174ᵛ   A²—BL Add 31056, 178ʳ   B—BL Add 31061, 187ᵛ   C—BL Add 31072, 28ᵛ   D—LlGC 1706B, 101   E—Pen 80, 168

Y mae testun llawysgrif B yn anghyflawn; ni nodir ond hanner cyntaf pob llinell. Y mae C yn gopi uniongyrchol o destun A¹, ac y mae perthynas agos rhwng testunau A¹ ac A², sydd ill dau yn yr un llaw. Testun llawysgrif E yw'r hynaf a'r mwyaf dibynadwy; testun llawysgrif D yw'r mwyaf llwgr. Ymhellach ar y llawysgrifau, gw. isod tt. 233–40.

Amrywiadau

1 *A¹A²C* dy synwyr oedd. 3 *D* Am Forym mae fy hiraeth. 4 *D* mwrw saeth. 5 *D* yw a wnaeth ei ôl. 6 *D* hiraeth yn natturiol. 7–8 [*D*]. 7 *C* ai vyd vo. 9 *D* Gwrando fy llef Dduw nefol. 11 *A²E* nid ewyllir, *D* ond ynnyllir. 12 *C* ond dduw. 16 *D* Os bu swydd. 21 *D* bu'n. 22 *B* eb prenn. 23 *D* Gwan yn ôl. 26 *A¹A²C* ag weithie, *E* ag weith. 29 *D* ein gafael. 33 *B* y kerdd, *D* lin cerdd. 34 *D* byth a wnair; *A¹A²C* anair, *E* an nair. 36 *C* ar byd. 37 *B* torrin ystad. 40 *D* [y]. 42 *A¹C* i gadw o, *A²* i gydawa. 43 *D* Y llynedd. 44 *E* ym neithiawr. 48 *D* Yw caniad ei farwnad fo; *B* ai farnad. 50 *A²* na chad. 53 *D* Yngolau yr Angylion.

Teitl
A¹A²CDE M morys ap sion or llwyn melyn. *B* barnad morvs ap ssion or llwyn melyn.

Olnod
A¹A²B–E Howel swrdwal.

Trefn y llinellau
A–CE 1–54.
D 1–6, [7–8], 9–54.

17
Moliant tri mab Pasgen ap Gwyn o Gegidfa
gan Hywel Swrdwal

Iawn rhoi cerdd drwy angerdd draw
I'r trywyr a ŵyr treiaw,
Tri mab Pasgen eleni,
4   Trwy'r llu nawdd tri llew i ni,
Trywyr haelion trwy'r helynt,
Trwy elw gwaith y triael gynt,
Tri brodyr a dyr dur da
8   Trwy drawiad, tri o Droea.

I'r hynaf fyth y rhown farn,
Act i'r gwaed, Ector Gadarn,
Meurig hael un afael Nudd,
12   Maer eginyn mawr gynnydd,
Gŵr â chledd a geir uwchlaw,
Cowntiai'n tir, cant yn taraw,
Torrai onnen trwy ynys,
16   Treio'n y llu, tarian llys.

Yr ail brawd ar ôl breuder,
Cawn frag Nudd, yw Cynfrig nêr.
Y canol yw, cynnal wedd,
20   A'r haelaf hyd yr Heledd,
A gŵr dewr a gâr daraw,
Ni ddeil ei onn i'w ddwy law.

Trahaearn, llew cadarn, caid,
24   Troediai ddyn, trydydd enaid,
Gŵr tal hir mewn y tir teg,
A gŵr od, da y gŵyr redeg,
Ail Samson a'i ffon ffynud
28   Yn taro fu'n treio'i fyd.

Tri broder a gymerwn
Yw tair rhodd tros y tir hwn:
Wyrion y Gwyn, wiwran gwaed,
32   O aur ddiliau urddolwaed;

Tri chawr ŷnt yn trochi'r iaith,
Teirw teilwng y tair talaith;
Gorwyrion Gruffudd, Nudd nêr,
36　　Bawl hoywdeg, Beli hyder;
Tri o Frochwel trwy Frychan,
Tyrau'r glod, tri eryr glân;
Tri o Gynfyn trwy ganfaes,
40　　Trywyr mawr yn treio'r maes;
Tri o 'Lystan ymwanwyr
Trwy'r llu nerth, tri llew yn wŷr;
Tri thŵr, o Dewdwr y dôn',
44　　Tri o Wynedd trwy Einion;
Tri chapten Glan Hafren hir,
Tri galawnt, treio gwelir;
Tair colofn cerdd ddofn ddifai,
48　　Troi maes a medd, tri mis Mai;
Tri o geirw trwy gariad,
Y trystwyr glew tros dair gwlad;
Tri eryr yn treio arian,
52　　Traul arch glwys, tri alarch glân;
Tri o gariad trwy Gawres,
Tri maen print tryma'n y pres;
Tri dyn o Gynfyn a gad,
56　　Trecha' ydynt, tri cheidwad.
Troi'r gerdd i'r tri o'r Gorddwr,
Aur tro a gawn i'r tri gŵr.
Trwy Iesu bid tair oes barch
60　　Trwy weled y tri alarch.
Tair oes y glod tros y glyn,
Tragwyddol y trig uddun.

Ffynonellau

A—Bodewryd 1, 179 B—Brog (y gyfres gyntaf) 2, 451ʳ (*llau. 1–42*), 462ᵛ (*llau. 43–62*) C—J 101 [= RWM 17], 601 D—LlGC 5474A [= Aberdâr 1], 307 E—LlGC 13064D, 15 F—Llst 133, 22ᵛ (rhif 80) G—Pen 100, 258

Y mae testun llawysgrifau A a B yn llaw Wmffre Dafis ac yn cynnig testun da. Copi o B yw C. Y mae testunau llawysgrifau D ac E yn perthyn yn agos iawn i'w gilydd ac y mae F yn gopi o G, testun da arall. Ymhellach ar y llawysgrifau, gw. isod tt. 233–40.

Amrywiadau

4 *E* llu y nawdd. 6 *DE* elw a Gwaith tri Ael, *F* elwa gwaith triael, *G* elw

gwaith y triael (*cywirwyd yn* elwa gwaith triael). 8 *E* drawaiad. 9 *E* 'r hunaf.
10 *ABCFG* aktir. 12 *D* Mae r. 13 *B* ywchllaw, *E* uwchaw. 15 *FG* Torri. 16
B–E trayan llys. 19 *DE* Canol yw cynnil ei wedd; *BC* kynil. 22 *DE* Ni ddeila
onn. 26 *BC* [A]; *DE* A Gwr da y gwyr. 27 *BC* am samson. 31 *A* wiw[ ]. 33
C torchi/r/. 34 *E* [y]. 37 *C* [o]. 39 *C* [o]; *D* Gynfas (*cywirwyd yn* Gynfaes *gan
law ddiweddarach*). 42 *A* trwy llv, *D* Trwy y llu. 44 *DE* Trwy Wynedd tri o
Einion. 45 *B–G* chatpen. 49 *DE* Geirw n mynd trwy. 50 *A* i trûst wyr, *D*
Trustwyr glew tros y. 58 *D* Teir Tre a gawn. 60 *D* tair Alarch.

Teitl
A k: i drimab pasgen ap gwyn ap gr ap beli arglwydd kigydva yw hwnn. *D*
Cywydd Moliant i dri Mab Pasgen ab Gwyn ab Gruffudd. *E* Tri Mab
pasgen ap Gwyn ap Gruffudd. *G* k: i drimab Pasgen ap Gwynn ap gr ap
beli arglwydd kegidfa.

Olnod
ABCFG howel swrdwal ai kant. *DE* Swrdwal Hên.

18
Ymryson â Llawdden am farch
gan Hywel Swrdwal

Balch yw Llawdden eleni,
Banw mawr, medd pob un i mi.
Marchog yw, pob merch a gâr,
4   Mae'n ŵr gweddw mwy no'r geuddar.
Os hyn fydd ni soniaf i
Mwy dianair amdani.
Talm o'm bwriad, nid gwladaidd,
8   Taro wrth hwn, liw torth haidd,
Wedy gwin a digoni,
A dwyn ei farch danaf i.

Mi a gawn farch, pes archwn,
12   A biau Rhys, er bwrw hwn,
Hil Dafydd, fynydd faenawr,
Hael o Dir Mael, heldir mawr;
Hael o'r aur, hwyl arwyrain,
16   Hael o'i feirch, ŵyr Hywel Fain.
Ni omedd un o'i emys:
Mae gre yn magu i Rys.
Tëyrn a arwedd wedd iau,
20   Tëyrn yn ein tir ninnau.
Da y gweddai dau gywyddol
Mewn twrn ffest yn taro'n ffôl:
Ninnau yw'r dreigiau d'rogan
24   Drwy'r tir fal y dŵr a'r tân.
Taro mae dwy gaterwen
Ynghyd—llyna'r byd ar ben!
Dinistr oedd, rhoi da yno,
28   I ddraig wen a'i phen ar ffo,
A'r ddraig goch gynddeiriog hen
Â'i maneg ar war meinwen.

Awn ein dau, awen diod,
32   I ben glan lle bo ynn glod,
Fy nghâr ymbilgar bolgest,
Lle na allon ffo yn ffest.

	Wrth raid ail Arthur ydwyf,
36	Ffrolo o daw, ffriwlwyd wyf.
	Meinir oedd, rhof a Mynyw,
	Mynnwn fod meinir yn fyw.
	Bwrw'n ddinam mewn amarch,
40	Er ei mwyn, dan dor y march
	(O chair dall i chwarae dis
	Am y da y mae dewis)
	A rhannu da y truan
44	A'i ddwyn i gyd ar ddyn gwan.
	Deued ar farch y dewin
	Ac aed ar ei draed o'r drin.
	Minnau ddof am y ddeufarch
48	Oddi arno fo a'i farch.
	Os cerdd a ddywaid nas caf,
	O ymdagu mi a'i dygaf.

Ffynonellau

A—BL Add 14969, 267ʳ B—BL Add 14976 [= RWM 22], 240ʳ C—BL Add 31069, 131ʳ D—BL Add 31072, 3ʳ E—Card 4.10 [= RWM 84], 436 F—Gwyn 9, 36 G—LlGC 3050D [= Mos 147], 198 H—Pen 83, 53 I— Pen 100, 146 J—Llst 133, 12ᵛ (rhif 44)

Y mae testun llawysgrifau ABDEG yn perthyn yn agos i'w gilydd ac y mae testun H, y llawysgrif hynaf, yn debyg i'r grŵp hwn gan amlaf. Ceir testun da yn I, a hwnnw a ddilynir yn bennaf. Ymhellach ar y llawysgrifau, gw. isod tt. 233–40.

Amrywiadau

4 *F* nai geuddar. 6 *FIJ* ym myd Ianawr; *A* dianir, *H* deanawr. 8 *H* twrch. 9 *F* Wedi'r gwin a'r. 10 *A–EG* dwyn i far. 13 *G* flaenawr. 15 *F* wyr Hywel arwyrain; *G* hwyr or wyrain, *H* howl orywrain; *AB* arwyrian. 16 *ABCEG* o feirch hil hywel, *D* Hael veirch hil Howel. 17 *AG* ni anedd vn oi ynys, *B–E* Ni aned vn oi ynys; *H* vn oynys. 19 *A* teyrn ar aweddy/r/ Ra ir iav, *BCD* Teyrn ar a weddy/r/ Ra ir iavn, *E* Teyrn ar âr wedd yr â ir Iau, *G* teyrn ar a weddy/r/ ru ir iav, *H* teyrn arweddyn r iay. 20 *A–D* teyrn ynys tir nannav, *E* Teyrn ynys tir o Nannau, *G* teyrn ynynv tir nannav. 21 *AH* gywddol. 22 *IJ* yn y twrn. 23 *A–E* Minnav. 25 *FIJ* Taro wna; *CDE* drwy. 26 *H* y gid. 27 *FIJ* dinidr oedd reidia yno. 28–9 (*F*) D.S. Y mae'r Prydydd yn ei gyffelybu ei hun yn y frwydr i ddraig goch a Llowdden i ddraig wen. 28 *F–J* [I]; *FIJ* ac ai phen. 29 *H* gendairioc. 32 *H* [I]. 33 *ABDEG* [Fy nghâr ymbilgar], *H* vyng ymbigary. 34 *BE* allo'n, *FIJ* allo vn. 35 *ABDEGH* [ail]; *ABDE* a ydwyf. 36 [*E*]. 38 *FIJ* mynner i fod meinir fyw. 39 *HIJ* bwrwn ieyan; (*F*) D.S. 2 ai

Ieuan oedd enw Llowdden? 40 *ABDE* fy mwyn; *ABDE* fy march. 41 *IJ* [y]. 42 *FIJ* ei dda ym' a ddewis. 43 *FHIJ* ay Rany ar y tryann. 44 *G* o ddiar ddyn gwan; *ACDE* i ddyn. 45 *FHI* wyf dewin. 47 *FIJ* mwyn ei ddeufarch.

Teitl
AB K: ymrysson rhwng llowdden a howel swrdwal. *D* I Lowdden. *E* Ymryson rhwng Howel, a Llawdden. *F* Cywydd i ofyn March i Rhys ap Dafydd ap Hywel (*mewn llaw ddiweddarach* A challenge is here sent to Llowdden after the manner of Knights errants in the age of Chivalry). *G* kowyddav ymrysson rhwng llowdden a howel sowrdwal. *I* (*mewn llaw ddiweddarach*) i ofyn March.

Olnod
ABG howel sowrdwal ai kant. *DEH* howel swrdwal. *F* Ieuan ap Hywel Swrdwal o Geri a'i cant / Gwr tew ydoedd gwel y Cywyddau / Dafydd Elis Person / Cruccaeth / 1795 / un o ddeuddeg Bardd Tir Iarll / Morganwg oedd medd Iolo Morganwg / 1798 / Peter B Williams, Person Llanrug / a Llan Beris 1801 / 'Gwr dewr o Geri' medd y Cywydd / awdur pa un a wyddai yn well na Iolo / PBW. *I* hywel swrdwal ai k. (Jenn ap *wedi ei ychwanegu o'i flaen*; o Geri *wedi ei ychwanegu ar ei ôl*; a red haird fat man *a* flor. A.D. 1450 *wedi eu hychwanegu oddi tano*; oll *mewn llawiau diweddarach*). *H* Ieuan ap Hywel Swrdwal ai cant.

19
Ateb Llawdden

Erchais farch dihafarch du,
Ac archwyd ym ei gyrchu.
On'd teg oedd anfon at ŵr
4   Talai a ganai gannwr?
Talodd am foliant Eli
Dros a ganwyf tra fwyf i.
Llyma'r maes lle y mae'r march,
8   Lle mae arfer lliw morfarch:
Neidio dŵr, naid aderyn,
Nofio tir wrth wynfyd dyn.
Mae ar ei gorff, myn Mair gain,
12   Blew du mal dwbled Owain.
Blew un sut â blaen satin
A dyf o'i fwng hyd ei fin.
Cerdded yn aeddfed a wnaeth,
16   Rygyng wrth ei rywogaeth.
Gweodd a'i draed yn gywair,
Gwau'r ffordd i ddwyn gŵr i'r ffair.

    Gwilym lwydlym, ail Idloes,
20   Uwch no'r haul, Fychan a'i rhoes;
Beli yno a blaenawr
Brycheiniog gyfoethog fawr.
Ucha' dyn, ei ach o dir,
24   Ei rodd ydiw o'r ddeudir.
Ei roddion a bair addef,
Arwydd y bydd arglwydd ef.
Anrhaith gŵr oedd ei unrhodd,
28   Êl ei rent yn ôl ei rodd!
Siôn Fychan, gusan y gog,
Rhoes gyfrwy ym, rhwysg Efrog.
Da y gweddai ar balffrai byr
32   Goron march o Grugeryr.
Fy nhrwsio mae fy nhrasau
I ddwyn y fun a ddaw'n fau.

Swrdwal ym mhob maeserdy,
36　　Synnwyr twrch yn seinio'r tŷ,
Amod a wnaeth i ymwan
Er mwyn merch mewn eira mân.
Efô'n dwrch o fewn dôl
40　　Yma'n weddw y mae'n waddol.
Mawrserch ar y feinferch fu,
Maen hual ei meinhäu.
March Rhys, o bydd mawr a chryf,
44　　Rhag hyn, y mae'n ddrwg gennyf.
O daw'r gŵr dewr o Geri
Mewn maes i ymwan â mi,
Gwell march isel lle'i gweloch
48　　No gormodd cwymp gŵr meddw coch.
Os â gwayw y cais gyhwrdd
(Tra safwy' ar gyfrwy gwrdd)
Hywel â'r gerdd Wyddelig,
52　　Estynned ym bastwn dig.
Nid rhaid, fel carraid rhedyn,
Eithr rhoi gwth i athro gwyn,
Troi ei wyneb cyn trennydd
56　　At rawn ei farch, truan fydd.
Minnau a gwympwn Ieuan
Pe clod cwympo pac o wlân.
Nis bwriaf—ansyberwyd—
60　　Iarll y gest i'r llawr i gyd.
Aed ymaith wedy amarch
Dros ei fost ar draws ei farch!

Ffynonellau
A—BL Add 14969, 267ʳ B—BL Add 14976 [= RWM 22], 240ʳ C—BL Add 31069, 131ʳ D—BL Add 31072, 3ʳ E—Card 4.10 [= RWM 84], 436 F—Gwyn 9, 36 G—LlGC 3050D [= Mos 147], 198 H—Pen 83, 53 I—Pen 100, 146 J—Llst 133, 13ʳ (rhif 45)

Digwydd y testun hwn yn yr un llawysgrifau â'r gerdd gyntaf yn yr ymryson (gw. cerdd 18 uchod).

Amrywiadau
2 *ABDEG* ag /e/ archwyd i; *H* erchid. 3 *ABDGH* [On'd]. 5 *ABDE* im; *CFIJ* Teli. 7 *D* Llynar; *ABDEGH* [y]. 8 *C* arfor. 9 *ABDG* Ederyn, *H* yderyn. 12 *CFIJ* dwbl du mal. 13 *ABDE* Sattan. 14 *H* yo vwng; *ABDE* van. 16 *ABDEG* rygyn, *H* rigin. 17 C Gweaud, *F* gwaed. 18 *BH* o ddwyn, *CIJ* a dwyn; *A–EIJ*

i ffair. 20 *H* ychan. 21 *H* bili. 24 *A–G* i radd, *D* ar ddeudir. 27 *C* F'enrhaith balch oi; *E* Anrhaidd gwr, *F* Anrheg fawr (*nodyn ar ymyl y ddalen* anrhaith in the copy), IJ anrhaith fawr. 30 *EF* gyfrwy yn; *H* Rwyk. 32 *H* gorav march. 33 *F* Fy nhrwsio mae'n nhrasau, *G* fymrw ssio mae fymrassav, *H* vyn rwisio y mav'n rassav. 34 *ABDEG* addwyn fav. 35–6 [*ABDEGH*]. 38 *CF* Er ei mwyn mewn; *A–E* eiry, *H* eiria. 39 *G* [Y]. 40 *C* ymwan wedd mae'n; *ABDEG* myn waddol, *H* mewn waddol. 42 *AB* mae vn hael yn ymhainhavlv, *C* Mae'n hyal ei mwynhau, *D* mae un hael yn ym anihaulu, *E* mae un hael yn ym am haulu, *F* Mae'n huwal ei meinhau, *G* mae vn hael yn ymainhav, *H* mae vn hyal ym mainhay. *C* 41, 42. 44 *ACG* mae'n ddrwg gennyf, *H* mav yn ddrwg y genyf. 45 *ABDG* a geri, *C* i Geri. 46 *CF* er ymwan. 47 *C* gwelsoch. 48 *H* gwymp gwr meddwgoch. 49–52 [*ABDEG*]. 51 *H* wddelig. 53 [*H*]. 54 *C* a throi gwth athro, *H* a throi gwdd yr athro. 57 *H* iayn. 58 *H* bai; *ABDEG* pack gwlan. 60 *CIJ* or gest, *F* ar gest.

Teitl
ABG kowydd atteb. *C* Atteb Llawdden ir Cywydd diweddaf. *D* ATTEB LLAWDDEN; *E* Atteb i Howel. *F* Atteb Llawdden. Gwilym Fychan o Frycheiniog a roes y march i Lowdden. *I* cywydd i ofyn march (*mewn llaw ddiweddarach*).

Olnod
ABF–J llawdden ay kant. *CDE* Llowdden. *F* + (*yn cyfeirio at lau. 45, 48, 51, 52, 57, 58, 60*) q. a'i gwas llowdden, sef ei Knight, oedd Hywel. + D:S: Er fod Ieuan ap Hy: Swrdwal yn bostio yn y cywydd rhagflaenol fod ei farch yn fwy ac yn uwch na march Llowdden; etto y mae Llowdden yn barnu buasai yn well ei fod yn llai; canys yna llai a fuasai'r Cwymp. + D:S: Mi a feddwyliwn bod y ddau Brydydd yn bwriadu dyfod ac un arall sef cynnorthwywr (second) i'r Gâd neu'r Frwydr; ond yn lle gwaywffon y mae Llowdden am gymmeryd Pastwn cryf i guro Ieuan ap Hywel Swrdwal a'i yrru adref yn amharchus ar draws ei farch megis sach o wlân; canys tew ydoedd.

Trefn y llinellau
ABDEG 1–34, [35–6], 37–48, [49–52], 53–62.
C 1–40, 42, 41, 43–62.
FIJ 1–62.
H 1–34, [35–6], 37–52, [53], 54–62.

20
I Gurig Sant
?gan Hywel Swrdwal

Curig, bendigedig wyd,
Ceidwad ar wŷr Ffrainc ydwyd.
Mae i'th wlad, mab maeth y wledd,
4   D'achau a llyfr dy fuchedd.
Mae'n rhan i bedwar ban byd
Dy wyrthiau, rhaid yw wrthyd.
Dy fyd oedd ar dy feudwy
8   A'i leian gynt ar lan Gwy.
Melgad, pan geisiodd Maelgwn
Lunio hud i leian hwn,
Ei farch a'i gawell efô
12   A arweddodd ŵr iddo.
Trigo'r llaw wrth y cawell
Ynglŷn, ni wnâi angel well,
A'i wŷr a aeth ar ei ôl
16   A lynodd bawb olynol.
Yntwy a fu arnad di
Yn dy guddugl yn gweiddi.
Drwy dy nerth, Gurig ferthyr,
20   Rhoi o Dduw yn rhydd ei wŷr.

Ail gwyrthiau yn ael gorthir
A wnaeth Duw o fewn i'th dir.
Delw o gŵyr rhwng dwylaw gwen
24   A luniodd lleian lanwen
Yn rhith, ac nid anrheithiwyd,
Dyn bychan, Elidan lwyd.
A'i delw, nid o hudoliaeth,
28   Rhoi llef ar Dduw nef a wnaeth.
Ei gradd, mal y gweryddon,
Gyda saint a gedwis hon.
Maelgwn oll, mal y gwn i,
32   I'th ddelw a ddaeth i'th 'ddoli.
Ef a roddes o'i bresent
Clastir yt, clos da ei rent.
Hysbys yw bod llys a llan
36   A theml a thithau yman.

Ni bu rwydd i'r arglwyddi
Daro dim ar dy wŷr di.

   Tithau a fu'n dadlau'n deg
40   Â'r ustus gynt ar osteg
Ar fraich, teg oedd faich dy fam,
Siliti a roes ŵyl atam.
Holl feddiant Alecsander
44   A fu megis saethu sêr.
Pob cwestiwn gan hwn o hyd
Wrth ddadl ti a'i gwrthodud.
Wrth arwain, chwedl merthyri,
48   Ar y tân y'th fwriwyd di.
P'achos, er yn fab bychan,
Y'th rhoed di fyth ar y tân?
I oresgyn aur ysgol
52   Gras nef a gwres yn ei ôl.

   Myn y nef, llawer gefyn
A dorrud di ar draed dyn.
Deillion ac efryddion fry
56   O'u carchar ti a'u cyrchy
I'r llan, a'th freichiau ar lled,
Gurig, lle rhoed bob gwared.
Curig wyn, mae cŵyr gennyf,
60   Canhwyllau nef, canlliw nyf,
A cherdd un blethiad â chwyr
A wneuthum doe a neithiwyr.
Duw a roes golwg i'm dwyn,
64   Diliw ar waith dwy olwyn.
Pâr i Dduw, pery ddwyoes,
O'i gadair ym gadw'r oes.
Y gwayw drwy'r llygaid a'r ael
68   A dduodd cylch y ddwyael,
Praff ydiw, nis proffwydwn
Pai saeth a fai'n gwmpas hwn.
Ni chysgaf hun yn unnos,
72   Achos gwayw ni chwsg un nos.
O chair golwg wych arab
Gan Fair a Churig wyn fab,
Curig, dy ddelw a elwir
76   Crair gwyrthiau y deau dir.
Cyrch at Fihangel eli,
Curig fo meddig i mi!

Ffynonellau
A—LlGC 3051D [= Mos 148], 437 B—Pen 312 i, 17 C—Wy 1, 238

Y mae'r tair llawysgrif yn cynnig testunau tra derbyniol, oll yn yr un drefn. Ceir rhai llinellau yn A nad ydynt yn B ac C, a chynhwyswyd y rheini yn y testun uchod. Ymhellach ar y llawysgrifau, gw. isod tt. 233–40.

Amrywiadau
1 *A* bendefigedig, *C* vendicedic. 4 *BC* iachaû. 5 *C* mae ith rann bedwar; *A* o bedwar. 6 *B* a ṛaid, *C* maen rhaid. 9 *A* maelgad. 11 *A* I varch a orweddodd wr iddo; *B* gewyḷ. 12 [*A*]; *B* [*A*] arweḍoḍ gụr. 13 *C* trigo i law. 15 *A* wyr da daeth, *C* wyr ef aeth. 17 *A* a hwyntav. 18 *B* y guḍigyl, *C* dy guddic. 19 *A* [dy]. 22 *B* ei ṭir. 23 *C* [o]. 26 *B* i ylidan. 27 *A* ddelw, *C* deulu. 28 *B* wneṭ. 29 *B* Er i graḍ fal; *A* gidor. 32 *A* y ddelw aeth yw heiddoli; *C* ddelw doeth; *B* i aḍoli. 33 *A* hwy, *B* hụnnụ. 34 *B* glastir in yd gloes da ei, *C* glasdir yt glos dyn o; *A* o Rent. 36 *A* i chwithe ymwan; *B* a ṭeie. 37 *B* in arglụyḍi. 38 *A* wrth dy dwr. 41–2 [*BC*]. 43 *B* Alexandyr. 44 *B* syr. 45 *B* costụm. 46 *C* ti wrthodud. 48 *B* ar y taan iṭ ferṭyrwyd ti, *C* ar tan ith verthyrwyd di. 49 *A* [er]. 52 *A* gwres o nef a gras, *C* gwres nef a gras. 53 *A* mynnv nef a. 54 *A* ar dorüd. 55 *A* efrwyddion. 56 *B* or. 58 *A* lle kaid i bob llü wared. 59 *A* kenyf, *C* gynnef. 60 *B* canwyḷe meḍ canḷaụ nef, *C* canwyll a wnaeth canllaw nef. 61 *B* bleṭedig. 62 *C* ddoe. 63 *B* Duụ ṛoes. 64 *A* dilav; *B* dau. 65–6 [*BC*]. 67 *BC* [Y]. 68 *B* gylch. 69–76 [*C*]. 69–70 [*B*]. 73–4 [*B*].

Olnod
A Lewys glyn kothi. *B* Howel Sụrdwal a.c. *C* vn yn hoffi curic / ni wn i pwy.

Trefn y llinellau
A 1–11, [12], 13–78.
B 1–40, [41–2], 43–64, [65–6], 67–8, [69–70], 71–2, [73–4], 75–8.
C 1–40, [41–2], 43–64, [65–6], 67–8, [69–76], 77–8.

21
I Anna fam Mair
?gan Hywel Swrdwal

Anna a wnaeth i nyni
Gael wyneb y goleuni;
Gwnawn ninnau gân yn unair
4   I Anna fam y wen Fair.
Iddi bu drywyr priod,
Da oedd i'r bydoedd eu bod:
Siohasym, myn grym y grog,
8   Sal'me a Chlewffas helmog.
I hon merched i'w hannerch
Y bu dair—Mair oedd bob merch.
Tri uddunt hwy a rodded
12   O'r gwŷr grym gorau o gred.
Sioseb o fro gwlad Röeg,
Alffus, Sebedëus deg.
Mair ferch Siohasym orug
16   Dwyn Duw, a da iawn y'i dug.
A phlant merch lân, lle'r hanoedd,
Glewffas hen gwraig Alffus oedd
Iago nefol ei olud,
20   Sioseb wirion, Seimon, Sud.
Plant y drydedd, heulwedd haf,
Ieuan a Iago Fwyaf.

Dechrau dwyn siamplau i sôn
24   O Fair wyry 'rwyf yr awron,
Fam y Gŵr pan fuom gaith
A brynodd bawb ar unwaith.
Y dyn o lwyth Siwda'n lân
28   O'n dig oll a'n dug allan.
Yn Ebryw gloywder seren
Yn y môr yw enw Mair wen,
Marïa'n nhalm o Röeg,
32   Mair y dawn yng Nghymru deg.
Brenhines o lwyth Siesu
Yn un fraint yn y nef fry,
Gwreiddyn Addaf a Dafydd,
36   Gwreichionen a phen y ffydd.

Mawr oedd broffwydo Mair wen
Mam Iesu ym myw Moesen.
Y tân oedd fawr anianol
40   Yn y berth; ni bu ei ôl.
Arwydd ydoedd—pand oedd deg?—
O'i morwyndod, Mair wendeg.
Dug llawffon Aron uriad
44   Almons a dail mewn ystad.
Yr Iddeon a soniynt
Am oen a gad o'r maen gynt.
Yr oedd i'r grog ddarogan
48   Cyn y glaw yn y cnu gwlân.
Pelican yn gyngan a gâr
Fod o'i waed fwyd i'w adar
Yn yr un modd, er ein mwyn,
52   Y bu farw mab y forwyn.

O Fair y ganed Efô
Ac er hyn gwyry yw honno.
Pan aeth y famaeth wen fain
56   I'r deml i draethu'r damwain,
Simon gyfion a gafas
Werth ei gred o wyrth a gras.
Geiriau Simon ohono
60   A weddai fal iddo fo.
Sawr a roes ar yr Iesu,
Sawr sinam neu falsam fu.
Efô a bair Mair i'w mab
64   Awdurdod ei diweirdab.
Rhoi nef rhag y ddolef ddig
I'n eneidiau'n enwedig.

Ffynonellau

A—Bangor 15599, 100   B—BL Add 14966, 49   C¹—BL Add 14967 [=
RWM 23], 16   C²—BL Add 14967 [= RWM 23], 194   D—BL Add 14976 [=
RWM 22], 272ʳ   E—Brog (y gyfres gyntaf) 2, 408   F—Card 2.114 [= RWM
7], 72   G—Card 4.10 [= RWM 84], 957   H—Chirk A 5, 31   I—CM 5, 2   J—
CM 10, 216   K—CM 206, 127ʳ   L—CM 454, 5   M—Gwyn 3, 5ᵛ   N—J 101
[= RWM 17], 540   O—LlGC 16B, 188   P—LlGC 435B, 61ʳ   Q—LlGC
643B, 98ᵛ   R—LlGC 695E, 21   S—LlGC 970E [= Merthyr Tudful], 26   T—
LlGC 1238B, 108   U—LlGC 1560C, 425   V—LlGC 3056D [= Mos 160],
355   W—LlGC 6681B, 18ʳ   X—LlGC 6735B, 84ᵛ   Y—LlGC 8330B, 239
Z—LlGC 9166B, 2   a—LlGC 13079B, 51ʳ   b—LlGC 13178B, 24ᵛ   c—LlGC

17114B [= Gwysanau 25], 371 d—Llst 30, 515 e—Llst 47, 70 f—Llst 53, 463 g—Llst 133, 308^r (rhif 897) h—Llst 134, 12 i—Llst 155, 82 j—Llst 167, 209 k—Llst 169, 34 l—Pen 91, 109 m—Pen 96, 152 n—Pen 98i, 19 o—Pen 101, 245 p—Pen 195, 35^v q—Pen 198, 62 r—Pen 221, 1 (*llau. 1–2*)

Y mae rhannau helaeth o destun llawysgrifau HRn wedi eu colli. Rhannau cyntaf y llinellau yn unig a geir yn llawysgrif m. Ymhellach ar y llawysgrifau, gw. isod tt. 233–40.

Amrywiadau

1 *AFGRTX* wen i ni, *C²j* hyn i ni; *JQp* i ni. 2 *Sbeh* ennill, *T* ennud. 3–66 [*r*]. 3 *P* a gwnanwn ine gan vnair; *LZ* ag yn vn air; *c* ga yn; *AGRX* uniawnair. 4 *O* /y/ feniw vair. 5 *APT* iddi i bv dri o wyr priod. 6 *FG* a da ydoedd, *HTa* a da oedd; *R* [oedd], *X* ydoedd; *j* bydd oedd. 7 *DENOVdoq* mewn grym myn y grog; *BUal* mywn grym, *H* yng ngrym, *g* gwyn grym, *j* yn grym. 8 *Hj* almas a chaeffas elmog, *gn* cleophas a salomas; *A* Salaim, *C²GIJKQRSbefhkm* Salmon, *EMNXYq* Salom, *LZ* Salmys, *T* Salaim, *U* Salomas; *B* Cheophas; *C¹* heloc, *LZc* elmoc, *Ul* enwog. 9 *G* hono; *a* y merched; *JKQSehp* ai hannerch, *b* ai hanner, *k* oi hannerch. 10 *GHKLMUYZgi–l* bu dair a mair, *T* i bu dair Mair i bob Merch; *DENOVdoq* a fv, *F* o bv. 11–16 [*T*]. 11 *LZ* Iddvn trywyr a rodded, *S* trywywr yddynt hwy rodded, *f* tri vddynt o ddwyn trwydded; *B* tro yddynt (*cywiriad* tro wyr iddynt), *C²JKQabeip* Trywyr vddvnt; *GX* yddyn trwy; *C¹* a rrodded er gwyr. 12 *A* Or gwyr ai grym, *C¹DENVdo* Or gwyr oll, *FGQRp* gwyr i grym, *Hj* Or gwyr gradd, *O* or gwyr ou, *q* Ir gwyr oll; *S* or gred. 13 *BC¹DEMNQYdp* Josseff; *P* o wlad sy roeg. 14 *b* Alphys a sebydaeys; *Hj* almews a; *P* rabadus, *k* a bydeus; *ARX* bu deg, *G* yn deg. 15 *BHSabefhjkm* merch; *LZ* sym oryg, *q* a rüg. 16 *LZ* mam ddûw a da yw i dyg; *S* dwyn dwyn; *K* da o iawn dug; *cin* [a]. 17 *FGRX* alffeinus merch llei Ranoedd; *A* Alffeiws merch; *C¹* plant merch lan, *Ign* plant y wraig lan, *JKQip* plant y ferch lan, *LZbefm* plant yr ail lan, *k* plant gwraig lan; *C²* lan lleuoedd. 18 *Qp* i gloiffas hen wraig; *AX* grewffas; *LZ* mab alffas. 19 *F* i iago; *Ul* oi olvd. 20 *BC¹ikn* Josseff, *C²PW* ffylib (*darlleniad arall yn W* sioseb), *U* Jafes, *l* Iofes; *gn* gyfion; *FGR* a sud. 21–2 [*Qp*]. 21 *Xblq* haelwedd, *a* holwedd. 22 *gn* Ifan petr Iaco. 23 *V* [dwyn]; *ABC¹FHRUXci* [i], *C²IJLMQSYZabefghlmnp* a. 24 *O* o vair vry dwyf; *IJQafgnp* i fair; *Se* [wyry]; *DEKNVdioq* ddwyf, *c* y rwyf i rwyf, *f* ['rwyf]. 25 *AC¹C²GJU* mam; *A* poen fawr gaeth, *JQp* mae mwy om gwaith, *f* pam fv am ged; *c* vvon; *O* garth. 26 *j* abrynod; *V* y byd; *O* vnwarth, *f* ar aned. 27 *DEGMNVadjq* [Y] dyn; *LZ* un yw, *efm* a düw; *H* o lwyn; *C²LQUSZabefilnp* siwda lan, *FX* sawden lan, *R* sowdan lan. 28 *ABf* an dvg oll on dig allan. 29 *i* y Ebriw; *LZ* wiwdeg seren, *P* y gloywa seren; *ABFGKRSXabeh* y seren, *f* wybren. 30 *K* yno o riw henw, *LZ* mawr yw i henw; *C¹* yn mor, *k* vn a mor; *J* oedd enw, *M* vwch enw, *Qp* enw, *Y* vwch enw; *A* Duw a mair, *F* enw a mair, *G* Duw Mair, *R* du a mair

wen, *X* y duw a mair. 31 *A* iw lladin a groeg, *FGR* yn llading a oreg, *I* yn harn o roeg, *JQp* 'n salm o Roeg, *LZ* alma yn roeg, *X* yw lladnig a greg, *k* yn alma roeg, *j* 'salme o roeg, *l* ynghalon o roeg. 32 *AGX* a mair yw hon ynghymraeg, *R* mair ydiw yn ghymraeg, *j* dawn mair ydiw/n/ gymrev; *BJMQSUYbehklp* ai dawn, *C²Kfimn* a dawn, *F* yw hon, *I* a ddwn, *LZ* yw dwyn, *PW* a duw, *c* yn dawn, *g* od awn; *C¹* ynghyrv dec, *JQp* yn Gymraeg, *K* yngrymaü deg, *a* o gymry deg. 33 *FJLOUYZp* Iesy. 34 *AFGR* yn i, *DENPVadloq* yw'n vn, *k* yw vn; *I* [y]. 35–66 [*K*]. 35 *I* Gweddiwn, *c* gwryddon, *j* gweryddon; *P* ap. 36 *AFRX* o seren sydd, *G* a seren sydd, *Ul* ffen yn ffydd. 37 *LZi* fv; *f* broffwydo ym wr; *cgj* broffwyd. 38 *F* Iesu mwymwy oesor. 39 *LZ* a mawr fvr tan; *I* [y]. 40 *Hj* or berth i doe heb fod ol, *JQp* yno byth ni bai iw ol; *AFGX* bu ddim oi ol, *B* ni bu ol, *R* bu ddim yn ol, *Seh* a ni bu ol, *Ubl* ag ni bv ol, *Y* ac ni bu ei ôl. 41–2 [*F*]. 41 *Seh* arwydd ynn oedd, *bf* arwydd ym oedd, *m* arwydd yni; *Ul* ond oedd. 42 *BC²P* I morwyndod, *k* morwyndod. 43–4 [*RX*]. 43 *Hj* lawffon yr henuriad; *Jp* lawson, *LZ* leission, *PW* alffon (*darlleniad arall yn W* lawffon), *V* lan ffon, *c* alwffon, *i* kasson; *A* Auron Eurad, *IJgn* Aron fwriad, *L* avron irad, *Q* faron fwriad, *a* aaron ffyriad, *l* Aron eirad. 44 *JQp* O Almws dail mwy ysdâd, *k* almon stil mewn stad; *S* amwns; *I* dal mors; *A* ai dail, *C¹* aadail. 45–6 [*DEJNOQVdopq*]. 45 *B* ar Iddewon. 46 *I* ar oen gore or; *AX* [am]; *LSZj* a gaid, *b* y gad; *B* mewn maen, *Y* o maen (*darlleniad arall* o'r mynydd), *l* or mair. 47*n* y doedd; *Ij* groec. 48 *I* Eiriau glaw arogl glaen, *LZ* err kynn glaw arr knv gwlan, *cj* kyn i gael yn y knu glan; *f* [y]; *B* gwlith ar cnv; *R* gwan, *a* glan. 49 *IJQSbehkpn* pelican kyngan y kar, *M* Y pelican gyngan, *Z* y pelican kyfan i kar, *n* pelican cynan y car; *A* y pelican di gwynfan, *GLY* y pelican gyngan, *I* pelican cyfan, *R* y pelican gynan, *X* y pelican yn gynan, *i* y pelikan kyngan, *j* i belikan kynan, *l* pelikan mewn gyngan, *fm* belikan gyngan; *BC²c* [yn]; *F* gynan. 50 *AFRX* bod i waed bwyd, *JPQSWbehjklmp* bod oi waed bwyd iw, *c* boed oi waed bwyd; *C¹* dod. 51 *AFGXfhkq* yr vn modd, *BC¹DENRdj* Ar vn modd, *Oo* Ar yr un modd. 53–4 [*c*]. 53 *C²* I vair; *MY* genyd, *m* gaed. 54 *EINfn* hyny gwyry honno, *V* hyny gwyry yw honno; *JQp* gwyrf oedd. 55 *JQp* ddoeth; *AG* yn un fammaeth, *DENOPVWacjoq* yn fammaeth, *RX* yn fameth vain, *f* y fammaeth fain; *F* (*mewn llaw ddiweddarach*) wen; *In* eirfain. 56 [*f*]; *AX* ei damwain. 57 *X* gefais. 58 *A* wrth i gred wrthie y gras, *HJQRXYp* wrth i gred wrthie a gras, *P* wrth i gred o wyrth a gras; *c* werth i gred wyrthe gras; *F* wrth iav a gras, *G* o wyrthiau gras, *LSZbehi* o wrthau a gras, *Mj* wrthiau a grâs. 59 *AC²DEFHIJM–RVWXYacdijkqp* salmon. 60 *A* y ddaeth fel i dyfod fo, *FGRX* a ddaeth iddi fal y dyfod fo, *Hj* a weddodd fel i dwedodd fo, *JQp* a wyddai fal ir oedd fo, *c* a wedde vel y dywede vo. 61–2 [*AFRX*]. 61 *M* Sawyr 'ras i wîr Iesu, *Sbeh* sawl a roddes ir jesv; *C¹PW* a roes wyr yr Iesu, *DENVdoq* a roes wr ir Iesv, *G* (*wedi ei ychwanegu'n ddiweddarach*) a roes wir Iesu, *Hj* a roes y gwir Iesu, *I* a rodder ir Iesu, *JQp* i ras ar wir Iesu, *O* a roes vr ir Iessu, *U* a roes wr yr

Iesu, *Y* ras i wir Iesu, *c* a roes y wir iessv, *gn* a roddes yr Iesu, *i* a roes gwr yr Iessu, *l* a rodd wr yr Iesu. 62 *BC¹Wcin* sawr sinamwm neu falsamwm fu, *DEGNdgoq* sawr sinamwm ne falsamwm fv, *H* sawr sinamon fel salmon sy, *I* sawl synamum ai saffrwm fu, *JQp* Sawr Sinamwn da swn su, *LZ* ssynamwn yn fansswn fu, *O* sinamum neu valsam vm vu, *P* synamawn ne fal samwn fv, *Sbeh* siamwn ne valswm a vy, *U* sawr sinmwn ne falsamen fv, *V* sawr sinamwm ne falsawm fu, *a* salmwn na vaswn a vy, *ci* sawr synamwn ne valsamwn fv, *f* sinamwm ne felswm fv, *j* sawr sinamonne fel salmon fu, *k* val sianamwm ne falsom fv, *l* sawr sinamwn ne falsamwin fu, *m* sinamwm nai felwswm fv. 63 *A* Ef a bair mair ai mab, *LZ* ba bair mair ar i mab, *M* fe a bair Mair byr iw mab; *EHNOPVafg* Efo, *Y* fe; *Sbeh* yw i, *Ugl* idd i mab. 64 *A* ar drindod, *C¹* o durdod, *FGRX* or drindod, *I* o dawdurdod, *JQgmnp* o awdurdod, *MY* oi awdurdod, *l* o advrddwd, *a* o Adwdyrdod; *A* Diweirfab, *LSZbeh* oi diweirdab, *MYi* ai diweirdab. 65 *AD–GILNORVXZdoqn* dolef dig, *c* ddolo ddic, *l* yn ddolef ddig. 66 *I* ni enwedig; *OSbeh* vnwedig.

Teitl

AGIPVXl Cywydd Anna Mam Mair. *B* Cow: i Anna mam y Fair forwyn. *F* duwiol. *J* Cowydd i Drywyr Anna mam Mair o waith I.H.S. *K* Cowydd moliant i Anna. *LZ* kowydd yn dangos fod i ana fam fair forwyn dri gwr a bod iddi ferch o bob vn or tri gwr hyny. *O* kowydd ir Iesu. *Qp* kywydd i drywyr Anna mam Mair forwyn. *R* Kowydd i Ann fam y wenfair forwyn. *W* kowydd moliant i Anna fam dai'r forwyn. *h* llyma gywydd i sant ann vam vair. *fgk* Cowyδ i Anna mam Fair. *q* Cywydd i Fair.

Olnod

AFR Iolo Goch ai kant. *B* Swrdwal ne llowdden ai Cant (*mewn llaw ddiweddarach* Ifan ap Howel Swrdwal). *C¹* Ieuan brydydd hir ai kant. *C²Saefhim* howel swrdwal ai kant. *DENOVdoq* howel ap davydd ap Jeuan ap Rh ai kant. *GX* Iolo Goch (*mewn llaw ddiweddarach yn G* Howel Swrdwal, Howel ap Dafydd ap Ieuan ap Rhys, Ieuan ap Howel Swrdwal). *HP* ssowdwal ai kant. *IJQMUYgklp* Ieuan ap Howel Swrdwal ai cant (*Q mewn llaw ddiweddarach* neu Iolo Goch). *L* Doctor Sion Kent ai kant. *T* Y mae gorffen y cywydd yma yn y Llyfr Mawr. *W* (Ieuan ap howel) Siwrdwal ai kant, howel Gowden hen. *Z* Doctor Sion Kent ai kant, ne Jeuan ap howel Swrdwal. *b* howel swrdaval. *cj* sowrdwal.

Trefn y llinellau

A 1–40, 43–4, 41–2, 45–60, [61–2], 63–6.
BC¹ILSZabeghimn 1–66.
C²PW 1–42, 45–6, 43–4, 47–8, 53–60, 49–52, 61–6.
DEJNOVdoq 1–44, [45–6], 47–66.
F 1–40, [41–2], 43–60, [61–2], 63–6.

G 1–18, 20, 19, 21–40, 43–4, 41–2, 45–66.
H 1–40, 43–4, 41–2, 45–66.
K 1–34, [35–66].
MY 1–48, 53–4, 49–52, 55–66.
Qp 1–20, [21–2], 23–44, [45–6], 47–66.
RX 1–18, 20, 19, 21–42, [43–4], 45–60, [61–2], 63–6.
T 1–10, [11–66].
Ul 1–42, 45–8, 43–4, 49–66.
c 1–40, 43–4, 41–2, 45–52, [53–4], 55–66.
f 1–55, [56], 57–66.
j 1–18, + i, 19–40, 43–4, 41–2, 45–66.
k 1–44, 47–8, 45–6, 53–4, 49–52, 55–66.
r 1–2, [3–66].

i

or ail y doe reiol dan
garwyr yr Iessv gwirion

22
I Anna, Siohasym a'r Forwyn Fair
gan Hywel Swrdwal

Am ddeuddyn ymddyweddi
Sy'n y nef y soniwn ni.
O ddechrau'r barch biau'r byd,
4 O wreiddyn cyfarwyddyd,
Mawr fu urddas Siohasym,
Mae un gair a'i mynag ym.
Gŵr hael o'r Israel a roed
8 Ac Anna ei wraig unoed.
Llyna'r ddau fu ddechreuad
I ddwyn â'u rhif ddawn a rhad.
Tad Mair a rôi'i dda'n deirhan,
12 I Dduw yr âi y ddwy ran.
Digamwedd y degymai
I Dduw gwyn, a'i dda a gâi.
O'r deml y'i gyrrwyd ymaith,
16 Efô ni châi yno chwaith;
Achos gair yr offeiriad,
Araith lem, yr aeth o'i wlad.
Yr oedd i'r caruaidd iôr
20 Siohasym was a heusor.
Ffo 'dd oedd, nid eisiau ffydd dda,
A Mair wen ym mru Anna.
Duw ŵr mwyn ar dir a môr
24 Ac angel oedd ei gyngor.
Offrwm o'r gŵr gwineuffraeth
Ac oen i Dduw gwyn a ddaeth.
I dir ei daid adre doeth,
28 Drachefn cafas drichyfoeth.
Merch a gafas Siohasym,
Mair deg, gwnaeth ymwared ym.
Cred yna ganed i gant
32 Ac y ganed gogoniant.
Yna rhoddes yr Iesu
Yr enw Fair ar hon a fu.

Diau nad aeth i'r deml
36 Em urddasol mor ddiseml.
Porffor a weithiai forwyn,
Perffaith oedd ei iaith i'w ddwyn.
Disomgar feinwar heb fai,
40 Ac eraill a somgarai.
Er dyfod i'w phriodi
Â saer hen, ni sorrai hi.
Wrth edrych liw distrych drai
44 Pwy deilwng hap y delai,
Arwydd da rhwydd un Duw Rhên
A welad o'i wialen.
Eiddil ni medr ei addef,
48 Aeth clomen drwy'r nen i'r nef.
Gabriel brawd Uriel dirion
Fu gennad Duw tad at hon.
Mawr yw'r *Ave Maria*
52 Yno doeth o'i enau da.
Ennill nef ynn oll a wnaeth
O wlad Duw o'i lateiaeth.
Ys da angel i estyngiad
56 A ddodai ynn Dduw dad.
Sioseb pan welas Iesu
Yn ei llaw'n fab, llawen fu.
Gyda Mair y bu'r cleiriach
60 Yn ei ddwyn byth yn ddyn bach.
Ni chaid merch, iechyd ym yw,
Mor feinael, Mair o Fynyw.
Mae'r côr wrth ei ystora
64 Yno'n wir a iawn a wna.
Mae'i thad, ni ad un yn nes,
Mae Anna yn ei mynwes.
Mae siartr Duw yn gartref,
68 Mae Sioseb yn wyneb nef.
Mae Mair yn un air â ni,
Mae plaid meudwyaid Dewi.
Mae Mab Duw yn aberth,
72 Mab Mair a wnair ein nerth!

Ffynonellau
A—BL Add 14971 [= RWM 21], 107ᵛ B—BL Add 14984, 231ʳ C—BL
Add 31056, 44ʳ D—BL Add 31072, 25ʳ E—Card 2.114 [= RWM 7], 70
F—Card 4.10 [= RWM 84], 136 G—LlGC 642B, 57ʳ H—LlGC 7191B,

50ʳ I—LlGC 13062B, 618ᵛ J—LlGC 13067B, 25ᵛ K—Llst 133, 312ʳ (rhif 911) L—Pen 54i, 176

Seiliwyd y golygiad yn bennaf ar destun llawysgrif L, yr hynaf. Ymhellach ar y llawysgrifau, gw. isod tt. 233–40.

Amrywiadau

1 *B* am ddyweddi, *CFG* yn ddyweddi. 3 *ABCFG* ddechreu r gwr; *E* ferch (cywiriad diweddarach *gwr*). 4 *AB* a gwreiddin, *CFG* ag o wreiddyn gyfrwyddyd; *E* gwreiddin yr holl. 5 *E* i Siohoesym. 7 *E* Ior hael. 9 *ABCEFG* llyma/r/ ddav fu r dechrevad. 10 *ABG* i ddwyn rhif o, *CF* yn dda i rif o, *E* i ddwyn oi r rei. 11 *ABG* mair gwnai i dda/n, *C* mair gwnai [ ] ran, *E* mair gwn n dda yn, *F* gwnai o rai ei ran. 12 *CF* a roe; *B* yn ddwyran. 13–14 [*E*]. 14 *AB* ei dda, *F* i Adda. 15 *CF* fyned ymaith. 17 *B* o achos gair yr, *C* hoff fv ar yr, *F* Hoff fu ar. 18 *C* lem w[ ] yw wlad, *F* lem wrthv yw wlâd. 19 *AB* ir krefyddaidd, *CF* ar y crefyddaidd, *E* ir tevlvoedd. 20 *B* was hen stor, *CF* ofn Sisor. 21 *A* heb vn phydd dda, *B* heb eni ffydd dda, *C* heb [ ] ffydd dda, *E* heb eissie ffydd dda, *F* heb mor ffydd dda. 24 *E* yn i gyngor 25 *CF* er ffrwynor. 26 *CF* gwn. 27 *AB* dad; *CF* daeth. 28 *AB* trachefn kafas trachyfoeth; *E* kafodd drichywoeth; *CF* derchafiaeth. 30 *B* gwnaeth ym ym. 31 *ABCF* Kred fo ai ganed. 32 *F* mewn gogoniant. 34 *A* henw ar fair yr hon fu, *CF* henw ar fair yr honn a fv, *E* yr henw i fair ar honna fv. 35 *CF* dir amav doeth; *ABE* i doeth. 36 *AB* yn vrddasol mor (*A* wawr), *C* [ ] vrddas iawn, *F* mewn urddas lawn, *L* em urddol mor. 37 *F* Prysurau arferau'r forwyn; *C* arferav r forwyn. 38 *CF* ber ffaith oedd waith; *AB* i waith. 39–40 [*ABCFG*]. 42 *ACF* ar saer; *BCF* sorrodd. 43 *A* i edrych; *B* i edrych liw trych trai, *C* i edrych liw drych drai, *F* i edrych liw y drych drai, *E* i edrych lliw traethlaw trai. 44 *CF* ba deilwng, *E* pwy n deilwng; *E* dylai. 45 *AB* Arwydd a roed i wr hên, *CF* arwydd roed ar wr hen, *E* arwydd hwn a roed i wr hen. 46 *ABCF* a welwyd ar ei, *E* a welid ar y. 47 *AB* ni allai addef, *CF* ni allodd oddef, *E* ni all addef. 48 *AB* golomen wen hyd nen nef, *CF* glomen wen hyd nen y nef, *E* klomen drwy nen y nef. 49 *CF* doeth Gabriel. 50 *ACEF* gennad y tad. 51 *AB* fv avi maria, *CEF* fvr afi maria. 53 *E* yn ol. 54 *CF* ai latvaeth. 55 *AC* ostyngiad, *B* ystungiad, *E* i hvsdingiad, *F* o ystyngiad. 56 *ABCF* a ddwedai air ai/n/, *E* a ddoed air ai yn. 57 *ABE* weles, *F* welais. 58 *ABCEF* law fab anwyl. 59 *ACF* bv gleiriach, *B* bu yn gleiriach. 60 *A* i ymddwyn byth ym ddyn bach; *B* ymddwyn, *CF* i ymddwyn. 61 *CF* chad ferch vchod fvw; *B* ag iechyd yn yw. 62 *B* feiniawl a, *E* fanwalld a; *CF* mair feniw. 63 *B* Mal yr cor; *C* mair mam kor om storia, *F* Maer Mam Jôr am storia; *AE* yr ystoria. 64 *E* yno yn wych iawn; *AB* ag iawn. 65 *CF* ni ad yn nes. 67 *A* Mae siartr mab dvw gartref, *B* Mal siartr mab duw gartref, *E* mae siartar mab mair gartref, *F* mae Siarter mae Duw gartref, *L* mae siartr duw yn ar gartref. 71 *ABCEF* Mae/r/ mab rhad yn yr aberth. 72 *ACF* mae mair yn vn air ai nerth,

B Mae yr gair yn unair ai nerth. *E* mae mair yn vn yno ai nerth.

Teitl
AG I Sioassym ag i Anna mam mair. *B* Cowydd i Sioasym tad mair ag i Amma ei mam yn dangos modd y rhane i dda ag ir aeth oi wlad ag ir ymchwelodd ag offrwm i dduw ag i cafas fair o Anna. Houel Swrdal. *C* Cowydd i dduw etto. *F* Cywydd i Dduw.

Olnod
AG Sowrdwal ai kant. *BCF* Houel Swrdal. *E* hoell Sourdwal ai kant.

Trefn y llinellau
ABG 1–38, [39–40], 41–50, 55–6, 51–4, 57–66, 69–70, 67–8, 71–2.
CF 1–14, 16, 15, 17–38, [39–40], 41–50, 55–6, 51–4, 57–66, 69–70, 67–8, 71–2.
DL 1–72.
E 1–12, [13–14], 15–38, [39–40], 41–50, 55–6, 51–4, 57–66, 69–70, 67–8, 71–2.

23
Marwnad Watgyn Fychan o Frodorddyn
?gan Hywel Swrdwal

Y mae utgorn am Watgyn
A llif Noe a llefain ynn,
A diwedd braint fal Dydd Brawd—
4   Yn Henffordd mawr fu'n hanffawd.
Mawr o dwrdd ym Mrodorddyn,
Mawr yw poen cant, marw pen-cun,
Cyffro fal diwreiddo dâr,
8   Corn Duw yn crynu daear.
Och daro, Cymro a'i cân,
Arf awch, mab Rhosier Fychan.
On'd tost, melltith Dduw'n eu tai,
12   I'n tir pan 'i hanturiai
Y bilain Sais â blaen saeth
Y mab hynaf i'm pennaeth?
Och na bu grin y llinyn
16   Neu'r bwa'n dwn ar ben dyn.
Gwae fi nad myfi a fu
Yn ei ôl wrth ei anelu!
Ei ddwylaw, leidr, a ddaliwn
20   A'i saeth nid â 'mynwes hwn.
Diwedd fyd nid oedd fadws,
Och i'r dref na chaeai'r drws
Neu dynnu, cyn bylchu'r byd,
24   Yr enfys o law'r ynfyd.
Ynghrog wrth ei rywogaeth
Y bo'r Sais a'r bwa'r saeth!
O bu drist, wyneb ei dranc,
28   Troea am Ector ieuanc,
Beirdd yn ubain druain draw,
Bid tristach y byd trostaw.

    Teilwng oedd fal hynt Elen,
32   Teitus Fesbasianus hen:
Curo gwŷr a'u cwncweru
Caersalem fawr, cwrs helm fu.
Dial Crist oedd annistaw,
36   Dinistr ar y dinas draw.

          Od oedd hynt annedwydd hon
          Arwydd yw i'r Iddewon.
          Ni wnâi Iddew neu Wyddel
40   A wnaeth dyn â'i saeth dan sêl
          Oni bai'r dall a'r bêr du
          A'i ben dan asen Iesu.

             Aeth Siarlymaen drwy'r Sbaen draw,
44   Undydd fu ddeuddydd iddaw:
          Safodd haul pan ddeisyfai
          Lle 'dd oedd yn ôl lladd ei nai.
          Da gweddai fal siwrnai sant,
48   Ddal yr haul, ddial Rolant.

             Onid oes i minnau dâl?
          Am dëyrn y mae dial.
          Mae cenedl a'i hamcana,
52   Mae ei frodyr, bedwargwyr da—
          Un â gair a rannai i gant,
          A thri charw â thyrch ariant.
          Mae plant, mi a'i gwarantaf,
56   Blaid i hwn fal blodau haf.
          Yn rhwym y dêl un o'r rhain
          I'r baeli glas â'r bilain.
          Doed i'r bar ferch Syr Harri
60   Wgon hael wrth ei gwŷn hi.
          Aur am Watgyn nis myn merch
          Na fyn ond nef i'w annerch.
          A phai les, be gorffai ladd,
64   O'r deml o bai raid ymladd?
          Er a las o ryw lysoedd,
          Er a ladder, ofer oedd:
          Ni wnaid iawn yn un dinas
68   Am y gŵr ym myw ei gas.
          Nid oes o fewn ein dwysir
          Ei werth ef o wŷr a thir.

Ffynonellau
A—BL Add 14966, 221ᵛ B—BL Add 14991, 272ᵛ C—BL Add 31056, 176ʳ
D—BL Add 31069, 125ʳ E¹—Bodewryd 1, 337 E²—Bodewryd 1, 401 F—
Brog (y gyfres gyntaf) 2, 454ᵛ G—Card 2.630 [= Haf 20], 25ʳ H—Card 3.2
[= RWM 27], 223 J—J 101 [= RWM 17], 606 K—J.R. Hughes 5, 333 L—
LlGC 970E [= Merthyr Tudful], 208 M—LlGC 1559B, 413 N—LlGC

2023B [= Pant 56], 325 O—LlGC 6511B, 72^v P—LlGC 13061B, 52^v Q—
LlGC 13066B, 133 R—LlGC 13068B, 65^r S—LlGC 16964A, 66^v T—
LlGC 21290E [= Iolo Aneurin Williams 4], 114^r U—Llst 133, 6^v (rhif 23)
V—Llst 134, 167^v W—Pen 77, 278 X—Pen 80, 187 Y—Pen 100, 66 Z—
Stowe 959 [= RWM 48], 130^v

Lluniwyd y testun cyfansawdd uchod ar sail darlleniadau nifer o'r
llawysgrifau sydd, yn ôl pob tebyg, yn dangos ôl trosglwyddo llafar
sylweddol. Y mae GIKLOP–TU yn destunau deheuol eithaf tebyg i'w
gilydd a nifer ohonynt yn llaw Llywelyn Siôn neu yn deillio o'i gopïau ef.
Ond ceir darlleniadau da yn ACE^1–FW–Z, llawysgrifau sydd, i bob golwg,
yn fwy gogleddol o ran eu tarddiad. Ymhellach ar y llawysgrifau, gw. isod
tt. 233–40.

Amrywiadau
1 *BCWX* vtkyrn; *V* wagyn. 2 *Q* vychan tost vy achwyn att hynn;
BE^{1}FHJNRUYZ [A] llif noe ydiwr, *DGIKLOPT* llif noe yw y, *S* mal llyf Noe
aml; *H* hyn. 3 *C* ad wedd; *K* diwedd braw, *OPT* diwedd bri; *AE^{1}E^{2}FJM* a
dydd. 4 *E^{1}FJ* fv/n/ henffordd mawr ywn; *AMO* mawr yw/n/. 5 *HZ* may
odwrdd; *CT* o dordd, *E^2* fy dwrdd, *W* i durdd, *X* o dardd; *Q* diwreidd dar. 6
D mawr boen, *IKT* mawr poen (*ychwanegwyd* yw *uwchben y ll. yn I*); *E^2*
mawr boen kaen; *ABHMNUYZ* [yw]; *E^1* kaink; *DGIKOV* marw n penn. 7
DGIOVZ mal. 8 *D* kyrn. 9 *AM* y Cymro; *E^2* ky mro ai kymro ai; *R* or kân. 10
HZ araf awch fab; *ILRPT* Syr, *Q* [mab]. 11–14 [*BNUY*]. 11 *M* o tost; *Q* melld
ddyw ny tay. 12 *DGKOT* ny tir, *E^{2}ILPSZ* ay tir. 13 *E^2* y bilen was; *RV* o
blaen. 14 *CE^{1}FJ* in, *DGKV* an, *HRSZ* on, *ILOPT* am. 15 *BNSUY* bai. 16 *S* a'r
bwa dwn ar benn y dynn; *BNUY* a'r bwa; *T* bwa dwnn; *C* dynn; *HZ* benn ụ
dyn. 17 *S* [fi]; *V* na myvi. 18 *ABCMNQSUWXY* yn ol, *DGIKLOPTVZ* ny ol, *H*
N ol; *E^{2}K* [wrth], *V* wr; *E^1* [ei]. 19 *LP* ddwylawd. 20 *BD–VYZ* y saeth. 21–2
[*HZ*]. 21 *AM* diwedd i fyd nid, *E^2* diweddiad nid; *Q* byd; *E^{1}FJ* ond oedd, *I*
nid oes, *S* on oedd; *K* vedws. 22 *E^1* ne /i/; *E^{2}KS* chae/r/. 23 *BNUY* barnu'r, *E^2*
bylchv, *Q* Bylchyer. 25 *AM* fal i. 26 *HZ* [Y] bor sais ụ bwa; *K* [a'r] bwa. 27
BE^{1}FJNUY e fv drist pan fv i drank, *DGILOPTV* awr drist oedd pan vy ae
drank, *HSZ* ve vy drist pynn vy ny drank, *K* er awr drist on pan oedd ar
drank, *Q* o efa vy drist pen vy drank, *R* ef a fv drist pann fv dranck. 28 *AD–
MOPTVZ* droya, *Q* troyaf, *RX* Trayaf. 29–43 [*E^2*]. 29–32 [*HZ*]. 29 *BNUY* Bid
vbain i, *DGILOPTV* byd yn llevain, *E^{1}FJ* bid yn ochain, *KQ* Byd yn vbain, *R*
byd blin fri rhain, *S* byd yn ydain; *E^2* wbain. 30 *S* byd yn dristach; *X* bv oer
vddyn i briddaw. 31 *CX* fab hwnt; *N* llen. 32 *CX* Tvtvs a Siohanus,
DGILOTV taitvs ap ysbesianvs, *E^{1}FJ* teitws nai bysianws, *K* Toitys
Aspesianys, *M* thlws Fespasianws, *P* Teitvs a Spesianvs, *Q* teitys
essbesianys, *R* Teitys vyssbyssianys, *S* Teittys ysbysianys, *W* Titus
veshasianvs. 33 *A* cawr oedd wedi cwncwerio, *BNUY* Curo Caer a'i

chwnkweru, *C* kaer selem fawr ail ym fv, *MW* cawr oedd wedy cwncwerv, *X* kaer selym fawr ail ym fv. 34 *AM* Caersalem fawr korslom fv, *BNUY* Salon fawr cwrs elen fv, *CX* oll oedd ddwys yn lladd Iessv; *E¹FJS* hylym, *KR* helem, *Z* elen. 35–6 [*BE¹FJNUY*]. 35 *ADGIKLMO–RTV* krist ny bv ddistaw, *W* Christ [ ] bv ddistaw, *SZ* krist y byn ddistaw. 36 *AM* dynestr oedd ir, *DGIKLOQRTVWZ* dinistr oll y; *S* dinistr oll dynas. 37 *BDE¹FGI–LNO–WYZ* ond; *AM* ond hynt. 38 *C* arwyddion yw; *E¹FJQ* ar iddewon. 40 *Z* ụ sais ar saeth sel; *ABDE¹FGIJL–PR–VY* a saeth, *K* i saeth. 41 *W* oi bai'r; *E¹* a ber, *DGLP* ai ber. 43 *QPTZ* [Aeth]; *DGIKLOPTV* dros ysbaen, *W* drwy ysbaen. 44 *CX* devddydd oedd vndydd. 45 *DGIKLOPTV* saved haül a ddaisyvai; *BNUY* yr haul lle safai; *E¹FJQRZ* lle dissyvai, *S* a ddissyfai. 46 *ILQPRTV* y wnai. 47–8 *A* (*mewn llaw ddiweddarach*), [*M*]. 47 *BE¹FJNQRSUY* felly y kavas siarlas, *DGIKLOPTV* mal i kavas siarlas, *Z* val y kavas siarlas. 48 *E¹FJ* ar gynydd fawr ogoniant; *A* /r/ havl i ddial, *BDGIKLN–RTUVY* yr haul wrth ddial, *S* yr hawl i ddiavl, *Z* [Ddal] yr haul y ddial; *E²* i ddial. 49–50 [*HZ*]. 49 *E²* oes im o dal; *E¹NRU* i ninnau, *FJ* [i] minau. 50 *DGIKLOPSTV* am i deyrn mae dial, *E²* mae'n deilwng yma i dial, *Q* am deyrn mawr yw yn, *R* am y dien mae dial. 51 *Z* kenel os ymkana; *S* oes amkana. 52 *Z* [Mae] yn frodyr; *BNUY* mae gwyr bedwar brodyr, *E²* mae brodûr bedwardur, *DGIKLOPTV* yn wyr bedwar brodyr da, *E¹FJR* maent wyr bedwar brodyr, *Q* Brodyr bendayr wyr da, *S* Mae'n vrodyr bedwar gwyr da. 53 *AM* vn ac avr y nae gant, *BNUY* Vn a gair a'i rannai gant, *DGIKLOPTV* vn a gair ai ynav gant, *E¹FJ* vn ac avr a rynav gant, *E²* un ac aûr yno a gan, *Q* vn a gair ar ynay gant, *R* vn a gair ar y wnai gant, *SWZ* vn ac avr ar ynav gant; *CX* vn ac avr. 54 *E¹FJS* thrichawr, *K* tri chairw; *R* a thri chaer gyda thrichant, *Z* a thri a chawr a thrychant; *E²* arian. 55 *Z* ay blant; *BNUY* ei blant myfi ai, *DE¹FGIJLOPRTV* ai blant myfi ai, *K* ai blant myfi a, *S* ai plant myfi ai; *E²W* plant a mi; *Z* a gwrantaf. 56 *E²Z* yn blaid; *DGIKLOTV* blaid yr hain; *DGILOPTVZ* blodavr haf. 57 *Q* rhwydd; *Z* y daw. 58 *C* er baili, *W* y baili; *E¹* blas, *FJ* llas; *AM* or bilain, *E²* oer bilain. 59 *E¹FJ* i bar merch; *E²* merch. 60 *AE²MW* ni mynn merch, *X* ni fynn ferch. 62 *L* nef yw yw. 63–4 [*CHXZ*]. 63 *E²* [ ] las wedi darfod i ladd, *AMW* diles yw darfod i ladd; *Q* o gorfai ladd, *R* o groffai ladd; *S* bai darphai lladd; *DGIKLOTV* a vy les, *P* e vy lês. 64 *AMW* yn y deml onid ymladd, *E²* [ ] demel onid ymladd, *S* dwmlo na mynd i ymladd; *BE¹FJQNUY* y deml, *DGIKLOPV* ir deml, *R* demlai. 65 *C* o ryn. 67–8 [*ACE²MWX*]. 67 *S* mi wnaid iawn yn y dinas; *BQRNUY* y dinas. 69 *ACE¹E²FJKMWX* i dwyssir, *Z* [ein] dwyssir.

Teitl neu raglith

A Cow. mar. Watcyn Fychan a ladded a saeth. *B* Cywydd Marwnad Watcyn Fychan o Hergest. *CX* Mar Watkin ap Roesser vychan (*X—mewn llaw ddiweddarach*). *DGIKLOPTV* llyma varwnod watgin vychan y gwr a laddwyd or saeth yn henffordd. *E¹* brodorddyn, mʳ watkin vychan esgwier.

E² marwnad watkin vychan o ddehebarth. *H* Marnod Watkin Vauchan o Frydorddy. *MU* Cywydd marwnad Watcyn Fychan. *NY* Marwnad Watcyn Fychan o Hergest (*Y—mewn llaw ddiweddarach*). *R* Barnod watkin vachan o vredorddin y laddwid yn henffordd a saeth. *S* I Meistr Watkyn vychan o vrodorddyn a lladdwyd a saeth (*mewn llaw ddiweddarach*). *Z* i watkin vychan o vrydorddyn.

Olnod
ACE²MWX howel swrdwal. *BDE¹F–LN–QS–VYZ* Je*ᵃ*nn ap howel swrdwal. *R* Iefan ap howel swrdwal ai kant (1469 *mewn llaw ddiweddarach*), y watkin vachan hin o vredorddin oedd ddengmlwydd arhygain pan lladdwid ef, ag y ddoedd yddo ef y prid hinny ddeg ar hyga[ ] o blant, val y ddoedd yn gydnabyddys yr wlad y prid hinny.

Trefn y llinellau
AMW 1–4, 7–8, 5–6, 9–66, 69–70.
BNUY 1–10, [11–14], 15–20, 25–6, 21–4, 27–34, 37–70.
C 1–4, 7–8, 5–6, 10, 9, 11–62, [63–4], 65–6, [67–8], 69–70.
D 1–12, 39–42, 13–20, 25–6, 21–4, 27–34, 37–8, 35–6, 45–8, 44, 43, 49–70.
E¹FJ 1–20, 25–6, 21–24, 27–34, [35–6], 37–70.
E² 1–2, 4, 3, 7–8, 5–6, 9–29, 44–66, 69–70.
GIKLOPTV 1–12, 39–42, 13–20, 25–6, 21–4, 27–34, 37–8, 35–6, 45–8, 43–4, 49–70.
HZ 1–16, 23–4, 17–20, [21–2], 25–8, [29–32], 33–4, 37–44, 35–6, 45–8, [49–50], 51–62, [63–4], 65–70.
QR 1–20, 25–6, 21–4, 27–70.
S 1–20, 25–6, 21–4, 27–34, 37–44, 35–6, 45–70.
X 1–4, 7–8, 5–6, 9–62, [63–4], 65–6, [67–8], 69–70.

24
I ddiolch i Syr Rhisiart Gethin am hugan
gan Ieuan ap Hywel Swrdwal

Mawr y sonian' amdanaw,
Y marchog modrwyog draw,
Urddol o frehyrol frig,
4   O wlad Gunedda Wledig.
Solas mewn urddas a wnâi
Syr Rhisiart, froesiwr osai.
Y mae mawl yma i'm min,
8   Oes, gathl i fab Rhys Gethin.

    Didrist wyf o daw adref
Ŵyr Owain draw o Rôn dref.
Hir y'm dwg fal yn nherm dyn,
12   Hyd ym Mawnd, hoed am undyn.
Cyrchaf, mi a gaf ei ged,
Cwynsiws dref, cansedr yfed.
Gwae fi na bai, ffrwynai Ffranc,
16   Ym Muellt Walchmai ieuanc.
Ef a welai o Faelawr,
O delai, gleirch a meirch mawr.
Ef a ddaw, nid wyf addáin,
20   Ryw dro i Gymry druain
Â dydd da wrth dorri dur,
O bai raid, ail Beredur.
Am goron yn ymguraw
24   Y meistr oedd yn y maes draw:
Ail Rolant yn Normandi
Y gelwid Nudd ein gwlad ni.
Â gwayw hir gwae a'i hery,
28   O'i ffordd gwyn ei fyd a ffy.
Nid afryw hyn, glaswyn glog,
Nac afryw benáig Efrog.
Â dur glew, dewr a glywais,
32   Ei dad a dorrai siad Sais.
Ni throes ei gefn ar efnys—
Naddo 'rioed, led ei droed, Rys.
Gwyn ein byd a gano'n bert,
36   Gwedy Rhys, gadu Rhisiert.

Mae ei glod mal rhod y rhôm:
Y Guto a'i dug atom.
Ydd wyf tu hwnt i Ddyfi
40 Yn rhoi nod ar fy rhan i.
Aeth yma fal gwaith amod
Mab Siancyn y Glyn â'r glod.
Corff rhwydd doeth yn caru Ffrainc,
44 Clo ar awen clêr ieuainc.
Un fraint â gwŷr y nef fry
Ydyw hwn wedy hynny.
Mi a dybiais, lednais lw,
48 Mai paun oedd y mab hwnnw.
Gweled hug fal golau tân
Goreuraid i'r gŵr eirian.
Ar hwn y gweddai y rhodd,
52 Englynfin angel unfodd.
Mantell Mihangel felyn
Y sy glog eos y Glyn.
Iawn y rhoddes nai Rhydderch
56 Singls aur ar draws angel serch.
Ungwaith merched y gwledydd
Ei edrych fo fal drych fydd,
A gofyn i ddyn neu ddau
60 'Pwy yw'r angel a'i piau?'

Sygan cariad rhianedd,
Guto'r mawl, gytŷwr medd,
'Mi biau'r hug, a mab Rhys
64 A'i rhôi ym, ŵr hoyw emys,
Mireingorff mawr ei angerdd,
Mynnwn ddiolch hwn â cherdd.
Gwynfyd Cymru rhag anfoes,
68 Gŵr hen fo'r marchog a'i rhoes.
O'r trefydd a'r tir rhyfel
Ac i wlad ei dad y dêl.'

Ffynonellau
A—BL Add 14866 [= RWM 29], 79ʳ B¹—BL Add 14969, 30ʳ B²—BL Add
14969, 130ʳ C—BL Add 14976 [= RWM 22], 143ʳ D—BL Add 14978,
259ʳ E—BL Add 31069, 121ᵛ F—Card 2.617 [= Haf 3], 32ᵛ G—Card 4.10
[= RWM 84], 387 H—Card 5.167 [= Thelwall], 96ᵛ I—CM 12, 698 J—
LlGC 8497B, 34 K—LlGC 17114B [= Gwysanau 25], 444 L—Pen 221, 65
M—Wy 1, 379

Er nad yw trefn y llinellau yn amrywio o lawysgrif i lawysgrif, gwelir bod rhai yn cynnwys cwpledi nas ceir mewn eraill. Ceir y fersiynau llawnaf yn D ac FHKM, gyda fersiwn ychydig yn fyrrach yn B¹B²CGI. Ymhellach ar y llawysgrifau, gw. isod tt. 233–40.

Amrywiadau

1 *HKL* soniwn. 2 *AE* marchawg modrwyawg mawr draw; *DFJM* mae marchoc. 3–70 [*L*]. 3 *B¹CGI* vrddawl fry evrawl i frig; *AE* yrddawl ai; *DHK* vrenhinawl. 4 *G* guneddf. 5–6 [*D*]. 6 *AE* assai. 7 *B¹C* minav a (*B¹—llaw ddiweddarach*) mawl yma/n/ y min, *G* minne a mawl ym a y min, *I* Minau mawl ym yn y min. 8 *D* i wyr. 9–14 [*B¹CGJ*]. 9 *D* dawn. 10 *DHK* or vn dref. 11 *D* hwnn im dwg fal ym heim; *J* [val]. 13–70 [*J*]. 13 *D* karaf. 14 *D* kwynsiwr tref kan sed ar; *E* Cwynso, *F* kwyn siw, *HK* kwyn siwns. 15 *B¹CGI* mynwn be bai. 16 *HK* val i mae yn iyfank. 17 *H* wlad vaelawr, *K* [o] Vaelawr, *FM* i Vaelawr. 18 *B¹CI* delai/r; *G* delai r Elairch; *AEI* cleirch ar, *D* gleirch ar. 19 *AE* od wyf i ddain, *B¹CGI* od wyf ddewin, *D* nid wyfi adda ann. 20 *B¹CGI* ar gymrv ar drin; *D* drvan. 21 *AB¹CDFGI* wrth doddi, *H* wrth doi. 22 *AEF* y bai raid ail i Bredur, *DHK* o bai raid i ail bredvr; *M* y bai. 23–4 [*B¹CGI*]. 23 *ADEFHK* wrth ymguraw. 25 *I* Ail i Roland [yn]; *B¹CG* o normandi. 26 *B¹CGI* yw gweled. 27 *B¹* hir ag ai, *C* hir ag (*cywirwyd yn* gwae) ai. 28 *F* gwnn y byd. 29 *D* glaslyn; *B¹CDGHKM* glos. 30 *B¹CGHKM* evros. 32 *D* dery, *FHKM* dorres, *G* dorrais. 33 *HK* envys, *M* efnnys (nn *mewn llaw ddiweddarach*). 34 *DHKM* led troed. 35 *E* ei byd; *B¹CI* y ganon, *G* [a] ganon, *HK* a gawn yn. 36 *K* gwed; *CDEGHK* gadw, *F* i gadw, *I* o gadw, *M* gado. 37 *M* mae i i glod; *ADEF* y rhod rhom, *B¹CGI* yn Rod rhôm. 39 *B¹B²CG* ty yma i, *I* ty yma [i]. 40 *HK* y rroi. 41 *B¹B²CGI* fab gwaith. 42 *CGI* fab, *K* mal; *AB¹CDEGI* ai glod. 43–6 [*B¹B²CGI*]. 43 *A* curo; *HK* ffrank. 44 *D* ker iwaink, *HK* kyle iefank, *M* clau [ieuainc]. 45 *AE* o nef. 48 *HK* pevnod y mab. 49 *CGI* mal. 50 *F* gorevrwyd; *B²FHK* arian. 51–2 [*B¹B²CGI*]. 52 *D* angelfin. 54 *ADE* i eos. 58 *D* yw edrych; *HK* val y drych. 60 *E* Pwy gwr; *D* vndyn. 61 *AEF* segan, *DHK* Se gan. 62 *D* gytevwr; *F* ai medd. 63–4 [*FHKM*]. 64 *B²* yr hoew. 67 *B¹B²CDG* gwnfyd; *A* Cymbru, *D* kyrv. 69 *B¹B²CG* oi trefydd ai, *I* O'u trefydd a'u.

Teitl

AE i Sr Richiart Gethin marchog a chapten yn ffrainc yn amser mathew goch ac i ddiolch iddo am yr hug euraid a roesei ir Gytto r Glyn. *B¹C* kowydd i ddiolch am hvgan. *D* Moliant i Sr Ric gethin o fuellt. *F* kowydd i ddiolch ir huc euraid. *G J* Ddiolch Am Hugan. *H* moliant arall i Sʳ Richart Gethin. *H* Cywydd i ddiolch am Hugan i Rhisiart ap Rhys Gethin. *K* k i Sr Ryc gethin i ddiolch yr hvcan.

Olnod
AE Ieuan ap howel swrdwal ai cant drwy waith y Gytto yn i erchi.
B¹B²CDFGI Ienn ap howel swrdwal. *H* Jenn ap ho[ll] sowrdwal ai kant i
ddiolch yr hug euraid i Syr Ric gethin. *J* mae r cywydd yma mewn y llyver
mwyaf. *K* Jenn ap ho[ll] sowrdwal i ddiolch yr hvc evraid i S Ryc gethin. *M*
Ienn ap ho[ell] swrdwal i ddiolch yr huc euraid i Syr Richard gethin marchoc
vrddol.

Trefn y llinellau
AE 1–70.
B¹CGI 1–8, [9–14], 15–22, [23–4], 25–42, [43–6], 47–50, [51–2], 53–70.
B² [1–38], 39–42, [43–6], 47–50, [51–2], 53–70.
D 1–4, [5–6], 7–70.
FHKM 1–62, [63–4], 65–70.
J 1–12, [13–70].
L 1–2, [3–70].

25

I neuadd Llywelyn Fychan ab Ieuan o'r Bugeildy
gan Ieuan ap Hywel Swrdwal

Y nos y cad Mab Rhad rhwydd
Ar seren y rhoes arwydd
I dynnu mil o dân mwg
4   A deillion o dywyllwg.
A'r ail gynt ar ôl y Gŵr,
Seren Owain siwrneiwr:
Goleuach fu, gwae lawer,
8   A mwy no swrn o'r mân sêr.
Mae seren ym Maelienydd,
Morwyn falch o galch a gwŷdd,
Merch i frenin yr hinon,
12   A iarlles haf yw'r llys hon.
Golau dydd, mae'n glod iddi,
I'w gweled nos i'n gwlad ni.
I'r dug mae llawer o dai,
16   Nid oes gwbl a'i disgyblai.
Llawer ni ŵyr, un llywydd,
Ai lleuad yw ai lliw dydd?

Llywelyn yw'r meddlyn mau,
20   Fychan fab Ieuan biau,
Hil Ieuan braff hael o'n bro,
Hil wythran Hywel Athro.
Mawr yw gwawd hwn ym mrig tant,
24   Meurig lin, miragl anant.
Nid â mawl yn freiniawl fry
Heb gildant y Bugeildy.
Digrif, ym Siat, hyd ataw
28   Dyfod trwy Defeidiad draw.
Gŵyr ennill geiriau annerch,
Gŵr enwog a swyddog serch;
Gŵyr arabedd, symledd sôn,
32   Gwŷr dethol geiriau doethion.
Dysgaf, lle 'dd wyf yn disgyn,
Disgwyl ar galch disglair gwyn
Ac edrych, rhof ac adref,

36   Y drych gan eurych o nef.
      Y mae nawdd yma i ni
      Yn ystrad o ffenestri;
      Dyn nis rhif, dinas Rhufain
40   Ydyw'r mold o wydr a main.
      Nid oedd un i'w dai a ddêl
      Na thyngai mai gwaith angel.
      Ai dyn a naddodd ei dai?
44   Os dyn oedd, ys da naddai.
      Clymau, trostiau, cwlm Trystan,
      Croestai yn glòs, Cristion glân.
      Crefft dda noddfa newyddfawr,
48   Capel ymysg cyplau mawr.
      Cwrt yw a'i sut câr tai Sieb,
      Cylchynodd calch ei wyneb.
      Cadair yn grair, myn y grog,
52   Cadlys gŵr ieuanc hoedlog;
      Cannwyll haul, pen-cun y llan,
      Celliwig mab call Ieuan;
      Cares i nef, cryswen yw,
56   Clawstr meinin, clastir Mynyw;
      Cael o'r cun, colerog hydd,
      Oes Noe yn ei lys newydd!

Ffynonellau

A—Brog (y gyfres gyntaf) 2, 455ʳ B—Card 4.9, 147 C—J 101 [= RWM 17], 607 D—LlGC 16B, 213 E—LlGC 3056D [= Mos 160], 249 F—Llst 118, 212

Y mae testunau AEF oll yn llaw Wmffre Dafis, ac y mae testun C yn gopi uniongyrchol o destun A. Perthyn testun D yn agos iawn o ran amser ac ansawdd i'r llawysgrifau hyn. Y mae testun B yn fwy llwgr, gyda thri chwpled ychwanegol ar ôl llinell 44. Daw'r ddau gwpled cyntaf o gywydd Guto'r Glyn 'I Blas Syr Rhisiart Herbert, Colbrwc'.[1] Ymhellach ar y llawysgrifau, gw. isod tt. 233–40.

Amrywiadau

2 *B* y seren a roes. 14 *B* Ei gweled nôs o'n. 19 *B* yw mezlyn. 23 *B* ynnig tant. 28 *D* ddwad. 29 *D* ennill y gairiav. 31 *B* Gŵr arabez sylwez. 32 *B* Gŵr. 33 *B* lle n wyv. 36 *B* A drŷç. 37 *B* Mae Neuawz; *C* mi. 40 *AC* modd. 41 *D* oi dai. 43 *B* dy dai. 44 *B* + i. 45 *D* klymv trostav gwlm. 46 *B* Croesdai'r glos. 49 *DF* ar sytt. 52 *AC* cavadlys; *A* hoedog. 56 *B* clostir. 58 *D* y llys.

---

[1] GGl² 133 (XLIX. 41–4).

Teitl
B Cywyz i Neuaz Llywelyn Vyçan o Faelienyz. *D* k. mol: i blas Llywelyn
Vychan o Velienydd. *E* k: i blas llywelyn fychan o felienydd. *F* k: i blas Ħen
v[   ] felienydd.

Olnod
AD Ienn ap howel swrdwal. *BCEF* Ienn ap howel swrdwal ai kant.

i

Cerviwyd a graviwyd yn grŷç
Cyrf deri val creft euryç
Llŷs goed a main oll ysgwâr
Llawn gwydr meillion ag adar
Ys oedd wan yr amcannion
Seiri coed Winsor rhag hon

26
Moliant tri mab Rhosier Fychan
gan Ieuan ap Hywel Swrdwal

Y trywyr a bortreiwyd
Wrth wŷr o lys Arthur lwyd—
Pwy'r dyn nis edwyn dan sêr
4   (P'le nid trasol?) plant Rhosier?
Dygwn ni, mae'n deg y nod,
Uwch ein pen achau'r peunod.
Addas yw bod llewod llu,
8   Wyrion Wallter, o'r neilltu.
Duw a dynion da dinam
A dyfodd gweilch Dafydd Gam.

Ail i'w dad yn eilio dur,
12   Watgyn, Brydyn Beredur.
Troed a llaw tra da eu llun,
A dau arddwrn Brodorddyn.
Cradog, iddo y credir,
16   Freichfras yw Tomas ein tir.
Cwrs Elfael, caru sylfaen,
Cost a llu mawr Castell-maen.
Rhoes aur i glêr, rhyswr glân,
20   Rhosier, betruster Trystan.
Rhuddai faels, rhwydd o filwr
Yn rhoi aur tawdd yn Nhre'rtŵr.
Llyna dri llew o drywyr,
24   Lluniaidd a gweddaidd yw'r gwŷr.
Aelodau Elfael ydynt
Mal ar gwrs y milwyr gynt.
Rhodiwn, fal calon rheidwyr
28   Deutu Gwy hyd at y gwŷr.

Brutus oedd orau Brytwn,
Blaenaf a hynaf fu hwn.
Rhwymodd a rhannodd bob rhan
32   I'w drimaib o'i dir ymwan.
Nyni biau tri, boed rhwydd
I'r teirgwlad mewn braint arglwydd.

Mae Ystrad Yw'n mwstrio dyn
36   Gydag ef yn gyd-gyfun.
Aeth yr ail pennaeth i ran
A llwybr uchel llew Brychan.
Anwylfeistr yn nwy Elfael
40   Yw'r trydydd is mynydd Mael.
Llyna nodyn â llinyn
Llechryd aur lle chwery dyn.
I naw rhoed yr anrhydedd
44   Ac y mae deuddeg a'i medd.
Tri eto sy'n troi atun',
Trywyr a nawyr yn un.
Bob dri y mae dodi dadl,
48   Ni bu dri na bai drwyadl.
Bob dri yng ngwledd Gaerllïon,
Bu wŷr da eu grym uwch Bord Gron.
Tri gair a bair trugaredd
52   A'r tri gair, Mab Mair a'i medd.
Duw a roes ynn dri o wŷr,
Triagl y beirdd yw'r trywyr.
Tri llawn gyrff, tri Lleon Gawr,
56   Tri hael tir Elfael treulfawr.
Tri o sorran' tra sarrug,
Tri thŵr a dâl trethau'r dug.
Teirosgl o'r un gaterwen
60   A dry ei ffrwyth yn dri phren.
Nid coed hir ond cateri,
Nid cytûn eithr un a thri.
Tri ac un yw'n tyrau gwawd,
64   Yntau'r unDuw ein Trindawd.
Un a thri a wnaeth yr oes,
I'r tyrau a ro teiroes!

Ffynonellau
A[1]—BL Add 31056, 99[r]   A[2]—BL Add 31056, 124[r]   B—BL Add 31069, 145[r]
C—Bodley Welsh e 4, 64[r]   D—Brog (y gyfres gyntaf) 2, 453[v]   E—Card
4.101 [= RWM 83], 148[v]   F—J 101 [= RWM 17], 605   G—LlGC 16B, 198
H—LlGC 3056D [= Mos 160], 249 (*llau. 1–46 yn eisiau*)   I—LlGC 16964A,
100[v]   J—LlGC 20574A, 265   K—LlGC 20968B, 116   L—Llst 30, 265   M—
Llst 35, 189   N[1]—Llst 133, 143r (rhif 479)   N[2]—Llst 133, 213v (rhif 675)
O—Pen 86, 313 (*llau. 1–30 yn eisiau*)

Ceir cryn amrywiaeth rhwng y testunau sydd o bosibl yn arwydd o drosglwyddo llafar. Seiliwyd y golygiad i raddau helaeth ar lawysgrifau DEM, sydd oll yn llaw Wmffre Dafis. Fodd bynnag, y mae testunau da eraill, gan gynnwys GLO, a ddilynwyd ar brydiau. Ymhellach ar y llawysgrifau, gw. isod tt. 233–40.

Amrywiadau

1–46 [*H*]. 1–30 [*O*]. 1 *C* trowyd. 2 *E* a llys Arthur llwyd. 3 $A^1A^2CJKLMN^1N^2$ pa ddyn nas. 4 A^1A^2CI–N^2 nad; A^1G rassol. 5 N^1 eu nod. 6 *DEFK* iachav/n/, N^2 acheu. 7 $A^1A^2CIJLMN^1N^2$ Iawn yw; *J* llewaist; $A^1A^2CILMN^1N^2$ y llv, *JK* yn llv. 8 CN^2 ar. 9–10 [A^1–CI–N^2]. 11 $A^1A^2KLMN^1$ Hael a doeth yn hwylio, *C* hael a ddoeth yn hülio, *I* ail i dad i loywiaw dyr, *J* hael a doeth yn hwilio, N^2 Hael a doeth yn hilio; *EG* ail i dad. 12 A^2DFG gwatkyn; A^1A^2 prydyn ab predyr, CIN^2 prydyn peredvr, *K* prydyn y predvr, $JLMN^1$ prydyn a Predur; *G* brodyn. 13 $A^1A^2IKMN^1$ llynn, *D* llîn. 15 *C* kriadog iddo kredir, *E* kariadawc iddo kredir. 16 N^1 binas y tir; CN^2 Watt hir, *D*–*G* in tir, *JKLM* y tir. 17 A^1–CI–MN^2 karw a sylfaen kwrs elfael, N^1 Carw o Sylfaen cwrs elfael. 18 A^1A^2J–N^1 maen Castell mael, CN^2 mawr kastell hael, *I* maith kastell mael. 19 *J* rhoes i gler heros glan. 20 A^1A^2CI–N^1 bai trowster, *E* petrvsder, N^2 hai trawster. 21–66 [*K*]. 21 $A^1A^2CJLMN^1N^2$ Rrydd ail felwas Rrwydd filwr, *I* rryddav vaelav rrwydd vilwr, *K* rhvddo vaelys rhydd o filwr. 23 *E* llawn o drowyr; A^1CIJL–N^2 ne drowyr. 24 CJN^1N^2 y gwyr. 26 *DF* mel; *G* milwr. 27 $A^1A^2CEGLMN^1$ kalan rhydwyr, *F* calan rheidwyr, *I* kalant rrydwyr, N^2 galawnt rydwyr. 28 *G* had y gwyr. 29 *J* brytwn oedd. 30 *DFG* yw hwn. 31 *D*–*G* rhanodd a rhwymodd. 32 *O* I dri mab i; *DFG* i dir yman, *EI* i dir ymwan. 33 A^1A^2 bo tri vddynt bid rwydd, $CJLMN^1N^2$ ni bo tri vddyn i boed rrwydd, *I* ni bo'r tri yddynt bid rrwydd, *O* ni bor tri yddynt bid rrwydd; *G* oed rhwydd. 34 $A^1A^2CIJLMN^1O$ yn teirgwlad heb rent arglwydd, N^2 In tair an gwlad heb rent Arglwydd; *EG* in teirglwad. 35 A^1A^2 mae tras duw yn mwstrio dyn, *DFG* mae ystrad yw mwstra dyn, *E* mae ystrad yw mwstriad vn, $JLMN^1$ Mae Strad düw yn mwstrio dyn, N^2 Maes tro Duw n mwstro dyn, *O* i mae ystrad yw mwstra dynn; *E* mwstriad vn. 36 A^1 gofyn. 37 CN^2 ir ail, *D*–*G* ar ail; *CDFG* o rann, *O* yw Rann. 38 $CJLMN^2$ yw llwybr vwchel llew brychan, *D*–*G* llwybr ychel a lle brychan, *I* y llwybr ywchaf llew brychan, N^1 yw llwybr llew Brychan; *O* y llwybr vchaf. 39 *J* ynnwyf elfain. 41 *D*–$GLMN^2$ nodav, N^1 wdau. 42 *D*–*G* chwarav, N^2 r chwech. 43 $A^1A^2CJLMN^1N^2$ ir naw, *O* yr naw. 44 N^2 deg ar ai; *C* deg. 46 *CJN²* a /9/ yn. 47 N^2 Pobol tri mae dodiad. 48 *E* na mai. 49 $A^1CHJN^1N^2$ ymort, *A2* a mort, *LM* yn nhref. 50 A^1DEFG bv wyrda grvm yw bord gron, A^2JLMN^1 Bu wyr da'u grym uwch, N^2 bv wyrda gynt vwch. 51–2 [A^1–$CHIJL$–*O*]. 52 *DF* [a'r]. 53 $A^1A^2CJLMN^1N^2$ roe yn, *H* Roe ym. 54 A^1A^2 tri angel. 55 A^1A^2 tri llew yn gyrff tri, *CJL*–*O* Tri llew/n/ gyrff tir, *H* tri llew vn gyrff tri, *I* tri llew'n gryph tir. 56 N^1 hael tir elfael heylfawr; *DF* hael hir o elfael, *E* hael tri elfael, *G* hael S^r

elfael, *H* hael hir elvael, *JLM* hael tir elfael. 57 *E* tri a sorant; *N²* tri sarrug. 58 *C* trethav dug, *L* trethav ir dug, *N²* toretheu Dug. 59–60 [*HLMN¹*]. 59 *A¹CIJN²O* Teiroes. 60 *A¹A²* i dri ai, *CJN²* i dri a, *I* i dori i, *O* I droi i; *J* o dri, *N²* or tri. 61–2 [*A¹–CHIJL–O*]. 63 *CN²* vwch, *HJLN¹* ywr. 64 *D–G* yw/n/, *CHLMN¹N²O* an. 65 *HIJM* yr vn a thri. 66 *DFG* tyroedd; *I* ro'r, *J* roe.

Teitl

A¹A²KN¹ Cywydd y tri Brodyr o Lechryd. *B* Y TRI brodyr o Lechryd. *C* moliant y tri brodür o Lechryd y fychans. *E* kowydd i dri mab Rosser vychan. *G* k. mol: tri mab Rosser vychan. *I* Watkyn tomas a Rosser fychan (*mewn llaw ddiweddarach*: Cowyδ mawl i dri Brawd o waith J^n ap hoel surdwal). *J* ko y 3 mab o Lechryd. *LM* k y tri brodûr o lechryd. *N²* Mawl tri Brodyr o Lechryd Y Fychanieid.

Olnod

*A¹–CEGIJN*2 Ievan ap howel swrdwal. *DFHLMN¹O* Jevan ap howel sswrdwal ai kant.

Trefn y llinellau

A¹–CIJN² 1–8, [9–10], 11–50, [51–2], 55–8, 53–4, 59–60, [61–2], 63–6.
DF 1–2, 4,3, 5–66.
EG 1–66.
H [1–46], 47–50, [51–2], 55–8, 53–4, [59–62], 63–6.
K 1–8, [9–10], 11–20, [21–66].
LMN¹ 1–8, [9–10], 11–50, [51–2], 55–8, [59–62], 53–4, 63–6.
O [1–30], 31–50, [51–2], 55–8, 53–4, 59–60, [61–2], 63–6.

Moliant Rhys ap Siancyn ap Rhys o Lyn Nedd
gan Ieuan ap Hywel Swrdwal

Dyn ni bydd byw mewn dinas
Heb ryw grefft i beri gras;
Gwn fod crefft heb ddim gweniaith
4   Gennyf i, a da y gwnaf waith.
Gŵyr fy nghalon gysoni
Fy nghrefft wrth fy nghyngor i:
Gosodwr call, gwas hydr cu,
8   Wyf, goed iefainc i dyfu.
Ac o'm prwfir, gamp ryfaith,
Impiwr wyf i i'm prif iaith.
Y brig a bair owegi,
12   Da y tyf lle'i dotwyf i.
Ni ddodaf dan ffurfafen
Frig braisg ar afrywiog bren;
A phes dotwn, ffest ytoedd,
16   (Yn y byd ym enbyd oedd)
Ni chaid namyn ychydig
Ar y rhyw bren er rhoi brig.
O esiampl, os impiaf,
20   Yn lle gwych, ennill a gaf.
Y mawl, dieuawl awen,
Mal imp yw yn aml o'm pen
(Arian bobl, eirian bybyr)
24   A'r prennau gorau yw'r gwŷr.

O Dduw, od af yn ddioed,
Pa lyn y caf plannu coed?
I Lyn enw, o lân ynys,
28   Nedd, yr af i neuadd Rys.
Minnau gaf, od af â'm dawn
At Rys deg, wtres digawn,
Ap Siancyn, wiw awyn naf,
32   Ap Rhys hael, lle preswylaf;
Hil Lywelyn, hael wiwlys,
A hil yr ail hyloyw Rys.

                    Brenhinbren, Forien fawredd,
36   Brigloyw iawn yw, bro Glyn Nedd.
                    Nid oes rhyw bren, gymen gân,
                    Wyneb iarll, yn un berllan.
                    Drwy'i fudd oll diryfedd yw
40   O dodir, un da ydyw,
                    I dyfu, (rhaid ei ofyn)
                    Binagl aur, ar ben y Glyn.
                    Dodaf frig, calennig clau,
44   Ac imp ar dda ei gampau,
                    A phan ddarffo'n gysonedd
                    Ei blannu'n ail blaenau Nedd,
                    Rhoi afalau rhy felys
48   Yn ei frig a wnaf i Rys.
                    Y mae llawer, maner mau,
                    Â'i fawl, awdur, yn flodau,
                    Ac ar frys i Rys yr ânt,
52   Â hawdd fyd y'u haeddfedant.
                    A'r penillion mwynion mau
                    O foliant yw'r afalau—
                    Ni thrigant, er gwarant gwŷdd,
56   Awr o gwbl ar ry gebydd.
                    Nid âi enw da i anael,
                    Nid ery hwn ond ar hael.
                    Nis dodaf, iawnaf unoed,
60   Ond ar Rys, un da erioed,
                    Un pren fyr, wngen angerdd,
                    Â llawer cainc, lliwiwr cerdd.
                    Yr un Duw â'r enw diwael
64   A ro oes hir i Rys Hael!

Ffynonellau

A—BL Add 31069, 142[r] B—Card 2.630 [= Haf 20], 178[r] (*llau. 41–64*) C—
Card 5.44, 233 D—LlGC 970E [= Merthyr Tudful], 457 E—LlGC 6511B,
259[v] F—LlGC 13602B, 526[v] G—LlGC 20574A, 345 H—LlGC 21290E
[= Iolo Aneurin Williams 4], cerdd 403 (*llau. 13–64*) I—Llst 134, 240[r]

Y mae testun llawysgrifau B–EHI yn llaw Llywelyn Siôn ac felly'n debyg
iawn i'w gilydd. O un o lawysgrifau Llywelyn Siôn y tardda F hithau a
pherthyn A i'r grŵp hwn hefyd. Ceir nifer o ddarlleniadau gwahanol yn G,
ond y llawysgrifau eraill a ddilynir gan amlaf.

Amrywiadau

1–40 [*B*]. 1–12 [*H*]. 2 *CEF* greff. 3 *E* kreff, *G* grefft; *G* gweiniaith. 4 *E* gennyf wych a da; *G* genifi da y gwn waith. 5–6 [*A*]. 6 *E* vynghreff. 9 *G* profir; *ACF* gamp prifwaith, *D* gamp priviaith, *G* gan rhywaith. 10 *AC–G* waith; *G* pur. 11 *G* brig dan avr o wegi. 12 *G* y ty. 13 *G* ni dodaf. 14 [*G*]. 15 *G* a ffei. 16 *C* enbaid jawn yny byd oedd, *DG* enbyd ym yny byd oedd. 18 *G* rhoi y brig. 19 *G* oes sampwl ag os impiaf. 22 *G* imp yw aml. 23 *G* Aüran. 24 *A* yw gwyr. 26 *G* pa vn; *A* blannu. 27 *G* [o]. 31 *G* winevwyn naf; *AF* awyn âf, *H* awen naf, *I* ewyn af. 32 *A* y preswyliaf. 33 *G* hil kynfelvn. 34 *G* ail hoyw Rh. 35 *D* vwrien. 36 *A* loyw nawdd. 37 *A* [oes]; *AG* gynen. 38 *C* bellan. 41 *G* dyfv mae n rhaid ofyn. 42 *G* benigl avr am bavn; *CD* benn glynn. 45 *G* gyfannedd. 46 *G* ael. 47 *B* Ryw velys. 49 *G* [maner]. 50 *A I* fawl; *G* ai fawl awdr. 52 *G* o hawdd fydd. 53 *ACFI* y penillon; *D* [ ]on mav. 54 *D* [ ]ant; *AF* yw avalav. 55 *G* ni thrigianne gwarant; *D* gwelliant gwydd. 56 *G* ar gwbl a rhy gybydd; *CDFHI* [ry]. 57 *AC–FHI* ai enw i dai, *B* ai i enw i dai. 58 *G* eryr rain. 61 *A* ni'r wngen, *BEH* ynyr wngen, *CD* yn wngen, *G* myrwngen. 62 *ABDEFH* a llawer kain lliwiwr kerdd, *C* a llawer kain lliwr kerdd, *G* a llawer kaink llywiwr kerdd, *I* a lliwiwr kain llawer kerdd.

Teitl

AC–FI llyma gywydd yr jmpwr yn jmpo cerdd. *G* llyma ddav gowydd y gwavdd ar impiwr er moliant i Sion ap Rh ap Siankyn o waith HDIR ag I.H.S.

Olnod

A–I jenn ap howel swrdwal ai kant.

Trefn y llinellau

A 1–14, [5–6], 7–64.
B [1–40], 41–64.
C–FI 1–64.
G 1–13, [14], 15–24, 53–4, 25–35, 37–8, 35–6, 39–52, 55–64.
H [1–12], 13–64.

28
Marwnad Gruffudd Fychan Deuddwr o'r Collfryn
?gan Ieuan ap Hywel Swrdwal

Ai gwir cwympo gŵr campus
Mal ŷd yn ymyl ei us?
Iso bwriwyd is Berwyn,
4   Os bardd wyf, nis bwriai ddyn.
Duw gadarn fendigedig,
Dan ei draed pob dyn a drig,
Dwyn byd y mae dan ei bwys,
8   Dwyn byw dynion o Bowys,
Diddawn Fechain a Deuddwr,
Dwyn dysg oll, dwyn dewis gŵr.
Darfu'n claim ar derfyn clod,
12   Difwyn fydd cloch heb dafod.
Digalon fydd dynion da
Drwy Bowys dorri'u bwa,
Gruffudd, olwg fuchudd fwyn,
16   Deuddwr, eryr du addwyn,
Carw du yn caru dyall,
Cnewillyn y Collfryn call,
Gŵr mawr a rôi gwrw a medd,
20   Gŵr o enaid gwirionedd.
Gwael fydd y barth a'r gwely
A bort wag heb ŵr y tŷ;
Fy llw ar hyn, felly 'rhawg,
24   Bowys weddw heb ei swyddawg.
Bwriwyd y llys, brad a lliw,
Bwrw gwlad ynn berigl ydiw.
Tywyll fydd i'r to ieuainc
28   Roi'r farn pan eler i'r fainc.
Mal y dall am liw dillad,
Mae pob dyn fal mab heb dad.
O bai genau heb gynydd
32   Ni fedrai lle rhedai'r hydd.
Rhifais ddyddiau yn rhyful,
Wythnos hir a thynnu Sul;
Rhyw blant a redant ar ôl,
36   Rhwysgus wrth dorri'u hysgol.

Duw Iesu, lle dewisiwn,
Disgyblion teg, dysg blant hwn.
Aeth o'r llys yr athro llwyd
40   A phump o'i gorff a himpiwyd.
Pum cangen ar bren yw'r brig
O goedydd bendigedig.
Pand oedd ẃraidd y gwreiddyn?
44   Pwmpâu doeth, pum pen dyn
O feibion cryfion eu cred
A merch wych, myn Mair, chweched?
O daw gŵr du a garwn
48   Ym Mhowys oll ym mhais hwn,
Mi a dyngaf mai Dafydd
Llwyd ei fab, llw diau, fydd,
A dau angel, Llywelyn
52   A Ieuan, un oedran ŷn':
Amlyn ar Dduw Sulgwyn sant
Ac Amig oedd ogymaint.
Pedeiroes i'r pedwerydd,
56   Owain hir wineuwyn hydd;
Ni bo gwaeth, mab pennaeth main,
Hwn no'i ewythr hen Owain.
Gruffudd yw'n cywydd a'n cainc,
60   Gŵr yw ar y gwŷr ieuainc;
Un teg oedd, on'd da gweddai
Henw ei dad i hwn a'i dai?
Pedwarbys Bowys a'i bawd,
64   Llw brëyr o'r llaw briawd:
Iddynt hwy bid ddawn eu tad,
Bid i'r gŵr Bedr egoriad!

Ffynonellau
A—Bodewryd 1, 200 B—Brog (y gyfres gyntaf) 2, 361ᵛ C—J 101 [= RWM
17], 474 D—Llst 133, 24ʳ (rhif 84) E—Pen 10, 65ʳ F—Pen 69, 345 G—
Pen 100, 272 H—Pen 312, ii, 18

Gellir rhannu'r llawysgrifau yn ddau brif ddosbarth, sef EH ac A–DG; ceir
yn F nodweddion a berthyn i'r ddau ddosbarth. Y mae H yn gopi o E, C yn
gopi o B, a D yn gopi o G. Perthyn A a B (ill dwy yn llaw Wmffre Dafis) ac
G yn agos iawn i'w gilydd.[1] Y mae B yn anghyflawn mewn mannau yn llau.
21–4, 27–8, 31–2, 29–30, 35 oherwydd traul. Ymhellach ar y llawysgrifau,
gw. isod tt. 233–40.

---

[1] Gw. ymhellach GHC xxxi–xxxii.

Amrywiadau
1 *F* kapus. 2 *A–DG* emyl. 3 *BC* bwriodd. 6 *A–DG* dan dy ras, *F* dan dy ras (i draed); *H* bob. 7 *A–DG* dwyn y byd yma dan bwys. 8 *F* bw. 10 *A–DG* dûw/n/ dewis. 19 *A–DG* a Rodd. 21 *H* Gwel. 22 *BCDFG* bort dal. 23 *H* hynna fely raug. 24 *BDG* i bowys weddw heb swyddog, *C* i bowys weddw pob swyddawg. 28 *EH* yn bwrw farn or bar ir vaingk, *F* bwrw r varn ir barr or vaink. 29 *A–DG* mal dall am liw y dillad. 30 *BCDG* dyn a mab. 32 *BCDFG* rrodiair. 36 *ADG* rhwysgant wrth dorri ysgol, *BC* rhwysgant wrth dorri/r ysgol. 38 *A–DG* dysg i blant. 39 *A–DG* ar athro. 41 *A–DFG* o brenn a bric. 42 *A–DFG* goedwydd. 44 *EH* pam pond oes pump o vndyn, *F* panad oedd pump o vndyn. 45 *EH* an kret, *F* im kref. 46 *A–DG* wych yma'r chweched. 47 *E* Od o gwr, *H* Od [ ] gur. 48 *A–DG* ymhowys hir. 49 *A–DG* mi a davydd. 50 *A–DG* mae llew dv fydd, *F* llew du a vydd. 51 *A–DG* o daw, *EH* mae dau. 52 *EH* oe oedran. 53 *F* Emlyn (Emyn). 54 *F* ac Emic oedd ddav gymaint. 56 *A–DGF* Owain hael. 57 *A–DG* na bo. 58 *BC* ewyrth. 60 *A–DG* gwr ai ofn y gwyr. *F* [y]. 62 *H* henuei dad. 64 *A–DG* llwybraidd oedd. 65 *A–DGF* bid yntwy bo dawn.

Teitl
ACDG marwnad gruffydd devddwr (*mewn llaw ddiweddarach yn C*).

Olnod
A–DFG hol kilan. *EH* Jenn swrdwal.

Trefn y llinellau
A–DG 1–24, 27–8, 31–2, 29–30, 35–52, 55–66.
EH 1–66.
F 1–24, 27–8, 31–2, 29–30, 35–66.

29
Marwnad Ieuan ap Gwilym ap Llywelyn o'r Peutyn Gwyn
gan Ieuan ap Hywel Swrdwal

Rhwym yw truain Brycheiniawg,
Rhwym ni ddatodir yrhawg.
Trist iawn, myn Pedr, yw edrych,
4   Torred pen y wlad wen wych,
Ar ôl dwyn, och o'r ail dydd,
Yng nghôr Hafart yng nghrefydd.
Dewiniodd Duw â'i enau
8   Dwyn yr ail i dynnu'r iau.
Peunydd ydd ŷs i'n poeni,
Pan wnaethpwyd, anafwyd ni,
Gwely Ieuan ap Gwilym,
12   O bridd a …
Aeth dan gêl ŵyr Lywelyn,
Aml yw'r du am lawer dyn.
Od aeth ef, fy mendith i,
16   O'i flaen a fo oleuni,
I'r grog llawer ceiniog gam
I Dduw Iesu a addawsam.
Gŵr o stad i Grist ydoedd,
20   Gwrthyd aur, gwerth ei waed oedd.
Gwener du, gwae ni o'r daith,
Gormodd unrhodd fu'r anrhaith.
Och Fair wen o'r gylennig
24   Y calan, truan y trig,
Dwyn y gŵr doniog arab,
Enaid ym oedd yn oed mab.
Ni ddywaid, myn delw Ddewi,
28   Ac nid ateb neb, gwae ni!
Mawr oergryd am yr eurgair,
Mud fydd fal meudwy i Fair.
A chwerthin Ieuan f'annwyl,
32   A chwarae 'r oedd ddechrau'r ŵyl,
A thrist y'm gwnaeth yr Ystwyll
Y chwarae tost, och o'r twyll.
Wylwn a llefwn fal llif,
36   Weithian ddwfr aeth yn ddifrif.

Gwen, ferch Hywel wehelyth,
Llïan, ni bydd llawen byth.
Duw a ŵyr calon honno,
40   Am Ieuan truan yw'r tro.
Gweled, liw tes, oedd resyn,
Gwraidd ei gwallt ar ei grudd gwyn.
Ef a ddanfones Iesu
44   I lawer dyn alar du;
Duw a ddanfones dial,
A Duw a ddenfyn ynn dâl.
Ni bu ddrycin heb hinon,
48   Na thrai blaen llai heb lanw llon.
Ni ostyngir tir y tad
Drachefn heb gael drychafiad.
Meibion addwynion a ddaw
52   Yn lle Ieuan yn llywiaw.
Tyfaelog, rhaid dy foli,
Aeth Duw â dyn i'th dŷ di.
Bydd lawen, blaenbren y blaid,
56   Wrth hwn, gwna nerth i'w enaid.
Os dugost dadlau drostaw,
Ei ditl ef, a dod dy law,
Pâr dâl, ymofal am ŵr,
60   Pâr ei enaid i'r Prynwr!

Ffynonellau

A—Pen 54ii, 1 B—Pen 100, 119 C—Llst 133, 11ʳ (rhif 39)

Seiliwyd y testun gan mwyaf ar lawysgrif A, yr hynaf, ond am fod honno yn annarllenadwy mewn mannau (llau. 1–20 yn bennaf), dilynir B ar bryd-iau. Copi uniongyrchol o B yw C. Ymhellach ar y llawysgrifau, gw. isod tt. 233–40.

Amrywiadau

7 *BC* Dewin oedd. 8 *BC* a dynnai'r. 9 *BC* yr ŷs. 10 *BC* aeth bwyd. 12 *BC* Ebrwydd aeth dydd brawd yn. 27 *BC* ddywed. 30 *BC* mud wyf. 34 *BC* o chwarae. 41 *BC* lliw'r tes. 43 *BC* E ddanfones yr. 46 *BC* enfyn. 50 *BC* heb fwy dyrchafiad. 54 *A* oth. 57 *B* O drist talai duw drostaw, *C* O drust talai Duw drostaw. 59 *BC* dal am ofal.

Teitl

BC Cywydd Marwnad Ieuan ab Gwilym ab Llewelyn (*mewn llaw ddiwedd-arach yn B*).

Olnod
A Jeuan Surdwal; *BC* Ienn ap hywel swrdwal.

30
Moliant Hywel ap Dafydd ap Bedo o Dregynon
gan Ieuan ap Hywel Swrdwal

Y gŵr o'r Gard, geirwir gwych,
O'r hen wŷdd yr hanoeddych:
Hywel enwog hael union,
4   Haelgarw braisg, hael garbron.
Blodau'r gard i bleidiwr gwyn
O bur iachau, ŵr brychwyn.
Aer Dafydd orau dyfiad
8   A M'redudd, cynnydd pob cad;
Hil Lywelyn hael loywlwys,
Haul gwlad ydyw'r hoywlew glwys;
Hil Feilir hael a folwn,
12   Hael eto, hael wyt i hwn;
Hil Einion Manafon wyd,
Hen awdur o hwn ydwyd;
Hil Iarll Caer a Glyn Aeron,
16   Hil Powys wych, hael pàs hon;
Melienydd draswydd drysawr,
Llawn yw fyth Llananno fawr;
Llin Hywel Goch, gwyddoch gynt,
20   O Gyfeiliog a folynt.
A'th wraig, Hywel, angel wyd,
O'r rhyw henieirll yr hanwyd,
Sioned deg—oes un a'i tâl?—
24   Saith ugeinoes a'th gynnal.
Mawrwych ordr mae'r iach irdeg,
Ieuan, Dafydd Fychan deg;
Gwen o Seisyllt hen yw hi,
28   Duw a noddodd dawn iddi.
Enwog o'r Ystog yw'r iach,
I glerwr ni bu 'glurach;
Madog Llwyd enwog, llew doeth,
32   Y câi arddel cywirddoeth.

Dithau, Hywel, a welwn,
Dyn ir doeth, dan euraid ŵn.
Ban fu ar Loegr gu i gyd
36   Ac i filfyrdd gofalfyd,

A chwympo standardd hardd hon,
Oll âi dan y llu dynion,
Codaist, ymeilaist am waith,
40 Ti anelaist hon eilwaith;
Ac yno y bu, gwyn eu byd,
Oll o iawnfyw llawenfyd.
Aud â'r gamp, wiw awdur gwych,
44 Oll wrolaeth llei'r elych;
Aud â'r maen, y dewr miniog,
Er llawer un, Iarll yr Og;
Bar haearn, gordd gadarn gynt,
48 Arthur a'i filwyr wrthynt.
Enillaist, dygaist i dir
Dwy goron, di a gerir.
Dy frenin yn rhoi gwin gwell,
52 Dwg aur, gem deg ar gymell.
Tregynon traw âi gennyd,
Tair oes y boch tros y byd.
Trig yn ben trwy gan bonedd,
56 Tad a mam, tydi a'u medd.
Cryf wyt, ŵr, corf y tiroedd.
Crŷn naw gwlad, ceronigl oedd.
Dy gampau, diwag impyn,
60 Cwympaist, addewaist o ddyn,
Cadw'r brenin a llin y llu,
Cydgymraint, cadw i Gymru.

Ffynonellau
A—Bodley Welsh e 4, 52ʳ B—Llst 133, 212ʳ (rhif 672)

Y mae testun B yn gopi uniongyrchol o destun A ac nid yw hwnnw yn un da.

Amrywiadau
4 A haegarw; B ger bron. 5 B hybleidiwr. 12 B wyt ti. 17 A dressawr. 18 B yno fyth. 27 AB Gwen a. 28 A noddiodd, B noddawdd. 36 B ar fil fyrdd. 40 B Di a neleaist. 49 AB a dygaist. 53 B draw. 60 B a ddeweist. 62 A gamraint.

Teitl
AB moliant howel ap dd ap bedo o dre gynon gwr or gard.

Olnod
AB Ienn ap holl sswrdwl ai kant.

31
Ymryson â Llawdden am lateiaeth
gan Ieuan ap Hywel Swrdwal

Gorau swydd fal gyrru saeth,
Williad hoyw, yw llateiaeth.
Llyna swydd a'm lleinw o sâl—
4   Llatai wyf, llwyd diofal.
Llawdden at ferch a'm erchis
Ym ddwyn, er ys mwy no mis,
Arwyddion a sôn am serch
8   A rhoi hynny i'w hannerch.
Deuthum i'r wlad wastad wen,
Llariaidd fan, lle'r oedd feinwen.
Meinwen, pan ddeuthum yno,
12   Meddai ni fynnai efô.
D'wedais mai gwrda ydoedd—
Dros Lawdden anniben oedd.

Ateb o wen o'm tyb i
16   Fy neges dan fynegi:
'Beth fal hyn a fyn efô?—
Llawdden, mae arall iddo.
Dywed, ni wnaf orafun,
20   Drwsa teg, drosod dy hun!'

'F'annwyl, ni feiddiaf innau
Ddiswyddo y Cymro cau.'

'Beiddi, cais ei rybuddio—
24   Bid i'th fâr, bai doeth efô—
Nad rhyw anfadwr â hwn
O brydydd a briodwn.
Yr haf ni fynnaf yn fau
28   Fwrdeisiwr i fwrw disiau.
Ni chawn gan hwn, gwn dan gil,
Eithr gwg a throi gwegil.'

Naddwn benillion iddi
32   Nos Sul, am fy newis i.

Oni'm treisir, nam trasyth,
Ni chaiff Llawdden feinwen fyth.
Ni fyn hi ŵr gwraig briod,
36   Na fyn, ni wnêl Duw ei fod!
Gwir a rof a gwŷr o raith
At Annes eto unwaith.
O chlyw cymar fy ngharwr
40   Ym Machynllaith gwaith y gŵr,
Uchel fydd drwy'r coedydd cadr
Sôn y rhiain sy'n Rhaeadr.
Ys gwelwyf mewn gwisg olew
44   Ôl ei dwrn ar ei ael dew!
Ag ystôl, os canmolwn,
Ei dial hi ar dâl hwn.
Tawed ef, berchen tŷ da,
48   Â sôn am y sy yma.
Oni haedd yma heddwch?
Mewn y dref y mae yn drwch,
A hawdd ym ddeall ei hynt,
52   Ei freuddwyd a'i afrwyddynt.
Cyn no hyn y cynhennwyd
Cael maethgen o Lawdden lwyd,
A chynnen yn ychwaneg
56   A minnau'n dwyn meinwen deg!

Ffynonellau
A—Bangor 13512, 109 B—BL Add 12230 [= RWM 52], 52^r C—BL Add 14969, 151^v D—BL Add 15040, 97^r E—BL Add 31069, 134^r F—Card 2.68 [= RWM 19], 416 G—Card 2.114 [= RWM 7], 159 H—Card 2.202 [= RWM 66], 345^v I—Card 5.44, 170^r J—CM 10, 337 K—J 139 [= RWM 14], 135 L—LlGC 428C, 105 M—LlGC 552B, 41^v N—LlGC 834B, 266 (*llau. 1–22*) O—LlGC 1246D, 367 P—LlGC 2601B i, 367 Q—LlGC 3056D [= Mos 160], 14 R—LlGC 5269B, 188^v S—LlGC 5474A [= Aberdâr 1], 575 T—LlGC 21290E [= Iolo Aneurin Williams 4], 211^v U—LlGC Mân Adnau 1206B [= Tanybwlch 1], 296 V—Llst 47, 442 W—Llst 55, 38 (*detholiad yn unig*) X—Llst 133, 102^r (rhif 346) Y—Llst 134, 525 Z—Pen 112, 446 a—Pen 152, 243 b—Pen 198, 112

Testun cyfansawdd a geir yma, ond dibynnwyd i raddau helaeth ar ddestunau llawysgrifau GKa. Ymhellach ar y llawysgrifau, gw. isod tt. 233–40.

Amrywiadau

1 *K* mal. 2 *GKM* im. 3 *BFHJOPQUXb* llyma swydd im llaw; *ES* un llaw o sal, *ITVY* am llanwai o sal; *A* a sal, *OP* am sal. 4 *A* lled Diofal. 5 *A* a erchais, *B–EILNQ–VXYab* a erchis, *M* am echais, *OP* annerchis. 6 *A* ym δwyn ers mwy no, *BQ* vm i ddwyn er mwyn no, *D* am ddwyn eres mwyn no, *ESXY* Imi ddwyn er mwy no, *FHJOP* ym o ddwyn er mwyn no, *I* i mi ddwyn os mwyn na, *N* ym dwyn er ys mwyn no, *U* I mi ddwyn ers mwyn na, *b* I mi dwyn er's mwy na; *G* mwyn no. 7 *BXb* o sôn a serch, *ES* a son o serch, *FHOPQ* a son a serch. 8 *E* A roi hwn wr iw hannerch, *FHJOP* [A] rhoi hwnw er i hannerch; *AIKTVY* hwn er i hannerch, *CDN* hwnnw er i hannerch; *LRUZab* hynny. 10 *D* fwyn, *GILRTVWZa* fvn; *ACNW* fwynen. 11 *GN* Mwynen. 12 *ESX* meddai hi ni vynnai vo, *H* meddai ni fynnai hi fo; *BJLMQYa* fo. 13 *D* [mai]. 14 *ESX* [Dros] Llowdden ond aniben, *Q* aros llawdden aniben. 15–16 [*BEFHOPQSUXb*]. 15 *A* im tyb. 16 *DI* y neges, *K* fun agos; *IT* gan, *VY* gan i; *Y* wanegi. 17 *BEFHJOPQSUXb* am hyn ni fyn, *ITVY* am hynn a vynn, *K* fal hyn i fynn. 18 *K* eraill. 19 *H* nid daf gorafyn; *K* o wafün, *VY* j wravvn. 20 *H* trwsa teg trosot; *B* dwrssa, *D* drwa, *Ub* Drwsiad. 21 *B–HJN–QSUXb* a feddiaf, *IVY* e vaiddaf, *T* o vaiddaf. 22 *A–FN–QSWX* i ddiswyddo/r, *H* i ddiswyddo. 23–56 [*N*]. 23 *AC* o baiddi kais rybvddio, *D* o beiddia kais rybuddio, *U* beiddi cais ai rybuddio. 24 *CDILTVYZa* farn; *A* farnn bei doeth fo, *K* farn bae doeth yw fo, *M* farn bai ydoedd fo, *R* farn mai doeth efo; *H* daethe fo, *U* doetha fo, *b* doethe fo. 25 *AC* nad y Ryw anadwr hwnn, *BEFHIJOPQSTV–Y* nad y Ryw anfadwr hwn, *D* na rvw anfadwr a hwnn, *K* nad rhyw assadwr a hwn, *M* na rryw anfadwr hwnn, *Ub* Nid y rhyw anfadwr hwnn. 26 *D* beiriodwn. 27 *K* ir haf; *H* fwriaf; *FJ* y faü, *OP* a fau. 28 *B* briodasw a bwriwr dissiav, *ESUXb* Briodaswr bwriwr disiau, *FHJOP* briodaswr bwrw dissiaü, *Q* briodasswr a bwriwr dissiav; *IY* a vyro, *JT* a vwro. 29 *D* na chawn; *B* gan gyngil, *E* gan yn gil, *FHJOP* gwn gen gil, *QUb* gwn gyngil, *SX* gwn yn gil, *Y* gwn gynnil. 30 *E* Eithr y gwg, *IT* eithr roi gwg, *K* neüthyr gwg, *W* eithr a gwg; *U* troi r. 31 *BEQSUXb* Addaw, *FHJOP* e ddaw. 33 *IVTY* o mynn trwsio mann trasyth; *HJOP* treisian; *BEQSUXb* em trasyth, *FJOP* om trasyth. 34 *ACD* fwynwen. 35 *K* ni fet; *OP* hi mor gŵr priod. 36 *H* ni wel yn dda fod, *IVY* ni vynno düw i vod, *T* na vynno düw i fod; *AC* ni wnai, *BEQSUXb* na wnel, *D* a wnel. 37 *AC* gair a rŷdd a gwŷr or jaith; *Y* gair a rof; *B* a vo; *EFHJMOPQSUXb* or iaith. 38 *K* at einoes. 41–2 [*AH*]. 41 *C* elfydd drwy y koedydd. 42 *BQSU* son rhiain sy yn Rhayadr, *EIJOPTVY* son Riain sy ny Raüadr, *F* son rhiain sy yn y rhüadr, *GM* son y rriain y sy yn y rhayadr, *KX* son rhiain i syn rhayadr. 43 *A* ys gwelaf, *BEFJOPQSUXb* os gwelwn, *H* gwelwn. 44 *Y* i dwr; *BEFHOPQUXb* yn i ael. 45–6 [*I*]. 45 *D* ysgol; *BEFJOPQSUXb* mi a ganmolwn, *H* mi ai camholwn. 47 *M* [ef]; *D* beren ty ta. 48 *GLa* ai son; *ACEK* am sy ynn yma, *BFJOPQSUXb* am vn sy yma, *H* am vn sy yna, *I* am y senn y sy yma, *LRa* am y syn yma, *Y* am y senn yma. 49 *AC* yma n,

BEHOPQSTUXY yna. 50 *ACITVWY* i mewn y dref mae yn drwch, *BEFHOPQSUX* mynwn i dref i mae'n drwch, *D* i wen y dref i mae/n/ drwch, *K* mewn y dref maen yn drwch. 51 *BF* Af hawdd yn ddehengl, *CDITV* hawdd yw ym ddeall, *HJU* a hawdd ym ddehengl, *OP* a hawdd ym ddeongl, *QX* af hawdd vm ddeongl, *S* Af hawdd un ddeongl, *Y* hawdd yw ddeall, *b* Af hawdd ym ddehengl; *A* [A]. 52 *I* a vraiddwyd; *GM* ai afrwyddwynt, *ITVY* a afrwyddynt. 53 *BFJOPQUXb* kyn o hyn o kynhenwyd, *ITVY* kyno hynn kwyn a honnwyd. 54 *D* cael maelgen o lawen lwyd, *Ga* am gwen a llowdden llwyd, *KLMRZ* am gwen ac a llowdden llwyd. 55 *GZ* ini o chwaneg, *R* ym o chwaneg. 56 *T* ninnav n; *M* y dwyn; *ACDW* mwynen.

Teitl
AC kowydd i ddangos fal y bv llattai dros lowdden. *B* Cowydd ymryson rhwng Ieuan ap Howel Swrdwal a Llowdden am garu merch. *E* Cywyddau Llatteiaeth, sev dau gywydd ymrysson rhwng Ieuan ab Hywel Swrdwal a Llawdden. *FJOQb* kywyddaü ymryson rhwng Ifan ap howel Syrdwal a llowdden. *G* llyma gowydd llateiaeth. *H* Cowydd yn dangos fel i gyrrodd Llowdden brydydd Evan ap Howel ap Swrdwal yn Llatai at i Gariad. *ITVY* llyma ddav gywydd ymryson o blegid llateio. *KR* kowüdd llateiaeth. *L* Dau Gywydd rhwng Ieuan ap Howel Swrdwal a Llawdden. *M* llyma gowydd llattaieth a fv rwng Ieuan ap howel a llowdden. *Q* Cywyð duchan i Llawðen o waith Ifan ap Howel Syrdwal. *SX* Dau Gywydd ymryson a fu rhwng Ieuan ab Hywel Swrdwal a Llawdden ynghylch Llatteiaeth. *U* Day Gywydd rhwng Ifan ap [   ] Syrdwal a Llowdden, a Llowdden yn achwy[   ] ap Hywel am ei gam lateiaith. *Z* llowdden a yrrod Iefan ap hywel sowrd yn llatai drosto at ferch ac wrth siarad dros llowdden hi a barodd iddo siarad trosto i hun: ac yr ymwrthododd y ferch a llodden ac karodd Ievan.

Olnod
ABD–GI–MO–VX–b Ieuan ap Howel Swrdwal ai kant. *C* Ifan ap Hywel (*llaw ddiweddarach*). *H* Evan ab Howel ab Swrdwal.

Trefn y llinellau
A 1–40, [41–2], 43–56.
BEFOPQSUXb 1–14, [15–16], 17–56.
CDGHJ–MRZa 1–56.
H 1–14, [15–16], 17–40, [41–2], 43–56.
I 1–44, [45–6], 47–56.
N 1–22, [23–56].
TVY 1–42, 45–6, 43–4, 47–56.

32
Ateb Llawdden

Gwir iawn fu'r geiriau, f'enaid,
Geisio, a choelio, o chaid,
Llatai a gerddai â gwir,
4   Llwybraidd, macwyaidd, cywir.
Gwae finnau os gofynnwn,
Gwae am ryw Gymro â hwn!
Nid felly, cywely cân,
8   Arwydd yw, yr oedd Ieuan
Ap Hywel, gwedd angel gwyn,
Swrdwal, priod Rhisierdyn,
Gwael brydydd un ffydd â Ffawg,
12   Gwael oedd, cyd bai gelwyddawg,
Lluniaidd wawd, llonydd ei waith,
Lle bu'r gwŷn, llwybr gweniaith.

    Teg oedd Ieuan fal cannwyll—
16   Llyna deg yn llawn o dwyll!
A drwg yw, 'r unrhyw anrheg,
Cydwybod hwn cyd bo teg.
Brawd ffydd oherwydd hiraeth
20   Oeddwn gynt iddo yn gaeth.
Addef er maint a wyddwn
Gyfrinach haeach i hwn:
Caru, och Iesu na chaid,
24   Mwynen yn fwy no'm enaid!

    Gyrrais Ieuan i'w hannerch,
Gŵr ffraeth, yng ngwasanaeth serch.
Pan gafas Ieuan, f'annwyl,
28   Olwg ar wen, ail Eigr ŵyl,
Aeth yr annerch, eithr ennyd,
Tros gof wrth wtres i gyd.
Deuair a ddwedai, 'm Dewi,
32   Iddo'i hun am un i mi.
Yn rhith hyn y'm anrheithiwyd—
Gwneuthur lles, gwenieithwr llwyd.
Blwng fu ym gredu, i'r gras,
36   Brawd ffydd i Wenlydd wynlas.

Hwyrach arni yr haerwn
Goelio hud y gŵr gwelw hwn.
Torri o ddiawl, taer oedd ef,
40 Ei ddeudroed na ddôi adref
I ymweled â moliant
Â'i blwyf ac â'i wraig a'i blant!
Deili a dyr â'i dwylaw
44 Droedfedd o'i ddannedd na ddaw.
Ysgared, rhodied yrhawg,
Â'i ferch wen o Frycheiniawg.

Od aeth ef â'm enaid i,
48 Aed i ddiawl i dŷ Ddeili!
Ynfyd ydoedd ym anfon
Gwas teg i neges at hon.
Od â fyth i dŷ y ferch
52 Ym gennad mwy ag annerch,
Danfonaf, o byddaf byw,
At feinwen latai fenyw!

Ffynonellau

A—Bangor 13512, 110 B—BL Add 12230 [= RWM 52], 52ᵛ C—BL Add
14969, 152ᵛ (*anghyflawn mewn mannau*) D—BL Add 31069, 136ᵛ E—Card
2.68 [= RWM 19], 419 F—Card 2.114 [= RWM 7], 160 G—Card 2.202 [=
RWM 66], 347ʳ H—Card 5.44, 170ᵛ I—CM 10, 340 J—J 139 [= RWM
14], 137 K—LlGC 428C, 107 L—LlGC 552B, 42ᵛ M—LlGC 834B, 267
(*llau. 11–54*) N—LlGC 970E, 311 O—LlGC 1246D, 370 P—LlGC
3056D [= Mos 160], 15 (*llau. 1–52*) Q—LlGC 5269B, 189ᵛ R—LlGC
5474A [= Aberdâr 1], 577 S—LlGC 21290E [= Iolo Aneurin Williams 4],
212ʳ T—LlGC Mân Adnau 1206B [= Tanybwlch 1], 298 U—Llst 47, 444
V—Llst 55, 37 (*detholiad yn unig*) W—Llst 133, 102ʳ (rhif 347) X—Llst
134, 526 Y—Pen 112, 448 Z—Pen 152, 245 a—Pen 198, 113

Testun cyfansawdd a geir yma, ond dibynnwyd i raddau helaeth ar
destunau llawysgrifau FJZ. Ymhellach ar y llawysgrifau, gw. isod tt. 233–
40.

Amrywiadau

1–12 [*M*]. 1–10 [*N*]. 1 *D* Gwir o; *Ta* Gwir gân fu'r geiriau genaid; *AC* gwir fu
iawn geiriau; *B* Ieuan fu'r geiriau genaid, *DRW* Ieuan fu r Gan genyd, *EGIO*
Gwir ifan geiriau fenaid; *KZ* [fʼ] enaid, *P* genaid. 2 *DRE* ei goelio i gyd; *QZ* i
choelio. 3 *J* [ ]ddai, *L* gerddia; *Y* y gwir. 4 *T* Llwybrai. 5–6 [*BDEGIOPRWa*].
6 *AC* gwae yr Riw am gyngor hwn, *HSUX* gwae jng a Ryw gyngor hwnn;

KQYZ a wn. 7 *A* cann. 8 *J* arwydd [...] Ieuan; *EGIO* arwydd wyf. 10 *G* briod brisierdyn; *I* Briod. 11 *BEIJOPRTWa* ffwg, *G* ffwr, *L* ffawd. 12 *JL* gwelwy küd bae kelwyddawg; *ACKZ* gwelw oedd, *FY* gwelw [oedd], *Q* gwelw oes; *BEIOPRTWa* gylwddwg, *G* gelwddwr. 13 *ADHMNOQSURX* llyniawdd wawd, *G* lluniaedd waith, *T* Lliniaid wawd. 14 *BDEGIORWa* lle bai r gwin, *KZ* lle i bv'r gwyn a, *P* lle bu'r gwin, *T* Lleibiai/r/ gwîn; *HNSUX* ar llwybr; *EIMO* llwybr y gweniaith. 15 *I* mal. 17 *G A* dyn iw unrhyw anrheg; *A* þnryw, *B–EHIMNPR–UWXa* yw unrhyw. 18 *BDEGIOPRTWa* bai. 19 *O* [o]. 20 *L* fiddaw. 21 *RW* Addeu; *A–EGMORTVWa* y maint, *NUX* or maint. 22 *AMO* Cyfrinach, *BP* o gyfrinach. 23 *EIO* o chaid. 24 *G* Meinnen, *RW* Mwynwen, *a* Meinwen; *A* y fwy. 26 *A–EIMOPRW* mewn gwasanaeth. 27 *EGIO A* ffan gas; *ACHMNSUX* [f'] anywl. 28 *BEGRTWa* ddiorwag wyl, *D* liwgar wyl, *IP* ddiddrwg wyl, *O* ddilwgr wyl. 29 *BGTa* waeth yr annerch; *A* yn annerch. 30 *RW* Drosto. 31 *ACMTa* deuair dwedai myn dewi, *BDEJLP* deuair a ddoydai myn dewi, *HNSUX* dau air a ddwede myn Dewi, *IO* dueuair a ddwedai Dewi, *RW* Dau Air dwedai myn Dewi. 32 *ABCHMPR–UXWa* drosto i hun. 33–4 [*BDEGIOPRWa*]. 33 *A* rhith unn; *CM* rhith an ym, *HSUX* Rith ef am; *L* hon imhenrheithiwyd. 34 *Z* [lles]; *A* gwneythurwr. 35 *N* Blwng a fy; *AM* Blwng a fy ym gredy grâs, *D* Blwng imi draw goeliaw'r gwas, *R* Blwng im fu gredur Gwas, *Ta* Gwae fu am gredu y gwas, *W* Blwng i mi fu gredu'r gwas; *C* gredu gras, *I* gredu ir was, *J* gredü ir gras, *LOY* gredu ir gwas. 36 *ACM* wenddydd wynddas, *BDEGHINOPR–UWXa* awenydd wynias, *L* wenllyd wnllas; *JQ* wnlas. 37 *J* kryvach arnad i haerwn; *HIKLNOPTUW–a* arnad, *V* arnaw; *ACM* i haerwn. 38 *B* gael hud yn gwr gweli, *DEGIOPRWa* gael hud ynghwrr gwelv, *HNSUX* goelio hyd y gwr gwael; *L* [gwelw]. 39 *D* a ddiawl, *EG* o ddail; *ACM* ond taer, *FJ* taw. 40 *HNSUX* ddwydroed; *L* addref. 41 *Q* ymlid. 42 *ALQ* ai blwyf ai wraig; *BEPa* i blwy llei mae i wraig, *DIO* Ei blwy lle mae wraig, *FJ* ai blwyf nag ai wraig, *G* iw blwy lle mae i wraig, *HNSUX* i blwyf ag ai, *KYZ* ai blwyf ef ai wraig, *RW* Ai Blwy lle mae wraig, *T* I blwy lle mae wraig. 43 *I* a wyr; *A* oi dwylo. 44 *BDEGIOPRTWa* fodfedd; *T* ni ddaw. 45 *BDEGIORTWa* ystedded, *P* eistedd; *FJLY* a rhodied ir rhawg; *HNSUX* Rodded. 46 *W* ferch ef; *APTa* farcheiniog. 47 *J* o daeth ef am, *LY* o daeth am; *A–EGHIM–PR–UWX* onid aeth am henaid i, *a* oni ddaeth am henaid i. 48 *E* i ddai, *I* ei Ddai, *T* ei ddiawl; *ACM* gyda i ddeili. 49–50 [*W*]. 49 *BDPRa* ynfyd oedd arnaf anfon, *EGIO* ynfyd oedd imi, *HNSUX* ynfyd oedd ymi ddanfon. 50 *BFJKLRTYZ* was. 51 *KZ* Od af fyth i dai y ferch, *J* o da fyth i dai i ferch; *B* fych i du un ferch, *D* fyth i dy hoyw ferch, *EGIRWa* fyth i dy vn Ferch, *T* fyth ei du un ferch; *ACFHMNSUX* dai. 52 *W* Un gennad i mi mwy ag; *DR* Vn gennad; *BE–HJKOQNSUXZa* nag annerch. 53 *T* Anfonaf. 54 *ABCHKNSUXYZ* fwynen, *EGIO* feinir; *X* atai; *LTa* o fenyw.

Teitl

A cowydd iw atteb. *B* Atteb i'r cowydd or blaen. *CJ* kowüdd atteb. *D* Atteb Llawdden. *EO* Ateb i hwnw o waith Llawdden. *F* llymma atteb ir kowydd vchod. *Ga* Atteb ir cowydd or blaen o waith Llowdden. *I* Cowydd i atteb hwnnw o waith Llowdden. *KRWZ* Atteb. *Q* Atteb ir kywydd vchodd. *T* Atteb ir llall. *V* Lhawdhen. *Y* kowydd i atteb y kowydd llateieth uchod.

Olnod

A–GIJKMOQRUWYZ llowdden ai kant. *HNSX* jevan llawdden ai kant. *L* llowedd llwyd ai kant. *T* 1450 Llowdden. *a* Llowdden Brydydd ai Cant.

Trefn y llinellau

ACFHJKLQSUXYZ 1–54.
BDEGIOPRa 1–4, [5–6], 7–30, 49–50, 31–2, [33–4], 35–48, 51–4.
M [1–12], 13–54.
N [1–10], 12–54.
W 1–4, [5–6], 7–32, [33–4], 35–48, [49–50], 51–4

33
Awdl i Fair
?gan Ieuan ap Hywel Swrdwal

O michti ladi, owr leding—tw haf
 At hefn owr abeiding:
 Yntw ddy ffest efrlesting
4 I set a braents ws tw bring.

I wann ddys wyth blys, ddy blesing—off God
 Ffor iwr gwd abering,
 Hwier i bynn iwr wyning
8 Syns kwin, and iwr Swnn ys king.

Owr ffadyrs ffadyr, owr ffiding,—owr pop,
 On iwr paps had swking;
 In hefn-blys i had thys thing,
12 Atendans wythowt ending.

Win sin ddy bricht kwin wyth kwning—and blys,
 Ddy bloswm ffruwt bering;
 Ei wowld, as owld as ei sing,
16 Wynn iwr lwf on iwr lofing.

Kwin od off owr God, owr geiding—mwdyr,
 Maedyn notwythstanding,
 Hwo wed syts wyth a ryts ring
20 As God wod ddys gwd weding.

Help ws, prae ffor ws, preffering—owr sowls;
 Asoel ws at owr ending.
 Mak ddat awl wi ffawl tw ffing
24 Iwr Swns lwf, owr syns lefing.

As wi mae ddy dae off deiing—resef
 Owr safiowr yn howsling;
 As hi mae tak ws waking
28 Tw hym yn hys michti wing.

Michti, hi twk, mi ocht tw tel
Owt, sowls off hel tw soels off hicht.
Wi aes wyth bwk, wi wys wyth bel,
32   Tw hefn ffwl wel tw haf on fflicht
Awl dids wel dwn tabeit te bwn—
A god-mad trwn, a gwd, mit wricht;
An si so swn and north and nwn
36   An swnn an mwn an Swnn on micht.

[   ]
[   ]
As swn as preid ys now swprest
40   Hys sel ys pest, hys sowl ys picht.
Ei tel tw io as swm dw sio—
As now ei tro wi uws not richt;
A boe wyth bo, hys lwks so lo,
44   How mae i kno ffrom hym a knicht?

Ddy truwth ys kyt ddat iyrth ys kast;
Ddy inds by last, ddy ands by licht.
O God, set yt gwd as yt was!
48   Ddy ruwl dwth pas ddy world ath picht.
Ddy world awae ys dwnn as dae;
Yt ys no nae yt ys nei nicht.
As owld, ei sae, ei wys yn ffae—
52   Ild a gwd mae wld God ei micht.

A preti thing wi prae tw thest,
Ddat gwd behest ddat God byhicht;
Ant hi ws ffing yntw hys ffest
56   Ddat efr siawl lest wydd deifyrs licht.
Awar wi wowld ddy syns ddae sowld
An bi not howld yn a bant hicht.
And iwng and owld wydd hym ddae howld
60   Ddy Dsiuws ha sowld ddat Dsiesws hicht.

[   ]
[   ]
O trysti Kreist tat werst a krown,
64   Er wi dei down, aredi dicht
Tw thank tw thi at te rwt-tri.
Dden went awl wi, ddein own, tw licht.
Tw grawnt agri, amen, wydd mi,
68   Ddat ei mae si ddi tw mei sicht!

Owr lwk, owr king, owr lok, owr kae—
Mei God, ei prae, mei geid wpricht!
Ei sik, ei sing, ei siak, ei sae,
72   Ei wer awae, a wiri wicht.
Agast ei go, mei ffrynds mi ffro.
Ei ffond a ffo, wy ffynd ei fficht;
Ei sing awlso yn welth an wo
76   (Ei kann no mo) tw kwin o micht.

Ar y llawysgrifau, y rhaglith a'r amrywiadau, ynghyd â thrafodaeth arnynt, gw. E.J. Dobson, 'The Hymn to the Virgin', THSC, 1954, 73–100. Daeth un llawysgrif newydd i'r golwg er cyhoeddi testun Dobson, sef LlGC 13068B, 19ᵛ. Yn llaw Llywelyn Siôn y mae'r rhan hon o'r llawysgrif, a'r un yw'r testun a geir ynddi ag a geir yn y llawysgrifau eraill o'i eiddo (sef Card 5.44, 5ᵛ a Llst 47, 36) a ddefnyddiwyd gan Dobson. Nid yw, felly, yn cynnig darlleniadau newydd o bwys. Testun Dobson, felly, yw hanfod y testun uchod, ynghyd â'r diwygiadau a nodir yn Tony Conran, 'Ieuan ap Hywel Swrdwal's "The Hymn to the Virgin" ', *Welsh Writing in English*, i (1995), 14–19.

Awdl i Fair

O arglwyddes nerthol, yn ein harwain i gael
Trigo yn y nefoedd:
Er mwyn ein dwyn i'th wledd dragwyddol
4   Plannaist gangen.

Enillaist hyn â dedwyddwch, dy fendithio gan Dduw
Oherwydd dy esgor daionus,
Lle yr wyt, fel gwobr,
8   Yn frenhines, a'th Fab yn frenin.

Tad ein tad, ein maeth, ein pab,
A sugnodd dy fronnau;
Yng ngwynfyd y nefoedd y mae gennyt hyn,
12   Gwasanaeth diderfyn.

Gwelwn y frenhines ddisglair â doethineb a dedwyddwch,
Y blodau sy'n dwyn ffrwyth;
Mynnwn, cyhyd ag y canaf,
16   Ennill dy gariad wrth dy foli.

Unig frenhines ein Duw, ein mam arweiniol
Ond eto'n forwyn,
Fe'th briododd Duw â modrwy werthfawr,
20   Gan ei fod am gael y briodas dda hon.

Helpa ni, gweddïa drosom ni, gan ddyrchafu ein heneidiau,
Maddeua inni yn y diwedd.
Gwna inni oll dderbyn
24   Cariad dy Fab, gan adael ein pechodau.

Fel y gallwn, ddydd ein marwolaeth, dderbyn
Ein Prynwr mewn cymundeb;
Felly, y'n cymero wrth inni ddeffro
28   Iddo yn ei adain nerthol.

Yr un nerthol, dygodd, mi ddylwn ddweud,
Eneidiau o uffern i'r tir uwchben.
Gofynnwn â llyfr, dymunwn â chloch,
32   [Mai] mynd yn syth i'r nefoedd wrth hedfan
Y bydd ein holl weithredoedd da i aros y rhodd—
Gorsedd a wnaed gan Dduw, saer da a theilwng;

Ac i weld mor fuan y gogledd a chanol dydd
36   A'r haul a'r lleuad, a'r Mab yn ei gadernid.

[   ]
[   ]
Cyn gynted ag y trechir balchder yn awr,
40   Mae ei [y Diafol] ffyniant heibio, mae ei enaid wedi ei gaethiwo,
Dywedaf wrthych yr hyn a ddywed rhai—
Er y gwn yn awr nad yw'n gywir;
Bachgen â bwa, ei olygon mor isel,
44   Sut y gall [y Diafol] ddirnad nad marchog [h.y. yr un sydd i'w
        drechu] ydyw.

Mae'r gwirionedd yn glir fod y ddaear wedi ei chondemnio;
Mae'r dibenion yn ddrygionus, mae'r dwylo'n ysgafn,
O Dduw, gwna hi'n dda fel yr oedd!
48   Mae'r drefn a sefydlodd y byd yn pasio.
Mae'r byd drosodd fel y dydd;
Nid oes ei wadu, mae hi bron yn nos.
Dywedaf yn barhaol, gobeithiaf yn wironeddol,
52   Boed i Dduw fy ngalluogi i ad-dalu morwyn dda!

Am beth prydferth y gweddïwn i'r dwyrain,
Yr archiad o ddaioni a addawodd Duw;
A boed iddo ein derbyn i'w wledd
56   A fydd yn para yn dragywydd â golau amrywiol.
Mynnwn ochel rhag y pechodau [y mae'r Diafol yn eu]
        gwerthu,
A rhag bod yn gaeth i addewid gwarantedig.
Hen ac ifanc, y maent yn eu dal gydag ef,
60   Yr hwn a werthwyd gan yr Iddewon a elwir Iesu.

[   ]
[   ]
O Grist ffyddlon sy'n gwisgo coron,
64   Cyn inni nychu, [yr ydym] yn barod eisoes
I roi diolch iti wrth y grog.
Wedyn boed inni oll, dy eiddo, fynd i'r goleuni.
Cytuna i ganiatáu, amen, imi,
68   Dy weld gyda'm golwg fy hun!

Ein ffawd, ein brenin, ein clo, ein allwedd—
Fy Nuw, gweddïaf, fy arweinydd unionsyth!

Ceisiaf, canaf, crynaf, dywedaf,
72   Treuliaf yn ddim, yn greadur blinedig.
Af yn syfrdan, fy nghyfeillion oddi wrthyf,
Darganfyddaf elyn, ymladdaf ag ellyll:
Ond canaf eto, yn gyfoethog neu mewn gwae
76   (Ni allaf fwy) i frenhines nerth.

34
Moliant Dafydd ap Hywel o Lanbryn-mair
gan Ddafydd ap Hywel Swrdwal

Dafydd ar gynnydd, ŵr gwych,
Da i'r gwledydd, durglau ydych.
Dwrn Hywel â darn haearn,
4 Dewrder fyth, dyro di'r farn.
Tyn â'th gledd yt ein wyth gwlad
Trwy ddeutu'r tiroedd atad.
Y chwellan i chwi ollawl,
8 O caud roi cof, cadw rhag hawl.
Llanbryn-mair a gair i gyd,
Llew da odiaeth, llei dwedud.
Paun o ŵr gwych, pen i'r gwaed,
12 Piau nyth y penaethwaed.
Praff yw'r onnen, prif rhinwedd,
Pery dy glod, pur dy gledd.
Ŵyr Owain wyd a ran aur,
16 A'th winoedd ynn a'th enaur.
O Feilir wych, filwr, wyd,
Ethol waed Ithel ydwyd;
O Elystan wych, lwys dan aur,
20 Wyt o hwnnw, to henaur;
O waed Trefor, cyngor cad,
A chriadog uwch rhediad;
Seisyllt wych, ais Oswallt hen,
24 Diwall oeddud, a Llawdden.

Ach dy fam, mae'n wych dy fodd,
Doeth geidwad, Duw a'th gododd:
Ŵyr M'redudd ar 'y mrodir,
28 Barwnwaed teg bie'n tir;
Adda Moel oedd y milwr,
O liw at hwn ail wyt, ŵr;
Mortmer at hyder wyt, iôn,
32 Dewr gwrol o du'r goron.
Dewr wyd, Ddafydd, cynnydd ced,
Doed helynt, Duw, dy haeled.
Talu 'mhobman tros gannyn,
36 A rhoi pont rhiw yt hyn.

Gwawr ddiwgus, Eigr ddigoll,
[   ]
Mawd a roes am wawd yr aur,
40 Cytunol y caid henaur.
Aeres Ieuan, glân i glêr
Draw iach hwyldaith, drych haelder.
Clo naw nerth Celynnin yw,
44 Blaen sad iach, blaenes ydyw.
Da i'r gweiniaid yw, gannwyll,
Dihareb dyn, dyry eb dwyll.
Duw i'th dyfiad aeth, Dafydd,
48 Dieisin ŵr, dewis Nudd.
Penadur, pwy wnâi odwaith?
Pur wyt, dyn parod dy iaith.
Mab a einnill mwy bonedd
52 O grud a'i fawl gore yd fedd.
Tithau cefaist waith cyfiown,
Yr ard o aur ar dy own.
Holiwr wyt, hael ar ateb,
56 Â chalon Nudd uwchlaw neb.

Hael wyt, Dafydd, haul tefyrn,
Hwn a gyrch allt, hen garw chwyrn;
Hen llew cad, cariad tyner,
60 Hen walch brau y pynciau pêr.
Hawdd fydd Dafydd dyfiad,
Helir cŵn, hualwr cad.
Hen fu Fosen, ben y byd,
64 Hwnt ufudd, hen wyt hefyd.
Hir einioes yt a rhan saint,
[ ]au rhinwedd yw[ ] henaint.
Hen fu Adda, hŷn fyddych,
68 Hael wyd erioed, haela' drych.

Ffynhonnell
Pen 66, 134

Ymhellach ar y llawysgrif, gw. uchod td. 239.

Darlleniadau'r llawysgrif
2 dair gᵂledydd tvr glav. 5 with gᵂlad. 12 penathawyd. 19 llwys dann awr.
21 [ ]waed. 33 wyd dd. 35 imhob mann. 38 [ ]. 39 yr av[ ]. 42 h[ ]de[ ]. 44
blansad iach blaines ydy[ ]. 48 di isyn wr dewis o nvdd. 49 nai odvaith. 53

kefiwn 57 wyt dd. 65 einios. 66 yw[ ] henaint. 68 havladrych.

Teitl
moliant david ap holl ap owen esgair o llanbrynmair.

Olnod
dd ap holl swrdwal.

Nodiadau

1

Y mae Maredudd ab Adda Moel ap Gwilym ap Llywelyn yn enghraifft dda o Gymro a barhaodd yn deyrngar i'w arglwyddi yn y Mers ym mlynyddoedd cynnar a chythryblus y bymthegfed ganrif.[1] Safodd yn gadarn o blaid Edmund Mortimer (1391–1425), pumed Iarll y Mers, a Syr Edward Charlton (*c.* 1371–1421), Arglwydd Powys, yn ystod gwrthryfel Glyndŵr, a gwasanaethodd Harri IV yng ngarsiwn Trefaldwyn yn ystod y cyfnod tyngedfennol 1404–5. Elwodd ar ei deyrngarwch drwy dderbyn tiroedd a aethai'n fforffed yn ystod y gwrthryfel a gwobrwywyd ef ymhellach â swydd stiward arglwyddiaeth Cedewain.[2] Daliodd ati i wasanaethu arglwyddi'r Mers wedi diwedd y gwrthryfel, a mynegodd Edmund Mortimer, gŵr a chanddo gysylltiad teuluol â Maredudd, ei ddiolchgarwch iddo am wasanaeth ffyddlon gyda rhodd o diroedd yn 1416.[3] Yr oedd Maredudd yn fyw o hyd yn 1420, pan ddaeth trefgordd Brithdir ym Mochnant Uwch-Rhaeadr i'w feddiant, y tro hwn yn rhodd gan Edward Charlton.[4] Cyfeirir at ei berthynas agos â Charlton yn chweched llinell y gerdd hon, a gellid deall yr ymadrodd *mawr gan Edwart* i olygu bod Charlton yn fyw o hyd pan ganwyd y cywydd.[5] Os felly, rhaid ei ddyddio i 1421 neu'n gynharach. Ar y llaw arall, gall mai cyfeirio at y gorffennol a wneir yno, ac felly ni ellir bod yn siŵr ynglŷn â'r dyddiad.

Prin yw'r cywyddau a ganwyd i noddwyr a wrthwynebai Owain Glyndŵr a'i wrthryfel.[6] Nid yw'n syndod, felly, fod deuoliaeth teyrngarwch y

---

[1] Am ei ach, gw. P.C. Bartrum: WG1 'Elystan Glodrydd' 34.

[2] Gw. R.R. Davies: ROG 225, 290. Anwybyddwyd y gorchymyn mai Saeson yn unig a oedd i wasanaethu yn y garsiynau.

[3] 'A Mortimer Charter', Mont Coll x (1877), 59–60; gw. isod ll. 37n.

[4] G.M. Griffiths, *A Schedule of Chirk Castle Manuscripts and Documents*, v (cyfrol anghyhoeddedig yn Llyfrgell Genedlaethol Cymru, Aberystwyth), 9 (rhif 908). Ymhlith tystion y ddogfen hon yr oedd Huw Sae, stiward Powys, a gŵr y cadwyd cywydd moliant iddo yn enw Llywelyn ab y Moel, gw. GSCyf 131–3 (Atodiad). Tybed nad at Edward Charlton y cyfeirir yn llau. 14 a 27 y gerdd honno?

[5] Am hanes Edward Charlton (*ob.* 1421), gw. ByCy 69; R.R. Davies: ROG *passim*; Morris Charles Jones, 'The Feudal Barons of Powys', Mont Coll i (1868), 283–301. Chwaraeodd yntau ran amlwg iawn yn yr ymgyrch yn erbyn gwrthryfel Glyndŵr.

[6] Un arall oedd yr Huw Sae y cyfeirir ato uchod, troednodyn 4. Y mae'n debygol mai cyn y gwrthryfel y canwyd y cywydd i Hywel Sele ap Meurig Llwyd, un arall o wrthwynebwyr Glyndŵr, gw. GLlG Atodiad. Ond wedi'r gwrthryfel y canodd Guto'r Glyn i Siancyn Harfart, gŵr a fuasai, y mae'n debyg, yn gwnstabl Dinefwr yn 1403, gw. GGl² 221–2 (LXXXIV) ac R.R. Davies: ROG 230.

gwrthrych yn elfen amlwg yn y gerdd. Ar y naill llaw fe'i gelwir yn ddistain (ll. 3), swyddog y tywysogion Cymreig, ac ar y llall yn stiwart (ll. 9), swyddog y gyfundrefn Seisnig. Canmolir ef fel un o ddisgynyddion Elystan Glodrydd, hynafiad hen dywysogion yr ardal rhwng Gwy a Hafren, ond hefyd am ei gysylltiadau â theuluoedd Seisnig y Mers. Dyma elfennau a oedd yn rhan annatod o etifeddiaeth teuluoedd Cymreig y Mers, elfennau a dderbynnid yn ddigon parod gan eu beirdd.

1 **llew** Cyfeiriad, o bosibl, at arfbais Maredudd: 'Argent, a lion passant Sable, armed Or, three fleurs-de-lis Or, a fetterlock Or', gw. DWH ii, 365.

3 **Nudd** Nudd Hael ap Senyllt, un o'r 'Tri Hael', gw. TYP² 476–7.

4 **gwnllyw** Nis rhestrir yn GPC 1692, ond fe'i deellir yn ffurf amrywiol ar *gwynllyw* 'tywysog llwyddiannus', *ib.* 1777, er na restrir yr amrywiad hwn yno; fodd bynnag, y mae'r ffurf *gwn-* am *gwyn-* yn ddigon cyffredin mewn enwau cyfansawdd, cf. 24.67 isod. Nid amhosibl, ychwaith, fyddai deall y ffurf yn gyfuniad o *gwn* a *llyw*.

6 **mur gan od** Nid yw'r ystyr yma yn gwbl glir, er y gellir nodi sawl posibilrwydd. Awgrymir yn betrus yn GPC 2502 y gall *mur* fod yn eb.; os felly gellid aralleirio 'mur gwyn [o] eira'. Ond y mae'n fwy tebygol mai *od* 'rhyfeddol' sydd yma, yn hytrach nag *ôd* 'eira', gw. *ib.* 2616 a cf. 17.26n. Ai dweud a wna'r bardd fod Maredudd yn cael ei ystyried yn *fur* gan wŷr rhyfeddol neu arbennig?

Edwart Edward Charlton, Arglwydd Powys, gw. y nodyn cefndir uchod.

7 Diffyg calediad, gyda *-b b-* yn ateb *b*, cf. GLM 264 (LXXIII.3), 494.

9 **ystiwart** Yn ôl L. Dwnn: HV i, 316, yr oedd Maredudd yn stiwart ar Geri, Cedewain, Arwystli a Chyfeiliog, y ddwy gyntaf yn arglwydd-iaethau Mortimer a'r ddwy olaf ym Mhowys. Os felly, y mae'n debygol mai gwasanaethu fel dirprwy a wnâi yn rhai ohonynt, gw. E.D. Jones, 'Some Fifteenth Century Welsh Poetry relating to Montgomeryshire', Mont Coll liv (1955–6), 53. Ond tybed nad y gerdd hon oedd ffynhonnell Dwnn gan mor debyg yw trefn yr arglwyddiaethau yno ac isod llau. 11–15? Gw. ymhellach y nodyn cefndir uchod.

11 **Ceri** Cwmwd ac arglwyddiaeth yn nwyrain y Mers, gw. R.R. Davies: LSMW xvi a WATU 255.

12 **Cydewain** Cantref ac arglwyddiaeth yn nwyrain y Mers, i'r gogledd o Geri, gw. R.R. Davies: LSMW xvi; WATU 255; J.E. Lloyd: HW³ 249. Yr oedd y Drenewydd yn un o'i bwrdeistrefi.

13 **Cawres** Sef yn S. *Cawrse / Cause / Caus*, castell ac arglwyddiaeth yn nwyrain y Mers, gw. R.R. Davies: LSMW xvi a 23–4; WATU 264.

Buasai'r arglwyddiaeth yn nwylo teulu Stafford er canol y 14g., gw. Carole Rawcliffe, *The Staffords, Earls of Stafford and Dukes of Buckingham 1394–1521* (Cambridge, 1978), 192. Saif castell Cawres ym mhlwyf Westbury, tua saith milltir i'r dwyrain o'r Trallwng, gw. Gruffydd Aled Williams, 'Dau gyfeiriad yn *Hirlas Owain*', B xxvi (1974–6), 35–6.

14 Cynghanedd sain gadwynog a chynghanedd groes.

15 **'Rwystli, Cyfeiliog** Ffurfiai cymydau Arwystli a Chyfeiliog ran o arglwyddiaeth Edward Charlton ym Mhowys, gw. J.E. Lloyd: HW³ 249–50; WATU 239, 259.

16 Ll. lwgr o ran ei chynghanedd a'i hystyr. Gall fod yma gynghanedd groes anghytbwys ddyrchafedig gyda sillaf gadarnleddf ar y brifodl, gw. J. Morris-Jones: CD 150–1. Gellid dilyn llsgrau.awysgrifau AB a darllen *lifaid* (?'wedi ei hogi', gw. GPC 2178), ond erys yr ystyr yn dywyll.

21 **doniaeth** 'Cynysgaeddiad, rhodd, rhad, gras', gw. GPC 1076 lle y daw'r enghraifft gynharaf a nodir yno o'r 16g.

23 **ŵyr Wilym** Gw. y nodyn cefndir uchod. Ar y treiglad meddal ar ôl *ŵyr*, gw. Treigladau 108 a cf. isod 8.8 a 29.13; ond nid yw'n dreiglad sefydlog: gthg. isod 34.27.

24 **ymrydaidd** Cyfuniad, o bosibl, o'r a. *emrod* 'emrald' (gw. GPC 1211) a'r ôl-ddodiad *-aidd*, neu, efallai, air yn seiliedig ar ffurf megis *emerod* 'ymherawdr'. Digwydd y ffurf eto isod ll. 44.

26 **Llywelyn** Gw. y nodyn cefndir uchod.

28 **Tudur** Awgrymir yn betrus fod yma, ac isod llau. 29 a 30, gyfeiriad at Dudur ab Einion Fychan ab Einion o Fochdre, a oedd, fel Maredudd, yn aelod o gyff Elystan Glodrydd, gw. P.C. Bartrum: WG1 'Elystan Glodrydd' 44. Nid yw enwau hynafiaid benywaidd Adda Moel wedi eu cofnodi yn yr achau am sawl cenhedlaeth; felly gall fod un ohonynt yn disgyn o'r Tudur hwn. Gellir amcangyfrif o achau Bartrum mai *c.* 1270 y ganed ef. Byddai'r cysylltiad hwn â changen arall o dylwyth Elystan Glodrydd yn esbonio'r cyfeiriadau a geir isod yn llau. 31 a 33.

29 **Einion Fychan** Gw. uchod ll. 28n.

30 **Einion** Gw. uchod ll. 28n.

oedd gall gŵr Nid yw'n glir paham nad yw *gŵr* yn treiglo yma, oni chymerir bod *call* yn ddibeniad.

31 **Iarll** Gw. isod ll. 33n.

33 **Elystan Iarll** Sef Elystan Glodrydd, gw. uchod ll. 28n a'r nodyn cefndir. Dywed P.C. Bartrum amdano, 'from the beginning of the sixteenth century, Elystan Glodrydd was being called "Earl of Hereford" ', gw. WCD 247. Dichon fod yma enghraifft gynnar o'r teitl

hwnnw.

35 **ŵyr Higyn** Mam Maredudd oedd Jane ferch Hugyn ap Llywelyn ap
Hugyn ap Paen, gw. P.C. Bartrum: WG1 'Paen of Ludlow'. Dywedir
yn L. Dwnn: HV i, 316, fod Hugyn ap Llywelyn yntau'n stiwart ar
Geri, Cedewain, Arwystli a Chyfeiliog. Y mae'n debygol iawn mai ef
yw'r *Hugin de Leinthale* a oedd yn gwnstabl ac yn un o brif drethwyr
Ceri a Chedewain yn 1292, gw. Francis Jones, 'The Subsidy of 1292', B
xiii (1948–50), 224. Saif Leinthall ryw chwe milltir i'r de-orllewin o
Lwydlo, nid nepell o lys y Mortmeriaid yn Wigmor.

36 **Orwyr Llywelyn arall** Sef Llywelyn ap Hugyn ap Paen; gw. y nodyn
blaenorol.

37 **Iarll y Mars** Yn ôl yr achau, mam Jane ferch Hugyn oedd Elinor ferch
Roger Mortimer, Iarll y Mers, gw. P.C. Bartrum: WG1 'Paen of
Ludlow'. Os felly, tybed ai merch, anghyfreithlon o bosibl, i Roger
Mortimer (1287–1330) oedd Elinor? Arno ef a'i deulu, gw. ByCy 629–
31 a Comp Peer viii, 433–53.

38 **Rhosier** Gw. uchod ll. 37n.

39 **Iarll Cent** Gwraig gyntaf Edward Charlton oedd Elinor ferch Tomas
Holland, Iarll Cent, chwaer a chyd-aeres Edmund Holland (*ob.* 1408),
yntau'n Iarll Cent, gw. Comp Peer iii, 161, vii, 156–63; Morris Charles
Jones, 'The Feudal Barons of Powys', Mont Coll i (1868), 301. Bu
Elinor farw ar enedigaeth plentyn yn 1405. Ei gŵr cyntaf oedd Roger
Mortimer, pedwerydd Iarll y Mers, y gŵr y canodd Iolo Goch gywydd
iddo, gw. GIG 84–9 (cerdd XX), cf. uchod ll. 37n.

cantun Ffurf hynafol ddidreiglad ar *gantun* 'ganddynt', cf. GDG³ 498.

40 **clarwns** Ffurf l. *clarwn*, benthyciad o'r S.C. *claroun* '*clarion*' a ddiffin-
nir yn OED² d.g. fel '*a shrill-sounding trumpet with a narrow tube,
formerly used as a signal in war*'.

Clarens Gall mai cyfeiriad yw hwn at Domas (1389–1421), eilfab
Harri IV, a urddwyd yn Iarll Clarens yn 1411 ac a briododd yn yr un
flwyddyn â Margaret, gweddw John Beaufort, a merch Tomas
Holland, Iarll Cent. Os felly, yr oedd yn perthyn trwy briodas i Edward
Charlton, gw. Comp Peer iii, 258–60; cf. uchod ll. 39n. Ond y mae'n
fwy tebygol mai cyfeiriad yw hwn at Lionel, Dug Clarens (*ob.* 1368),
mab Edward III. Priododd ei ferch Philippa ag Edmund Mortimer a'u
mab hwy oedd Roger Mortimer (*ob.* 1398), pedwerydd Iarll y Mers,
gw. R.R. Davies: ROG 177. Trwy Lionel yr hawliai teulu Mortimer
goron Lloegr.

42 **mart** Nid yw'r ystyr ddiweddar 'marchnad' a nodir yn GPC 2363 yn
gweddu i'r cyd-destun. Gwell yw ei ddeall yn fenthyciad o'r S.C. *mart*
(neu *Mart*), ffurf ar enw'r duw Rhufeinig *Mars*, ac iddo'r ystyr 'rhyfel,

rhyfela', gw. MED d.g.

Mortmeriaid Gw. uchod llau. 37n a 40n.

43 **Carnwennan** Cyllell Arthur, gw. CO³ 66; GGl² 352; GLM 519. Disgrifir Maredudd fel arf yn nwylo'r Mortmeriaid.

44 **ymrydaidd** Gw. uchod ll. 24n.

57 **Glan Hafren** Ceir sawl man o'r enw Glan Hafren; gall mai'r un ger y Drenewydd a olygir yma. Ond efallai y dylid darllen *glan Hafren*. Gyda'r ll., cf. isod 17.45 *Tri chapten Glan Hafren hir.*

61 **Cadell** Sef Cadell ap Rhodri Mawr o Ddeheubarth, tad Hywel Dda, y mae'n debyg. Ond yr oedd sawl Cadell yn nhylwyth brenhinol Powys hefyd, gw. J.E. Lloyd: HW³ 243–4.

2

Er mai fel *Rhosier* (llau. 15, 29, 39) ac *aer Meistr Rhosier* (ll. 6) yn unig y cyfeirir at wrthrych y gerdd hon, y mae'r cyfeiriad at Gwrt Llechryd (ll. 67) yn ddigon i ddangos ei fod yn aelod o deulu Fychaniaid Brodorddyn.[1] Cyfeirir hefyd at Wladus (*ob.* 1454) ferch Dafydd Gam, gwraig Rhosier Fychan o Frodorddyn (*ob.* 1415) a mam Rhosier Fychan o Dretŵr (*ob.* 1471). Ceir hefyd sôn am frwydro yn Ffrainc (ll. 15) ac am ymladd ac erlyn hyd Orliawns (ll. 16). Bu'r dref honno dan warchae gan y Saeson o fis Hydref 1428 tan y mis Mai canlynol pan achubwyd hi gan fyddin Siwan d'Arc. Y mae hynny yn awgrymu *terminus post quem* ar gyfer y gerdd, gan mai o'r braidd y byddai gan y bardd reswm dros gyfeirio at ymladd yno cyn hynny. Felly, y mae'n debygol iawn mai Rhosier Fychan, mab Rhosier Fychan o Frodorddyn a Gwladus Gam, yw gwrthrych yr awdl hon. Yr oedd ei frawd Tomas yn ddigon hen i fod yn gwnstabl Castell-maen yn 1422,[2] felly gallasai Rhosier yn hawdd fod yn ddigon hen i ymladd yn Ffrainc erbyn 1428/9. Nid yw'n rhyfedd nad oes sôn am Dretŵr, y llys y cysylltir enw Rhosier ag ef, gan na dderbyniodd mohono'n rhodd gan Wiliam Herbert tan oddeutu 1450.[3] Gellid bod wedi canu'r gerdd hon cyn i Rosier ymsefydlu ar ei aelwyd ef ei hun.

Fodd bynnag, y mae posibilrwydd bychan i Hywel Swrdwal ganu'r gerdd hon i Rosier Fychan o Frodorddyn (*ob.* 1415).[4] Gallai fod wedi gwneud hynny flynyddoedd wedi marwolaeth Rhosier, fel y gwnaeth wrth foli tri

---

[1] Buasai Cwrt Llechryd yn Elfael yn gartref i hynafiaid teulu'r Fychaniaid yn y 14g. Ymhellach ar y teulu hwn, gw. ByCy 932–3.

[2] Gw. isod 26.18n.

[3] Gw. C.A. Ralegh Radford and David M. Robinson, *Tretower Court and Castle* (third ed., Cardiff, 1988), 5; ByCy 940–1.

[4] Dyna yw barn Tegwen Llwyd, gw. NBSBM 649–50.

mab Pasgen ap Gwyn.[5] Y mae'r cyfeiriadau at Wladus ferch Dafydd Gam yn ateg i hyn, gan mai llawer mwy cyffredin oedd i fardd ganmol gwraig ei noddwr na'i fam. Ar y llaw arall, byddai'r beirdd ar brydiau yn talu sylw arbennig i fam y noddwr. Enghraifft o hyn yw marwnad Lewys Glyn Cothi i Risiart, nai Rhosier Fychan o Dretŵr. Y mae'n debygol fod Rhisiart wedi marw cyn cael cyfle i ymsefydlu yn ei lys ei hun ac mai dyna paham y rhoes Lewys le canolog i'w fam Elen Gethin yn ei farwnad.[6] Gall mai am yr un rheswm y teilyngai Gwladus le pwysig yn awdl foliant ei mab hithau.

At ei gilydd, y mae'n bur debygol mai Rhosier Fychan (*ob.* 1471) yw testun y gerdd hon ac iddi gael ei chanu yn gynnar yn ei ystod ei yrfa, hwyrach yn nhridegau neu bedwardegau'r bymthegfed ganrif. Digon syml yw strwythur yr awdl a phwysleisir yn anad dim haelioni a gallu milwrol ei noddwr. Ei phrif nodwedd yw'r dilyniant o linellau yn cymharu Rhosier â nifer mawr o arwyr hanes a chwedloniaeth y Cymry (llau. 53–64).

Ymranna'r awdl hon yn dri chaniad gydag englyn unodl union i gloi. Egyr â chyfres o chwe englyn unodl union, gyda chyrch-gymeriad yn cysylltu pob englyn ac yn cysylltu'r englyn olaf â dechrau'r ail ganiad. Canwyd yr ail ganiad ar y brifodl -*ach*. Egyr â dau doddaid, ac yna ceir pedair llinell o gyhydedd naw ban am yn ail â thoddaid (sef gwawdodyn hir[7]) tan ddiwedd y caniad. Canwyd y trydydd caniad ar y brifodl -*i* ac ar fesur rhupunt hir;[8] cysylltir diwedd y trydydd caniad â'r englyn clo â chyrch-gymeriad ac y mae diwedd yr englyn yn cyrchu dechrau'r awdl.

1 **neidr** Y neidr oedd arwyddlun herodrol y Fychaniaid, gw. DWH ii, 386–7, 566.

    Dichon y dylid ynganu *neidr* yn ddeusill yma (cf. ll. 88 isod); cf. ll. 11n.

6 **Meistr Rhosier** Sef tad gwrthrych y gerdd, y mae'n debyg. Credid i Rosier Fychan o Frodorddyn (os at hwnnw y cyfeirir, gw. y nodyn cefndir uchod) gael ei urddo'n farchog cyn marw yn Agincourt yn 1415, ond nid oes unrhyw dystiolaeth i ategu hynny. Ymddengys fod y cyfeiriad hwn yn rhyw fath o dystiolaeth yn erbyn y dyb iddo gael ei urddo'n farchog.

11 Y mae'r ll. hon yn fyr o sillaf onid yngenir *coffr* yn ddeusill; cf. ll. 1n.

12 **Beli a Brân** Meibion Dyfnwal Moelmud, brenin Prydain, gw. BD 164 a TYP[2] 284.

13 **Rhodri** Sef Rhodri Mawr (*ob.* 877), brenin ar y rhan fwyaf o Gymru, gw. ByCy 787.

---

[5] Cf. nodyn cefndir cerdd 17.
[6] Gw. GLGC 287–9 (cerdd 128).
[7] Gw. J. Morris-Jones: CD 341–2.
[8] *Ib.* 332–3.

rhydrawns Ffurf anh., nis ceir yn GPC 3127. Dichon ei bod yn gyfuniad o *rhy* a **trawns*, sydd, o bosibl, yn fenthyciad o'r S. Tybed ai *trance* 'breuddwyd' neu *tranche* 'toriad' yw'r ffurf wreiddiol? Arnynt, gw. OED² d.g. (y cyntaf sy'n gweddu orau o ran cyfnod).

14 **recwnsiawns** Benthyciad o'r S.C. *reconisaunce*. Ni cheir unrhyw ffurfiau tebyg yn GPC ond ymhlith yr ystyron posibl i *reconisaunce* a gynigir yn MED d.g. ceir *'knowledge, comprehension', 'a formal acknowledgement of someone's title to land or property'*, ac *'a bond acknowledging some obligations, such as a debt, to keep the peace'*.

15 **Ffrawns** Benthyciad o'r S. *France* 'Ffrainc'.

Bai crych a llyfn.

16 **Orliawns** Tref yn Ffrainc a ddioddefodd yn drwm yn y Rhyfel Can Mlynedd, gw. y nodyn cefndir uchod.

17 **dawns** Y mae cynodiadau bygythiol i'r gair hwn, cf. 'Dawns yr Angau' a 'Dawns o Bowls'; gw. GPC 906–7 a cf. GGl² 8 (III.20).

18 **Syr Garwy** Sef Garwy Hir, arwr Arthuraidd a oedd yn enwog fel milwr ac fel carwr, gw. TYP² 354–5.

Prydyn Yma, y mae'n debyg, yn cyfeirio at yr Alban, gw. GPC 2919.

19 **Lawnslod** Un o farchogion llys Arthur, gw. TYP² 414–16.

21 **Tywyn** Sef Tywyn yng Ngheredigion, y mae'n debyg, cartref teulu nodedig o uchelwyr a oedd yn enwog fel noddwyr Dafydd Nanmor yn anad neb, gw. CLC² 160.

22 **annos** Sef be. y f. *ano(s)af* 'gyrru, ymlid ymaith', gw. GPC 152.

23 **dwy Wynedd** Sef Gwynedd Uwch Conwy a Gwynedd Is Conwy.

25 **Nudd** Gw. uchod 1.3n.

27 **Cwrt Llechryd** Cartref hynafiaid Rhosier yn y 14g., gw. y nodyn cefndir uchod.

29 Sylwer nad yw'r bardd yn ateb yr *w* ar ôl y goben yn y gynghanedd lusg yma. Nid yw'n gyson yn hyn o beth, cf. isod ll. 47 a gthg. 6.31, 8.3, 20.75.

32 Cynghanedd anghyflawn.

33 **Gwladus** Mam Rhosier Fychan, gw. y nodyn cefndir uchod.

38 **Anna** Mam y Forwyn Fair, mam yr Iesu, gw. y nodiadau cefndir i gerddi 21 a 22 isod.

40 **bwbach** Yma'n ffigurol am 'ymladdwr neu arweinydd yn peri arswyd', gw. GPC 350.

44 **Rolant** Nai Siarlymaen ac arwr y gerdd Ffrangeg enwog 'Le Chanson de Rolant'.

51 **gwygach** Ffurf yn cynnwys yr elfen *gwŷg* 'efrau, ller, bulwg, chwyn', yma'n ffigurol am 'sothach, sorod', gw. GPC 1758.

53 **Syr Lawnslod** Gw. uchod ll. 19n.

54 **Syr Liwnel** Un o farchogion y Ford Gron ac un o gefndryd Lawnslod, gw. YSG i, 2 (llau. 29–30).

55 **Predur** Sef Peredur fab Efrog, arwr un o'r Tair Rhamant, gw. TYP² 488–91.

56 **Gwalchmai** Sef Gwalchmai fab Gwyar, marchog a nai i Arthur, gw. TYP² 369–75 a WCD 303–5.

57 **Sawden Pab'lon** Daw *Sawden* o'r S.C. *Soudan, Sowdon* 'Sultan', gw. EEW 56. Y mae *Pab'lon*, cywasgiad o *Pabilon*, yn ffurf gyffredin gan y Cywyddwyr ar *Babilon*, gw., e.e., GLGC 466 (214.43, 49).

60 **Ffwg fab Gwarin** Ffigur hanesyddol a chwedlonol ac arwr y chwedl boblogaidd 'Fouke Fitz Warin' a luniwyd yn swydd Amwythig yn y 13g., gw. *Fouke le Fitz Waryn*, ed. E.J. Hathaway *et al.* (Oxford, 1975) a DNB vii, 223–4.

61 **Efrog** Gw. uchod ll. 55n.

62 **Siliws Sisar** Sef Gaius Julius Caesar (100–44 C.C.), y gwladweinydd a'r cadfridog Rhufeinig; ef oedd y cyntaf i oresgyn Prydain: ar ei le yn y traddodiad Cym., gw. TYP² 414.

diffafrach Y mae'n rhaid ynganu 'diffarach' neu, yn fwy tebygol, 'diffafarach' oherwydd anghenion y gynghanedd lusg. Cf., efallai, uchod ll. 1n.

63 **Cynyr** Sef tad Cai Hir, y mae'n debyg, un o arwyr llys Arthur, gw. TYP² 303–7; WCD 186.

64 **Derfel** Sef Derfel Gadarn, milwr a sant a goffeir yn Llandderfel ger y Bala. Yr oedd yno gerflun pren ohono ar gefn ceffyl, gw. WCD 192–3; LBS ii, 333–6; W. Gareth Evans, 'Derfel Gadarn—A Celebrated Victim of the Reformation', Cylchg CHSFeir xi (1990–3), 137–68.

66 **borau** Ar y ffurf hon (gorgywiriad o *bore*), gw. WG 33 a GLM 482.

67 **Cwrt Llechryd** Gw. uchod ll. 27n.

75 **Edyrn** Sef Edyrn neu Edern ap Nudd, un o filwyr llys Arthur a chyfaill i Beredur, gw. WCD 223.

81 **Ffwg** Gw. uchod ll. 60n.

88 **neidr** Gw. ll. 1n uchod.

3

Tomas ap Syr Rhosier Fychan o Dretŵr yw'r aelod ieuengaf o'r teulu hwnnw y gwyddys iddo noddi'r Swrdwaliaid.[1] Croesawyd Ieuan a Hywel Swrdwal i aelwydydd ei dad a'i ewythredd ac y mae'n amlwg fod Syr Rhosier yn fyw o hyd pan ganwyd y gerdd hon.[2] Daeth ei oes hir a chythryblus i ben yn 1471 pan ddienyddiwyd ef gan Siasbar Tudur. Erbyn hynny yr oedd yn farchog ers saith mlynedd, a chan fod y gerdd hon yn cloi drwy gyfeirio ato fel 'Syr Rhosier', y mae'n rhaid ei bod wedi ei chanu rywdro rhwng 1464 a 1471.[3]

Adleisir y ffaith fod Tomas yn perthyn i un o deuluoedd Cymreig pwysicaf y Mers gan y sylw mawr a roddir i gofnodi enwau ei hynafiaid, boed y rheini o deuluoedd Cymreig neu Seisnig. Pwysleisir hefyd ei allu fel milwr a'i deyrngarwch i'r brenin Edward IV, rhinweddau a rannai â'i dad, Syr Rhosier. A chyda hynny mewn golwg, daw'r gerdd i ben gyda mynegiant o ddymuniad y bardd i weld urddo Tomas, yntau, yn farchog, braint a dderbyniasai sawl un o'i berthnasau a'i hynafiaid o'i flaen. Dyma gais a wnâi beirdd y cyfnod yn aml ar ran eu noddwyr—ceir enghraifft gan Lewys Glyn Cothi mewn awdl i Watgyn, brawd Tomas: *Erchais fod dy dad yn aurdorchog, / arwydd y byddy dithau eurog*.[4] Yr enghraifft enwocaf o'r arfer hwn yw cywydd Gruffudd Llwyd ap Dafydd ab Einion Lygliw i Owain Glyndŵr.[5] Ond yn wahanol i ddeisyfiad Gruffudd Llwyd, bu cais Hywel Swrdwal yn llwyddiannus—urddwyd Tomas Fychan yn farchog yn 1483 neu'n fuan wedyn.[6]

2   **o Ros i Rôn** Dichon mai cyfeiriad sydd yma at gantref Rhos yn sir Benfro, cf. 13.5. *Rhôn* yw Rouen yn Ffrainc.

   Syr Rhys Nid Syr Rhys ap Tomas yw hwn gan nad urddwyd ef yn farchog tan 1485. Y mae'n debygol, felly, mai at Syr Rhys ap Gruffudd (*ob.* 1356) y cyfeirir yma; arno, gw. ByCy 789. Cyfeiriodd Guto'r Glyn yn ôl ato ef a'i fab, Syr Rhys arall, wrth ganmol Syr Rhys ap Tomas, gw. GGl² 263 (CI.13–14) *Y tri Syr Rhys tros yr iaith, / A Rhys un-Rhys yw'r anrhaith.*

3   **Ymyr** Ffurf ar enw Afon Humber yng ngogledd Lloegr. Fe'i hystyrid yn un o 'Dair Prif Afon Ynys Prydain', gw. TYP² 228. Cf. hefyd y cwpled hwn gan Lewys Glyn Gothi i Watgyn ap Tomas, cefnder Tomas Fychan, GLGC 285 (127.11–12) *Ef yw'r cledd o Ddofr i'r Clas, / ac hyd Humr, benáig Tomas.*

   [1] Ceir ei ach yn P.C. Bartrum: WG1 'Drymbenog' 2. Am hanes y teulu, gw. ByCy 940–1, ac ar y canu i Domas gw. NBSBM 241–60. Camgymeriad yw'r teitl yn llsgrau. ABD sy'n awgrymu mai Tomas ab Edward yw'r noddwr, gw. isod ll. 34n.

   [2] Gw. ll. 34.

   [3] Ar ei urddo'n farchog yn 1464, gw. C.A. Ralegh Radford and David M. Robinson, *Tretower Court and Castle* (third ed., Cardiff, 1988), 5.

   [4] GLGC 290 (129.49–50). Yr oedd 'urddo ag aur' yn gyfystyr ag urddo'n farchog.

   [5] GGLl cerdd 12 (IGE² 125–7 (cerdd XLII)).

   [6] ByCy 941.

4 **fyr** Benthyciad o'r S.C. *vyrre* 'ffynidwydden, ffyr, pin', gw. GPC 1272 a hefyd GLM 506.

6 **India** Yr oedd traddodiad cynnar i'r apostol Tomas ddwyn yr Efengyl i'r India, gw. ODCC[3] 1350–1. Am gyfeiriadau tebyg, gw. GLM 228 (LXIV.55–6) a GSH 2.77–8.

hendad Taid Tomas ar ochr ei fam, Denys, oedd Tomas ap Phylip Fychan o Dyle Glas, gw. P.C. Bartrum: WG1 'Drymbenog' 2, 'Llywarch ap Brân' 11.

7 **calon Dafydd** Sef Dafydd Gam, tad Gwladus nain Tomas, gw. P.C. Bartrum: WG1 'Bleddyn ap Maenyrch' 20. Disgwylid treiglad meddal i e.p. a oedd yn dilyn ac yn dibynnu ar eb.un. (cf. isod 9.25 *cerdd Ddafydd*); nid yw'r beirdd yn gwbl gyson eu harfer yn hyn erbyn y cyfnod hwn, ond tybed a welir yma enghraifft o *-n Dd-* yn caledu yn *-n D-*? Gw. Treigladau 26–7 a cf., e.e., GGDT 15.19n. Ond nid oes yma rwystr rhag diwygio, gan nad yw'r gynghanedd yn mennu ar y ffurf.

8 **Rhosier Hen** Hendaid Tomas a thad y Rhosier Fychan a laddwyd gyda Dafydd Gam yn Agincourt yn 1415.

Cynghanedd groes o gyswllt ewinog.

9 **Efrog** Arwr chwedlonol a thad Peredur, gw. TYP[2] 488–9 ac uchod 2.61n.

Morgannwg Daliai Syr Rhosier, tad Tomas, lawer o diroedd ym Morgannwg, gw. NBSBM 229.

10 **Gei** Syr Gei o Warwig, arwr rhamant Saesneg poblogaidd. Cyfeiriwyd at ei rwysg gan Siôn Ceri, yntau, GSC 35.7.

Ffwg Gw. uchod 2.60n.

11 **Ŵyr i'r gwalch o oror Gwy** Cyfeiriad, y mae'n debyg, at daid Tomas, sef Rhosier Fychan (*ob.* 1415) o Frodorddyn ar lan Afon Gwy.

12 **Conwy** Yr afon sy'n ffurfio'r ffin rhwng Gwynedd Uwch Conwy a Gwynedd Is Conwy.

14 **Watcyn Llwyd** Yr oedd Alis, nain Tomas ar ochr ei fam (gw. uchod ll. 6n), yn ferch i Watgyn Llwyd, gw. P.C. Bartrum: WG1 'Bleddyn ap Maenyrch' 6. Ymladdodd gyda Dafydd Gam a Rhosier Fychan yn Agincourt. Ceir traddodiad iddo yntau gael ei urddo'n farchog ar faes y gad, gw. WWR[2] 44n4, 46 a Dylan Foster Evans, ' "Y carl a'i trawai o'r cudd": ergyd y gwn ar y Cywyddwyr', *Dwned*, iv (1998), 102–3.

Cf. HCL1 110 (XLVI.26) *Ayt keney llew watgyn llwyd*.

15 **Moreiddig** Sef Moreiddig Warwyn, un o hynafiaid y Fychaniaid, gw. P.C. Bartrum: WG1 'Drymbenog' 1; DWH ii, 386–7.

17 **mab y cryg** A oedd felly ryw nam ar leferydd Syr Rhosier? Sylwer, hefyd, fod bardd o ganol y 14g. a chanddo'r enw 'Y Mab Cryg', gw.

CLC² 481 a golygiad R. Iestyn Daniel o'i waith yn *Gwaith Dafydd y Coed ac Eraill* (i ymddangos yng Nghyfres Beirdd yr Uchelwyr).

18 **trwy gwmplid trigeinplyg** Darlleniad llsgr. D yw *cwmpli trigeinplyg*, ond darllenir *cwmplid trigeinplyg* (*d* + *t* > *t*), gw. GPC 643. Daw *cwmplid* o'r S. '*complete*'; yr ystyr yma yw 'math o arfogaeth, gorchudd cyflawn'. Sylwer bod rhaid ynganu *trigeinplyg* yn *trigeimplyg* er mwyn y gynghanedd, cf. J. Morris-Jones: CD 224–5. Ceir ll. debyg yn GDLl 104 (45.34) *O ganpled naw ugeinplyg* (I erchi pais i Watgyn Fychan o Hergest); gall mai benthyciad o '*complete*' sydd yno hefyd.

19 **maen blif** Sef, yn llythrennol, y maen a deflid o flif (sef catapwlt); ond erbyn y 15g. gallai hefyd gyfeirio at faen gwn, gw. GPC 2307, ac y mae'n debygol mai hynny a olygir yma; cf. y cyfeiriad at y (*g*)*wns* yn ll. 20.

20 **Einion Sais** Un o gyndeidiau Dafydd Gam, hendaid Tomas, gw. P.C. Bartrum: WG1 'Bleddyn ap Maenarch' 13. Arno ef a'i ddisgynyddion, gw. R.R. Davies: LSMW 225–6.

22 **Dofr** Porthladd Dover yng Nghaint, cf. uchod ll. 3n. Y mae lle amlwg i'r dref hon yn y canu gwleidyddol, gw. GDGor 7.51–2n.

Defras Gwraig Rhosier Hen oedd Ann Devereux, gw. P.C. Bartrum: WG1 'Drymbenog' 2.

24 **Basgrfil** Gwraig Rhosier Fawr ab Ieuan, hendaid Rhosier Hen (gw. uchod ll. 8n) oedd Jane ferch Ralph Baskerville, gw. P.C. Bartrum: WG1 'Drymbenog' 2.

25 **llin Ifor** Y mae'n debygol mai cyfeiriad achyddol yw hwn, yn hytrach na chyfeiriad at Ifor Hael, noddwr Dafydd ap Gwilym. Crybwyllir tylwyth yr 'Iforiaid' sawl gwaith gan feirdd y cyfnod. Mewn cywydd i Ieuan ap Llywelyn Fychan ap Llywelyn Crugeryr a'i wraig, cyfeiria Lewys Glyn Cothi at yr 'Iforiaid', sef teulu nain ei noddwr, gw. GLGC 370 (167.52). Disgynyddion Ifor Goch ap Gruffudd ab Ifor oedd y rhain, gw. *ib.* 603. Yn ôl yr achau, o Lan-gwy y deuai Ifor Goch (gŵr a fu'n feili i Lywelyn ap Gruffudd yn Elfael Is Mynydd yn 1276), a chadarnheir hyn gan y bardd Morgan Elfael sy'n cysylltu'r Iforiaid â Glan-gwy, gw. CSF i, 52. Ceir cyfeiriadau pellach at yr Iforiaid gan Lewys Glyn Cothi, gw. GLGC 302 (133.40) (i Lewys ap Watgyn Fychan, cefnder Tomas), a chan Huw Cae Llwyd, gw. HCLl 44 (VI.8, 9) (i Ieuan ap Gwilym Fychan, gw. y nodyn cefndir i gerdd 15 isod), a 61 (XVI.30) (i Ieuan ap Morgan ap Dafydd Gam). Yr oedd Ifor Goch yn un o gyndeidiau'r Fychaniaid, yr Herbertiaid a theulu'r Peutyn trwy ei orwyres Mawd ferch Ieuan ap Rhys ab Ifor Goch a briododd Lywelyn ap Hywel Fychan o'r Peutyn. Hwy oedd rhieni Dafydd Gam a Gwilym o'r Peutyn. Ar hyn oll, gw. P.C. Bartrum: WG1 'Bleddyn ap Maenyrch' 18, 'Llywarch ap Brân' 8, 9 a'r cyfeiriadau a geir yno.

29 Bai crych a llyfn.

31 **mab Brychan** Ceir traddodiadau cynnar fod gan Frychan, sefydlydd teyrnas Brycheiniog, ddeg neu un ar ddeg o feibion a chynifer â phedair merch ar hugain, gw. TYP² 288–9 a WCD 64–7. Nid yw'n glir pa fab y cyfeirir ato yma, ond efallai mai'r amlycaf ohonynt oedd Cynog, sant poblogaidd iawn ym Mrycheiniog, gw. WCD 182–3.

Gwgan Sef Gwgon ap Bleddyn ap Maenyrch, y mae'n debyg, un o hynafiaid Tomas trwy Ddafydd Gam, gw. P.C. Bartrum: WG1 'Bleddyn ap Maenyrch' 1.

32 **Moreiddig** Gw. uchod ll. 15n.

34 **diwyd Edwart** Ystyr *diwyd* yma ac uchod ll. 33 yw 'gwas ffyddlon, canlynwr, pleidiwr', gw. GPC 1062. O'i gamddeall yn a. 'dyfal, astud' rhoddwyd teitl anghywir i'r gerdd yn llsgrau. ABD. Edwart yw Edward IV, y brenin adeg canu'r gerdd hon.

35–8 Cyfeiriad at y gred y byddai'r Cymry yn ailfeddiannu Ynys Prydain ac yn rhoi ei phriod enw iddi drachefn, sef y ffurf sy'n coffáu Brutus, sefydlwr traddodiadol Prydain/Brytaen. Ceir y mynegiant enwocaf o'r darogan hwn ym Mhroffwydoliaeth Myrddin ym Mrut y Brenhinedd gan Sieffre o Fynwy.

35 **mab Rhys** A ddefnyddir Rhys yma yn ffurf Gym. am *Rhosier*? Am enghraifft arall bosibl o gyfeirio at Domas ap Rhosier fel Tomas ap Rhys, gw. NBSBM 260.

37 **Brytaen** Benthyciad o'r S.C. *Brytayn*, gw. GLM 404. Diau mai at Brydain y cyfeirir yma, er y gallai *Brytayn* hefyd olygu Llydaw.

39 **Cantre' Selyf** Arglwyddiaeth ym Mrycheiniog, gw. J.E. Lloyd: HW³ ii, 438 a WATU 241. Daliai Syr Rhosier, tad Tomas, nifer o swyddi ynddi a chyfeirir ato fel arglwydd Cantref Selyf yn rhai o'r llyfrau achau, gw. NBSBM 228–9. Etifeddodd teulu Stafford hawl i'r arglwyddiaeth yn 1421, ond mynnai Harri VI ac Edward IV ar ei ôl fod ganddynt hwythau hawl i gyfran o'r etifeddiaeth. Yn 1464 rhoes Edward drwydded i Henry Stafford, ail Ddug Buckingham, a'i galluogodd i adennill Cantref Selyf, ond nid tan 1478 y rhoes y brenin y gorau yn gyfan gwbl i'w hawl arni, gw. Carole Rawcliffe, *The Staffords, Earls of Stafford and Dukes of Buckingham 1394–1521* (Cambridge, 1978), 16, 28, 46, 111, 125, 193, 194. Ymddengys nad oedd teulu Stafford yn boblogaidd iawn yng Nghymru—ai adlewyrchiad o hynny a'r ymrafael am yr arglwyddiaeth sydd i'w weld yn y llau. hyn?

41 Cynghanedd drawslusg.

42 **nai Syr Phylib** Y mae'n debygol mai cyfeiriad yw hwn at Syr Phylip ap Rhys o Dalgarth, arglwydd mên Bronllys a Chantref Selyf yn arglwyddiaeth Brycheiniog a chyfoeswr i Syr Rhys ap Gruffudd, gw.

uchod ll. 2n. Yr oedd yn perthyn i deulu Clanvow, deiliaid ystad Hergest o flaen y Fychaniaid. Ni chadwyd ei ach yn llawn, ond y mae'n debygol fod cysylltiad teuluol rhyngddo a'r Fychaniaid. Ymhellach arno, gw. J. Beverley Smith, 'Marcher Regality: *Quo Warranto* Proceedings relating to the Lordship of Brecon, 1349', B xxviii (1978–80), 267–88; gw. hefyd DWH ii, 446 a P.C. Bartrum: WG1 'Rhys ap Tewdwr' 26. Ymddengys fod arfbais ei deulu wedi ei chynnwys yn arfbais Fychaniaid Hergest, gw. DWH i, 96.

43 **neidr** Gw. uchod 2.1n; ond y mae'n air unsill y tro hwn.

44 Cynghanedd drychben groes o gyswllt.

53 **Rhôn** Gw. uchod ll. 2n.

58 **Cawrda'** Sef Cawrdaf ap Caradog Freichfras. Yr oedd nifer mawr o deuluoedd pwysicaf Brycheiniog yn disgyn ohono, gan gynnwys disgynyddion Maenyrch (yn eu plith y Fychaniaid) a Rhys Goch Ystrad Yw, gw. WCD 114–15 a TYP² 303.

Ricardiaid Cyfeiria Hywel Dafi at y rhain yn Pen 67 77 (LIV.11–12) *Rrikerdyaid pitsierdyeid sion / a gwatteryeid gwaed tirrion*; cyfeirir yno'n ogystal at Dretŵr, gw. *ib.* 79 (LIV.52). Y mae'n debygol mai hwy yw'r *Rikardiaid o Langwy* y cyfeirir atynt yn L. Dwnn: HV i, 20. Y mae eu harfbais yn awgrymu'n gryf fod cysylltiad rhyngddynt a Fychaniaid Tyle Glas (gw. DWH ii, 504), teulu y perthynai Tomas ap Rhosier Fychan iddo trwy ei fam Denys ferch Tomas ap Phylip Fychan, gw. uchod ll. 6n. Disgynnai'r Fychaniaid hyn o Richard Gam (a briododd Margred ferch Tomas Clanvow, cf. uchod ll. 42n) ap Richard. Brawd y Richard olaf hwn oedd Ifor, sef taid Ifor Goch o Lan-gwy ap Gruffudd ab Ifor, gw. uchod ll. 25n a P.C. Bartrum: WG1 'Llywarch ap Bran' 8, 11. Awgryma hyn oll yn gryf mai disgynyddion Richard Gam ap Richard yw'r *Rikardiaid o Langwy*, ac mai hwy yw'r Ricardiaid y cyfeiria Hywel Swrdwal atynt yma.

60 **Rhosier Fychan** Tad gwrthrych y gerdd, gw. y nodyn cefndir uchod.

4

Dyma awdl foliant sy'n ddrych o ffyniant Wiliam Herbert ar ddechrau ail hanner y bymthegfed ganrif.[1] Ef, heb amheuaeth, oedd Cymro mwyaf pwerus ei ddydd a dibynnai Edward IV yn drwm arno i lywodraethu Cymru, ac y mae'r swyddi a ddaeth i'w ran yn brawf o'i bwysigrwydd.[2] Ceir dau gyfeiriad yn y gerdd hon (llau. 8 ac 11) sy'n awgrymu bod Wiliam

---

[1] Ceir golygiad ohoni yn CH i, 51–3, ii, 50–4.
[2] Am grynodeb o yrfa Wiliam Herbert, gw. R.A. Griffiths: PW i, 155–6, 186, 252, 287, 399; ByCy 333 a WWR² *passim*.

eisoes wedi ei benodi yn Brif Ustus De Cymru pan ganwyd hi. Daeth y swydd bwysig hon i'w ran ar 8 Mai 1461 ac y mae'n bosibl mai dathlu'r dyrchafiad hwn oedd un o amcanion Hywel Swrdwal yn yr awdl hon.[3]

Syml ond trawiadol yw'r darlun a geir o Wiliam Herbert. Tanlinellir natur ei awdurdod trwy ei gyffelybu i arwyr mwyaf y Cymry, a hynny o gyfnod bore'r genedl yng Nghaer Droea hyd at ddyddiau'r enwog Ddafydd Gam, taid Wiliam. Ceir mewn sawl man fynegiant o ymddiriedaeth yn Wiliam gan ei ddeiliaid a'i ddilynwyr yn ne-ddwyrain Cymru. Safai ben ac ysgwydd uwchben uchelwyr eraill y wlad, ac y mae'r gerdd hon yn fynegiant grymus o'r ffaith ddiymwâd honno.

Egyr yr awdl â chyfres o chwe englyn unodl union a gysylltir â chyrch-gymeriad, a chysylltir yr englyn olaf â dechrau'r caniad nesaf â chyrch-gymeriad (*rydd | roes*). Yna ceir naw pennill o wawdodyn ar yr odl *-yd*, a chyrcha diwedd yr awdl ei dechrau.

2 **pardwn** Gŵyl eglwysig yw un o ystyron *pardwn*. Ai awgrymu y mae'r bardd fod lliaws yn ymweld â'r cartref fel pe bai'n ddiwrnod gŵyl? Ond prin yw'r cyfeiriadau at *pardwn* yn yr ystyr hon, gw. GPC 2688.

3 **ystasiwn** Benthyciad o'r S. *station*, gw. EEW 86. Y mae'n debygol mai term eglwysig ydyw yma sy'n cyfeirio at bob un o gyfres o fannau sanctaidd y byddai pererinion yn ymweld â hwy, yn enwedig yn ninas Rhufain, gw. ymhellach OED[2] d.g. ac NCE xiii, 662–4 d.g. '*Stational Church*'.

5 Y mae'r ll. hon ddeusill yn fyr; y mae'n debygol fod gair ar goll ar ôl y gwant.

6 **allwydd** Ffurf amrywiol ar *allwedd*, gw. GPC 79 a cf. isod 9.53.

cyfoed Emrys Ar Emrys Wledig, arweinydd y Brythoniaid yn erbyn y Saeson wedi ymadawiad y milwyr Rhufeinig, gw. TYP[2] 345–6 a BD 116–30. Y mae'n debygol mai ystyr *cyfoed* yma yw 'un megis', gw. GIG 212 ar *gogyfoed*.

7 **Rhaglan** Cartref Wiliam Herbert yng Ngwent a chanolfan nawdd heb ei hail, gw. CH ii, 7 a 56; H. Durant, *Raglan Castle* (Pontypool, 1966); ac A. Emery, 'The development of Raglan castle and keeps in late mediaeval England', *Archaeological Journal*, cxxxii (1975), 151–86.

8 **swydd yr Arglwydd Rhys** Penodwyd yr Arglwydd Rhys ap Gruffudd (*ob.* 1197) yn ustus Deheubarth gan Harri II yn 1172. Gall mai hynny yw arwyddocâd *swydd* yma, o gofio i Wiliam Herbert gael ei benodi'n Brif Ustus De Cymru yn 1461, gw. R.A Griffiths: PW i, 155. Ond gall hefyd mai cyfeiriad cyffredinol at awdurdod, neu efallai at haelioni, yr Arglwydd Rhys sydd yma. Ymhellach arno, gw., e.e., *Yr Arglwydd*

---

[3] Gw. isod ll. 8n.

Rhys, gol. Nerys Ann Jones a Huw Pryce (Caerdydd, 1996).

10 **Godwin** Un o hynafiaid Wiliam Herbert, gw. P.C. Bartrum: WG1 'Godwin' 1, 2, 5, 8.

11 **ustus** Gw. uchod ll. 8n.

Iestin Sef Iestyn ap Gwrgant (*fl.* 1081–93) o Forgannwg, gw. ByCy 385, un o hynafiaid Wiliam. Disgynnai Dafydd Gam, taid Wiliam, o Einion Sais, gw. uchod 3.20n, a gwraig Einion oedd Lleucu ferch Hywel ap Maredudd ap Caradog ab Iestyn ap Gwrgant, gw. P.C. Bartrum: WG1 'Iestyn', 1, 2, 3.

14 **Caradog Freichfras** Un o hynafiaid Wiliam Herbert trwy ei daid Dafydd Gam. Gw. ymhellach J.E. Lloyd: HW[3] 90, TYP[2] 299–300 a cf. isod 26.15–16n.

16 **i dan** Ffurf ar yr ardd. *tan*, gw. GMW 59, 209–10.

Eneas Sef Eneas Ysgwydwyn o Gaer Droea, un o hynafiaid y Cymry, gw. BD 2, 45; TYP[2] 347, 551.

17 **Cynfelyn** Sef, y mae'n debyg, Cynfelyn fab Teneuan, brenin y Brytaniaid, gw. BD 55; WCD 155–6. Dywed Sieffre o Fynwy amdano iddo gael ei fagu gan Awgwstws Cesar a'i fod yn gyfeillgar iawn â'r Rhufeiniaid. Y mae'n llai tebygol mai at Gynfelyn Sant y cyfeirir, arno gw. LBS ii, 243–4. Am enghreifftiau pellach o'r e., gw. G 247–8.

Cynan ab Iago Tad Gruffudd ap Cynan, brenin Gwynedd yn y 12g., gw. ByCy 81–2 a J.E. Lloyd: HW[3] 379.

18 **Cadfan** Brenin Gwynedd yn y 7g., gw. ymhellach ByCy 55; J.E. Lloyd: HW[3] 181–2; TYP[2] 290.

19 **Dardan** Hynaif chwedlonol Troea a gŵr y credid bod y Cymry yn disgyn ohono, gw. BD 5 ac OCD[3] 430.

20 **Beli a Brân** Gw. uchod 2.12n.

Ceir yr un ll. yn GOLlM 19 (10.27).

22 **Syr Dafydd** Sef Dafydd Gam, taid Wiliam Herbert. Dyma enghraifft gynnar o'r gred iddo gael ei urddo'n farchog pan oedd wedi ei glwyfo'n angheuol ar faes y gad yn Agincourt yn 1415. Ceir cyfeiriadau tebyg gan Hywel Dafi a Lewys Glyn Cothi, gw. D.J. Bowen, 'B'le bu'r Ymryson rhwng Siôn Cent a Rhys Goch Eryri?', YB xxiii (1997), 111n47.

25 **es** Amrywiad ar *ys*, sef hen ffurf 3 un.pres.myn. y f. *bod*, gw. GPC 1240.

Y mae'r ll. hon ddeusill yn fyr yn y llsgr. Gyda chymorth y gynghanedd, a chan ddilyn CH i, 53, cynigir darllen *encil*.

29 **unmab Gwynlliw** Sef Catwg neu Gadog Sant, gw. ByCy 55–6; LBS ii,

14–42; TYP[2] 290; cf. isod 8.62n.

32 **camrychor** Ar *rhychor*, sef 'ych neu geffyl sy'n cerdded y rhych wrth aredig (sef y gorau o'r pâr dan yr iau ...)', gw. GPC 3125. Ergyd y ll. yw fod Wiliam yn cynnig achubiaeth rhag camarweiniad.

Y mae'r ll. yn fyr o sillaf.

33 **goreilyd** Ffurf amrywiol ar *goreilid* 'poen, gofid, gwasgfa, gormes', gw. GPC 1473 a cf. D.J. Bowen, 'Pynciau Cynghanedd', LlCy xx (1997), 139.

52 **Ellmyn** Sef pobl o dras Almaenaidd, yma y Saeson, gw. GPC 1209.

54 **gwannyd** Sef 'grawn eilradd, ŷd wedi methu llenwi, ŷd gwag, ail ŷd', gw. GPC 1575 (daw'r enghraifft gynharaf yno o'r 16g.).

55 **Tewdwr** Sef Tewdwr ap Cadell, gw. WCD 612, tad Rhys ap Tewdwr (*ob.* 1093), brenin Deheubarth, gw. ByCy 790; J.E. Lloyd: HW[3] 393 a cf. isod 5.2n. Dywed rhai o'r achau fod Wiliam Herbert yn ddisgynnydd iddo, gw. P.C. Bartrum, 'Pedigrees of the Welsh Tribal Patriarchs', Cylchg LlGC xiii (1963–4), 123–4.

56 **Heinsiust** Gw. isod 7.38n.

5

Dyma gerdd sy'n nodweddiadol o'r ymhyfrydu mewn lletygarwch a pherchentyaeth a geir drosodd a thro gan feirdd y bymthegfed ganrif.[1] Canmolir haelioni Wiliam Herbert mewn *tour de force* o awdl sy'n nodedig am y rhestr faith o'r gwinoedd a geid wrth ei fwrdd. Y mae'n siŵr yr adwaenai Wiliam Herbert ei winoedd yn dda.[2] Buasai'n ymladd yn Ffrainc yn ddyn ifanc ac mewn blynyddoedd diweddarach bu'n ymhél rhywfaint â'r fasnach win.[3] Ond darlun o uchelwr yn mwynhau ei gyfoeth a sylw ei weision yn ei lys ef ei hun a geir yn y gerdd hon. Mewn mannau, ac yn enwedig yn llinellau 13–16, y mae'n adleisio'n gryf gywydd enwog Guto'r Glyn i Domas ap Watgyn Fychan.[4]

Yr unig gyfeiriad hanesyddol pwysig yn y gerdd hon yw hwnnw at *Edwart* (ll. 75) sy'n awgrymu'n gryf y dylid ei ddyddio rywdro rhwng 1461, pan ddaeth Edward IV i'r orsedd, a 1469, pan laddwyd Wiliam Herbert. Nid yw, felly, yn debygol o fod mor gynnar â 1450, y dyddiad a nodir yn rhai o'r llawysgrifau.

Cyfres o ddeg englyn unodl union a geir yn hanner cyntaf yr awdl hon

[1] Ceir golygiad ohoni yn CH i, 33–7 a ii, 39–45.
[2] Ar y gwinoedd, gw. y nodiadau isod, yr Eirfa; GPC 1662; K. Lloyd Gruffydd, 'Wales's maritime trade in wine during the later Middle Ages', *Cymru a'r Môr*, xv (1992), 23 a CH ii, 39–45.
[3] WWR[2] 46.
[4] GGl[2] 11–13 (cerdd IV).

gyda chyrch-gymeriad yn cysylltu'r mwyafrif (ond heb fod yn amlwg iawn rhwng y pedwerydd a'r pumed englyn). Yna ceir cyfres o 19 cyhydedd hir ar y brifodl *-ant*, gyda chyrch-gymeriad yn cysylltu'r englyn olaf â'r cyhydedd hir cyntaf, ac yn cysylltu llinell olaf y gerdd â'i dechrau.

2 **Rhys ap Tewdwr** Brenin Deheubarth a fu farw yn 1093, gw. ByCy 790 a J.E. Lloyd: HW³ 392–9. Dichon yr olrheiniai Wiliam ei ach iddo, gw. uchod 4.55n.

7 **iwmyn** Ffurf l. *iwmon* sy'n fenthyciad o'r S. *yeoman* 'gwas neu ganlynwr is ei safle nag ysgwïer', gw. GPC 2042; hefyd G. Williams: RRR 103–4.

9 **Rhin** O'r S. *Rhine*, yr afon bwysicaf sy'n llifo i Fôr y Gogledd a chanddi nifer mawr o winllannoedd wrth ei glannau.

16 **Ipocras** Gwin wedi ei gymysgu â pherlysiau, gw. GPC 2025.

20 **gwin Mawnts** Awgrymir yn betrus yn GPC 1662 d.g. *gwin Mawn(t)s, — Mownd* '? *wine from Mantes or Le Mans in France*'. Dichon mai'r lleoliad cyntaf yw'r un cywir yma. Tyfid gwinwydd yn helaeth ym Mharis gynt. Cludid gwin ar Afon Seine (heibio i Mantes) hyd at Le Havre.

21 **Sin** Sef y ffurf G. ar *Sheen*, plas brenhinol yn Surrey.

22 **llys Arthur** Yr oedd cryn enwogrwydd yn perthyn i Ehangwen, neuadd Arthur, gw., e.e., GGl² 133 (XLIX.29); GLGC 377 (171.35); a'i lys yng Nghelliwig, gw., e.e., GCBM ii, 4.167n.

24 **cwler de pael** Benthyciad o'r Ffr. '*couleur de paille*', sef (gwin) 'o liw gwellt', gw. ymhellach CH ii, 41–2.

28 **camplid** Benthyciad o'r S.C. *camplete* 'math o win', gw. GPC 404.

30 **Troea** Cyfeiriad, y mae'n debyg, at un o lysoedd yr Herbertiaid, sef Troy Parva, yng nghantref Tryleg, arglwyddiaeth Brynbuga (Gwent), gw. WATU 277 a cf. isod 7.13n.

Pen-rhys Ceir dau le o'r enw hwn yn sir Forgannwg, y naill yng Ngŵyr a'r llall yn y Rhondda, gw. WATU 176–7. Tybed ai Pen-rhys y Rhondda yw hwn, cyrchfan boblogaidd iawn i bererinion y 15g.?

32 **Sain Miliwns** Sef St Emilion, tref yn ardal Bordeaux sy'n enwog am ei gwin. Fe'i gelwir yn *Sain Miliwn* gan Lewys Glyn Cothi, gw. GLGC 153 (65.59). Ond sylwer mor debyg yw'r enw i St Mellons (Llaneirwg), pentref yng Ngwynllŵg, arglwyddiaeth Casnewydd. Daeth rheolaeth yr arglwyddiaeth honno i ddwylo Wiliam Herbert yn 1461, gw. Carole Rawcliffe, *The Staffords, Earls of Stafford and Dukes of Buckingham 1394–1521* (Cambridge, 1978), 124, 213.

33 **gwin Colobr** Sef, yn ôl GPC 1662, '*Colombar* (*Colombier*) *wine*'. Ond awgrymir yn CH ii, 42 y gellid diwygio a darllen *gwin calabr*, gyda

calabr yn fenthyciad o'r Ffr. *calabre*, sef 'darpariaeth alcoholaidd wedi ei wneud o ddefnyddiau siwgraidd ynghyd â syrup grawnwin, a ddefnyddir i wneud gwin melys iawn'.

gwin Rhwmnai Gwin gwyn melys o dde Sbaen, yn wreiddiol o wlad Groeg.

34 **Cwlen** Sef *Cologne* yn yr Almaen, gw. EEW 107, 155.

35 **Iago** Un o saint mwyaf poblogaidd yr Oesoedd Canol, gw. ODCC³ 857.

36 **Ýsbaen** Ar yr aceniad yma, cf., e.e., GLGC 188 (82.32), 217 (95.50), 301 (133.29). Penrhyn Iberia gyfan a olygir yma, sy'n cynnwys dinas Lisbwrn.

37 **gwin Teir** Gwin gwyn cryf a melys o Tyre yn Sicilia.

38 **gwin Twren** Dilynir CH ii, 43 a chymryd mai cyfeiriad at Touraine yn Ffrainc sydd yma ac nid at Turin yn yr Eidal, *pace* GPC 1662.

gwin Brefi Gwin o Brive yn Ffrainc.

39 **gwnânt ... Normandi** Yngenir 'gwnând' ar gyfer y gynghanedd. Collfarnodd John Morris-Jones y math hwn o gynghanedd lle yr atebir *-nt* gan *-nd* (gw. J. Morris-Jones: CD 219), ond y mae'n debygol yr yngenid *-nt* yn ddigon tebyg i *-nd* yn y 15g. fel y byddai modd llunio cyfatebiaeth gywir rhyngddynt, cf. isod 11.2n, 20.43n a GRB 75 (15.11n).

Normandi Y dalaith yng ngogledd Ffrainc.

43 **bro Gadell** Sef Deheubarth, y mae'n debyg, ardal y bu Cadell ap Rhodri Mawr yn frenin arni, gw. J.E. Lloyd: HW³ 326.

45 **Mynyw** Sef Tyddewi yn sir Benfro.

46 **ail** Ai'r ergyd yma yw mai Edward IV (gw. isod ll. 75n) yw'r cyntaf ei awdurdod o Gernyw i Gymru, a Wiliam Herbert yn ail teilwng iddo?

Clegyrnant Afonig i'r gogledd o Lanbryn-mair yng Nghyfeiliog. Am gyfeiriadau pellach ati, gw. D.H. Evans, 'Coffâd i Herwr o Gantref Arwystli', YB xxiii (1997), 148.

50 **tra fo** Yr arfer mewn Cym.C. oedd treiglo'n feddal ar ôl *tra*, gw. Treigladau 387–9.

51 **Tra gân trugeinnyn â dwylo delyn** Darllenir *dwylo d'elyn* yn CH i, 34 (8.51), ond awgryma'r cyd-destun yn gryf mai *telyn* yw'r ail air yma. Cymerir bod *delyn* yn wrthrych uniongyrchol i *gân* yma.

61 **isier** Benthyciad o'r S. *usher* 'drysawr'.

62 **bwtler** Benthyciad o'r S. *butler* 'gwas sy'n gofalu am y seler win ac yn rhannu'r diodydd', gw. GPC 357.

sewer Benthyciad o'r S. *sewer*, sef y gwas sy'n gyfrifol am drefn y gwasanaeth bwrdd, gw. OED² d.g.

63 **'m delw Gynin** Sant a goffeir yn Llangynin yn sir Gaerfyrddin; dichon fod delw ohono yn yr eglwys honno, gw. LBS ii, 261–2.

66 **ewri** Benthyciad o'r S. *ewry, ewery* 'ystafell neu ran o'r llys brenhinol lle y cedwid llestri dŵr, llieiniau', &c., gw. GPC 1263.

68 **Rolant** Gw. uchod 2.44n.

75 **Edwart** Sef Edward IV, brenin Lloegr o 1461 tan 1483, cf. 3.34n.

76 **Iorc** Dinas Efrog yng ngogledd Lloegr, cf. uchod ll. 75n. Dug Iorc oedd teitl Edward IV cyn iddo ddod yn frenin.

Caeriw Sef Carew yn arglwyddiaeth Penfro, gw. WATU 309 a W.G. Spurrell, *The History of Carew* (Carmarthen, 1921). Yr oedd yno gastell enwog ac yr oedd gan deulu Herbert diroedd yno.

77 **Eudaf** Eudaf fab Caradog, brenin ynys Prydain, a thad Elen, gwraig Macsen Wledig, gw. BD 70–5, 228–9 a BrM 24.

78 **hoedl Addaf** Gw. isod 34.67n.

6

Urddwyd Wiliam Herbert, mab Wiliam Herbert yr hynaf, yn farchog yn Winsor ar 1 Medi 1466, ac yn yr un mis priododd â Mary Woodville, chwaer Elisabeth gwraig Edward IV.[1] Nid oedd Wiliam ond un ar ddeg oed ar y pryd, ond nid oedd priodi'n ifanc yn anarferol yn y cyfnod, yn enwedig ymhlith haenau uchaf y gymdeithas.[2] Y mae'r briodas hon felly yn dyst o safle hynod uchel Wiliam Herbert yr hynaf yn chwedegau'r bymthegfed ganrif. Dysgwn yn y gerdd fod Wiliam (II) wedi ei urddo'n Arglwydd Dunster, a cheir cyfeiriad cyfoes ato fel *lord of Dunstre*, er nad oes cofnod swyddogol yn profi bodolaeth y greadigaeth honno.[3] Ceir gan Hywel Swrdwal ddisgrifiad manwl o'r ddefod urddo a gellir casglu mai ei urddo'n aelod o Urdd y Badd a gafodd Wiliam. Y mae'n dra phosibl fod Hywel, os nad oedd yn bresennol ei hun, wedi clywed adroddiad manwl am y seremoni gan un a fu'n llygad-dyst. Nid yw union natur y ddefod yn hysbys bellach, ond y mae'r disgrifiad a geir yng nghywydd Hywel Swrdwal yn ymdebygu mewn sawl man i'r disgrifiad a roes William Camden tua diwedd yr unfed ganrif ar bymtheg.[4] Ymddengys fod yn y seremoni gymysgedd o

---

[1] Ceir golygiad o'r cywydd hwn yn CH i, 142–5, ii, 150–3.

[2] Cafwyd cryn anghytuno ynglŷn â dyddiad geni Wiliam, ond bellach gellir bod yn bur sicr mai ar 5 Mawrth 1455 y ganed ef, gw. Charles H. Thompson, 'William Herbert Earl of Huntingdon', *Notes and Queries*, twelfth series, viii (January–June 1921), 270–2. Nid oedd priodasau cynnar o'r fath yn anghyffredin ymhlith y boneddigion a'r teulu brenhinol, gw. P.M. Kendall, *The Yorkist Age* (London, 1967), 364–5.

[3] Gw. isod llau. 3–4n a hefyd Comp Peer vi, 444–5 ac *ib*. 402n(b).

[4] William Camden, *Britannia* (*s.l.*, 1695), clxxix–clxxx.

grefydd a milwriaeth, a chamarweiniwyd rhai o'r copïwyr i gredu mai ymuno ag un o'r urddau sanctaidd a wnaeth Wiliam.

1-2 **Dechrau da ... / A wna da yn y diwedd** Dihareb, cf. 'Dechrau da a wna diwedd da', gw. William Hay, *Diarhebion Cymru* (Lerpwl, 1955), 76.

3-4 **arglwydd ... / ... Dwnster** Yn ôl Comp Peer vi, 444–5 ac *ib.* x, 402n(b) ni fu erioed y fath greadigaeth, ond y mae tystiolaeth y gerdd hon a hefyd Cal. Pat. Rolls 1467–85, 132 (gw. CH ii, 151) yn tystio fel arall. Porthladd ar arfordir Gwlad yr Haf yw Dunster, ac yr oedd cysylltiadau agos rhyngddo a rhai o borthladdoedd De Cymru, gw. Ralph A. Griffiths, *Conquerors and Conquered in Medieval Wales* (Stroud, 1994), 2–3, 5, 8, 23, 179. Cafodd Wiliam (I) Herbert gomisiwn ar ran y brenin yn 1461 i feddiannu eiddo Lancastriaid yn yr ardal, gan gynnwys castell Dunster, gw. GLGC 578.

3 **arwydd** Gellid hefyd fod wedi dilyn llsgrau. BFGI a darllen *orwydd* yn hytrach nag *arwydd* y llsgrau. eraill. Ar *gorwydd* 'march, ceffyl' (a geir uchod 2.41), gw. GPC 1506–7.

Urien Sef Urien Rheged, noddwr Taliesin, gw. ymhellach TYP² 516–20.

6 **Winsor** Yno y priododd Wiliam a Mary ac yr urddwyd Wiliam yn farchog, gw. y nodyn cefndir uchod.

7 **hansel** Ffurf amrywiol ar *honsel* 'rhodd (yn enw. un a roddir, fel arwydd o ewyllys da neu er sicrhau ffafr neu lwc dda)'. &c., gw. GPC 1897.

8 O ddarllen *iddaw* (yn hytrach nag *iddo*), ceir yma gynghanedd sain yn ogystal â chynghanedd draws.

11 **nawradd** Sef naw gradd nef, gw. DN 136.

15 **eillio** Eillid y darpar farchog y noson cyn y ddefod: 'in the evening he shall be led to his chamber, where he shall be shaved and his hair rounded', gw. F.C. Woodhouse, *The Military Religious Orders of the Middle Ages* (London, 1879), 309.

17-20 Cf. disgrifiad Camden, 'with a bathing vessel ... they wash themselves, to put them in mind, that they ought to keep their bodies and minds undefiled for ever after', gw. William Camden, *Britannia* (*s.l.*, 1695), clxxx.

20 **glendyd** Sef 'glendid'. Ar y ffurf yn diweddu ag -*yd*, gw. D.J. Bowen, 'Pynciau Cynghanedd', LlCy xx (1997), 139–40.

29 **mantell ruddell** Cf. William Camden, *l.c.*, '... and dress themselves in a mantle of red Taffata, bright and shining with that martial colour'.

35 **llwyd yw'r wisg**   Cf. William Camden, *l.c.*, 'the day before their Creation [they] put on a gray Hermit habit, a hood, a linnen Coif, and a pair of boots, and in that dress go devoutly to divine service'.

39 **sidan las**   Cf. William Camden, *l.c.*, 'at the Coronation they attend the King ... attired in a blue mantle, that being the colour of a clear Sky'.

40   Cf. disgrifiad William Camden, *l.c.*, o urddo yn amser Harri IV, 'he gave to every one of them a green side-coat reaching down to the ankle'.

41–2   Cf. William Camden, *l.c.*, 'Each of them has his Page on horse-back, carrying a sword with a gilded hilt, at which there hang golden spurs ... then the Page delivers the belt and the sword hanging in it to the Lord Chamberlain and he with great reverance gives it to the King, who puts it on overthwart the Knight, and orders the senior Knights there to put on the spurs.'

45 **Llŷr**   Sef Llŷr Llediaith, y mae'n debyg, yr arwr chwedlonol a goffeid gan y beirdd yn arbennig am ei ffyrnigrwydd wrth ymladd, gw. GSRh 3.59n a TYP² 427–9.

47 **y nall**   Hon yw'r enghraifft gynharaf a geir yn GPC 2550 lle y'i deellir yn betrus yn 'amrywiad ar y rh. *llall* dan ddyl. y rh. *naill*'. Ceir sawl enghraifft o gyfnodau diweddarach.

49–50 **dwy sbardun ... / Euraid**   Gw. uchod llau. 41–2n.

57 **ni thry ar lyn**   Ai 'ni fydd yn troi [neu'n torri ar ei addewid hyd yn oed] yn ei ddiod' yw'r ystyr?

62 **Rhaglan**   Gw. uchod 4.7n.

65 **Brytaen**   Gw. 3.37n.

66 **ei chwaer**   Yr oedd gwraig Wiliam, Mary Woodville, yn chwaer yng nghyfraith i Edward IV, gw. y nodyn cefndir uchod.

67 **Winsor**   Gw. uchod ll. 6n.

7

Dienyddiwyd Wiliam Herbert a'i frawd Syr Rhisiart wedi iddynt gael eu gorchfygu gan luoedd Iarll Warwig ym mrwydr Banbri (neu Edgecote fel y cyfeirir ati gan amlaf yn Saesneg) ym mis Mehefin 1469.[1] Codasai gwrthryfel yn erbyn Edward IV yng ngogledd Lloegr dan arweiniad gŵr a elwid *Robin of Redesdale*, ymgyrch ac iddi gefnogaeth Richard Neville, Iarll Warwig. Codwyd byddin gan Wiliam Herbert ar ran Edward a gorymdeithiodd i Loegr i gyfarfod â'r gelyn. Fodd bynnag, cyn y frwydr bu rhyw anghydfod rhwng Herbert ac Iarll Dyfnaint, un o'i gynghreiriaid, a

---

[1]   Ceir golygiad o'r cywydd hwn yn CH i, 97–9 (cerdd 22), ii, 105–8.

thynnodd hwnnw ei luoedd yn ôl o'r maes. Ymladdwyd y frwydr ddydd Llun 24 Mehefin.[2] Aeth y fuddugoliaeth i blaid Warwig, lladdwyd llu o Gymry amlwg, a daliwyd Wiliam Herbert a'i frawd Rhisiart. Dienyddiwyd y ddau, Rhisiart ar y dydd Mercher canlynol a Wiliam ddiwrnod yn ddiweddarach. Syniai'r beirdd am y frwydr a'i chanlyniadau fel trychineb enbyd.[3]

Dialgar yw ysbryd y gerdd hon yn anad dim. Er ei bod yn cwyno am farwolaeth Wiliam Herbert a'i berthnasau ar y naill law, rhoddir llawn cymaint o sylw i greulondebau a diffygion y Saeson. Ni chredai Eurys Rowlands 'i neb erioed fynegi'r fath eithafoedd o wrth-Seisnigrwydd ag sydd ym marwnad Hywel Swrdwal i Wiliam Herbert, Iarll Penfro'.[4] Yn ddiddorol iawn, rhoddir pwyslais ar ddiffygion crefyddol y Saeson: y maent yn Lolardiaid ac yn draeturiaid i'r Iesu (ll. 21), ac yn ymylu ar fod yn baganiaid (ll. 29). Erfynia'r bardd ar i'r brenin Edward ddod i Gymru i enynnu'r genedl a'i harwain yn erbyn y Saeson. Dyma fynegiant o ym-deimlad a geir mewn cerddi eraill o'r ganrif hon, sef bod y Goron uwchlaw'r cenhedloedd oddi tani, a bod y brenin, felly, yn gallu cefnogi'r Cymry wrth iddynt geisio dial ar y Saeson atgas.

1 **perchen bwa** Yr oedd gan fyddin Iarll Warwig fwy o wŷr bwa na Wiliam Herbert, yn enwedig wedi i Iarll Dyfnaint wrthod ymuno â'r frwydr, gw. WWR[2] 102, 104. Hyn, o bosibl, sydd i gyfrif am elyniaeth y bardd tuag at wŷr y bwa.

2 **swydd Iorc** O gyffiniau Efrog dan arweiniad *Robin of Redesdale* y daeth nifer helaeth o gefnogwyr Warwig i'r frwydr, gw. WWR[2] 102.

3–4 Cf. Pen 67 106 (LXX.1–2) *Mi a wn lle mae annedd / dynnyon y byd yn vn bedd* (Hywel Dafi).

6 **ni werthaf** Ar *gwerthu* 'rhoi ranswm neu bris ar', gw. GPC 1647. Yr ergyd yw y byddai'r bardd yn lladd ei elyn yn ddisymwth, yn hytrach na'i ransymio am bris da. Cf. diweddglo cywydd Guto'r Glyn i Domas ap Watgyn Fychan, gw. GGl[2] 12–13 (IV.57–8, 69–74).

North Gogledd Lloegr, cf. uchod ll. 2n. Amlygir casineb yn gyson gan y Cywyddwyr tuag at wŷr y Gogledd. Yr oedd barn trigolion de Lloegr am y gogleddwyr yn ddigon tebyg, cf. isod 8.58n.

8 **iarll o Went** Wiliam Herbert a urddwyd yn Iarll Penfro ar 8 Medi 1468, gw. WWR[2] 101 a cf. isod ll. 12.

12 **Iarll Penfro** Gw. uchod ll. 8n.

---

[2] Profir union ddyddiad y frwydr yn W.G. Lewis, 'The Exact Date of the Battle of Banbury, 1469', *Bulletin of the Institute of Historical Research*, lv (1982), 194–6.

[3] Am fanylion pellach am y frwydr, gw. WWR[2] 102–10; CH ii, 89–95 a D.A. Thomas, *The Herberts of Raglan and the Battle of Edgecote* (Enfield, 1994), 53–72.

[4] 'Un o gerddi Hywel Swrdwal', YB vi (1971), 94.

13 **Syr Rhisiart** O Golbrwg. Dienyddiwyd ef, fel ei frawd hŷn Wiliam, ar ôl y frwydr, gw. y nodyn cefndir uchod.

Tomas O Droea (cf. 5.30n), gw. WWR² 23–5 a'r mynegai, CH ii, 80–1 a D.A. Thomas, *The Herberts of Raglan and the Battle of Edgecote* (Enfield, 1994), 230–46.

14 **Siôn** Brawd anghyfreithlon i Wiliam, y mae'n debyg, gw. WWR² 81 a'r mynegai; R.A. Griffiths: PW i, 158–9; CH ii, 142–3.

16 **[y] wadd** Enw a roed yn gyffredin ar y gelyn, gw. GPC 1543 ac R. Wallis Evans, 'Prophetic Poetry' yn GWL² ii, 288. O ystyried amgylch-iadau'r gerdd hon, dichon mai Richard Neville, Iarll Warwig, a olygir. Wedi marwolaeth Edward IV, dechreuodd y beirdd a hyrwyddai achos y Lancastriaid ddefnyddio'r term am Richard III.

18 **Banbri** Gw. y nodyn cefndir uchod.

19 **dwy gynneddf** Y ddwy gynneddf a briodolid i'r Saeson oedd heresi a brad.

21 **Lolardiaid** O'r S. *Lollard*, coleddwyr heresi Lolardiaeth, cefnogwyr John Wycliffe, gw. GPC 2068 ac E.D. Jones, *Beirdd y Bymthegfed Ganrif a'u Cefndir* (Aberystwyth, 1984), 37. Yr oedd ystyr ehangach i'r term fel arwydd o ddirmyg erbyn y 15g. gan i'r Lolardiaid wrthryfela yn erbyn y Goron, gw. ODCC³ 994.

24 **[y] tarw du** Sef Edward IV, cf. GGl² 157 (LIX.1.) *Mae'r tarw mawr o'r Mortmeriaid?* Yr oedd y tarw du ymhlith arwyddion Edward IV, gw. R. Hope Robbins, *Historical Poems of the XIVth and XVth Centuries* (New York, 1959), 377n47 a CH ii, 106–7.

27–8 **trech anian ... / Nog addysg** Dihareb, cf. R 1033.6–7 *trech anyan noc adysc* ('Englynion y gorwynion').

30 **Waden eu taid** Yr oedd brenhinoedd y Saeson cyn gynhared â'r 9g. yn olrhain eu hachau yn ôl i Waden (S. *Woden*), ac ohono ef i Noa, gw. A.R. Wagner, *English Genealogy* (second ed., Oxford, 1972), 352. Fodd bynnag, y mae'n amlwg mai dirmygus yw agwedd Hywel Swrdwal tuag at hynafiad paganaidd y Saeson. Ond gall fod yma arwyddocâd dyfnach na hynny. Gallai Edward IV, diolch i'w gysylltiad â'r Mortmeriaid, Gwladus Ddu a Llywelyn Fawr, olrhain ei ach yn ôl i Gadwaladr Fendigaid. Cyfeiria Guto'r Glyn at y cyswllt â Gwladus Ddu yn ei gywydd mawl i Edward, gw. GGl² 157 (LIX.12). Tueddai'r brenhinoedd Lancastraidd, ar y llaw arall, i olrhain eu hach i Waden. Felly gall mai enghraifft o bropaganda gwrth-Lancastraidd a geir yma. Os felly, yr oedd Hywel Swrdwal yn ymwybodol o'r modd yr aeth y llys Iorcaidd ati i gyfiawnhau teyrnasiad Edward IV. Gw. ymhellach Alison Allan, 'Yorkist propaganda: Pedigree, prophecy and the "British history" in the Reign of Edward IV', yn *Patronage, Pedigree and Power*

in Later Medieval England, ed. Charles Ross (Gloucester, 1979), 171–92, yn enwedig td. 176. Ystyr *taid* yma yw 'hynafiad'.

33 **Edward wyn** Sef Edward IV unwaith eto. Gall *gwyn* yma olygu 'gwych, rhagorol' neu fod yn gyfeiriad at y lliw gwyn yn ei arfbais, lliw a gysylltir yn arbennig â'i hynafiaid, y Mortmeriaid, gw. Charles Boutell, *English Heraldry* (London, 1899), 236.

34 **I Gymru i enynnu'n iaith** Ni cheir yr ail *i* yn y llawysgrif; fe'i hychwanegwyd er mwyn yr ystyr. Ond y mae'n rhaid cywasgu er mwyn hyd y ll.

38 **Hwrswns o Hors a Heinsiust** Benthyciad yw *hwrswns* o'r S. *whoresons*, gw. GPC 1934. Hors a Heinsiust (S. *Hengist*), yn ôl traddodiad, oedd y ddau Sais cyntaf i ymsefydlu ym Mhrydain, gw. TYP² 406–7a cf. 4.56n.

39–40 Cf. GDLl 125 (55.5–6) *Ni bu'n amser mab Ywain, / Banbri hwnt, ben byw o'r rhain.* Daw'r cwpled hwn o farwnad gŵr arall a laddwyd ym Manbri, sef Rhys ap Dafydd Llwyd o'r Drenewydd, mab un o noddwyr Hywel Swrdwal, gw. uchod td. 9.

44 **swydd Loncastr** Gelynion Herbert—ar ochr Edward IV a phlaid Iorc yr ymladdai ef.

swydd Lincol Tueddu at blaid Lancastr a wnâi'r rhan fwyaf o drigolion Lincoln. Bu gwrthryfel yno yn gynnar yn 1470 yn erbyn Edward IV, gw. ymhellach Sir Francis Hill, *Medieval Lincoln* (Stamford, 1990), 280–5. Ceir cyfeiriadau at y dref yn rhai o'r daroganau Cymraeg, gw. GDGor 4.74n.

46 **gwŷr y Fforest** Sef Fforest y Dên neu Fforest y Ddena (S. *Forest of Dean*) yng ngorllewin swydd Gaerloyw. Ystyriai'r beirdd drigolion yr ardal hon yn elynion iddynt, gw. GGl² 342; GLGC 289 (129.29).

47 **Dewi** Nawddsant Cymru y cyfeirir ato'n aml mewn canu gwleidyddol, cf. uchod 5.44.

50 **Caerloyw** Cf. uchod ll. 46n. Yr oedd gelyniaeth rhwng y Cymry a gwŷr yr ardal hon, cf., e.e., GLGC 289 (129.25–6) *Nac arbed Fanbri na'i brain na'i phiod, / na Chaerloyw wrthi na'i charl a'i harthod.* Y mae'n bosibl i fyddin Herbert orymdeithio trwy'r dref ar ei ffordd i'r frwydr ym Manbri, gw. WWR² 102–3.

53 **Iau** Ar ddydd Iau 27 Gorffennaf 1469 y dienyddiwyd Wiliam Herbert.

54 **Merchyr** Dienyddiwyd Syr Rhisiart Herbert ddiwrnod o flaen ei frawd.

56 **Llun** Diwrnod y brif frwydr pan laddwyd nifer mawr o'r Cymry, gw. y nodyn cefndir uchod.

58 **gwaed Alis** Y Saeson, gw. GDLl 193.

60 **Beuno** Sant y credid iddo godi Gwenfrewi ac eraill o farw'n fyw, gw.

ByCy 30 a LBS i, 208–21. Ceir nifer o gyfeiriadau at y traddodiad yn y cerddi i Wenfrewy, gw., e.e., GSH cerdd 18 a TA 523–8 (cerdd XXXIX).

62 **Gwenfrewy** Yn ôl yr hanes, torrwyd ei phen a'i lladd, ond llwyddodd Beuno i'w hatgyfodi'n holliach, gw. ByCy 305 a LBS iii, 185–96. Dyna'r wyrth y dymunai'r bardd iddi gael ei chyflawni dros Wiliam a Rhisiart Herbert wedi torri eu pennau hwythau. Sylwer mai odli'n lleddf a wna *Gwenfrewy* yma.

63 **Sain Siâm** Sef Santiago de Compostella yn Sbaen, man claddu Iago yn ôl traddodiad a chyrchfan boblogaidd iawn i bererinion, gw. CBPM 244–74. Sylwer mai ar 24 Mehefin yr ymladdwyd y frwydr, sef y diwrnod cyn Gŵyl Iago.

8

Hon yw'r unig gerdd a gadwyd i Ruffudd ab Ieuan ap Meurig, aelod o deulu tra amlwg yn arglwyddiaeth Caerllïon.[1] Er mai tawel, hyd y gellir barnu, fu gyrfa Gruffudd, yr oedd ei frawd Trahaearn yn amlwg iawn yng ngwleidyddiaeth De Cymru, ffaith a adleisir yng nghyfeiriad Hywel Swrdwal ato (ll. 18). Yr oedd Trahaearn yn noddwr hael i'r beirdd— cadwyd awdl foliant iddo gan Lewys Glyn Cothi, cywydd i ofyn mantell gan Ddafydd ab Edmwnd a chywydd enwog i erchi Llyfr y Greal gan Guto'r Glyn.[2] Dengys ei yrfa ei fod, fel eraill o noddwyr y Swrdwaliaid, yn un o bleidwyr yr Herbertiaid a'r blaid Iorcaidd. Bu'n ddirprwy i Wiliam (I) Herbert fel stiward Brynbuga a Chaerllïon yn 1454, a bu ar gomisiwn gydag ef ym mis Mehefin 1463.[3] Erbyn hynny yr oedd eisoes wedi ymelwa'n helaeth ar fuddugoliaethau'r Iorciaid yn 1461–2.[4] Ym mis Tachwedd 1478 cafodd ef a Wiliam (II) Herbert bardwn am beidio ag ymddangos gerbron llys y brenin.[5] Geilw Guto'r Glyn ef yn *Un o'i iaith a'i wayw a'i nerth, / Iarll Herbart, gar llaw Arberth.*[6] Teg yw tybio, felly, fod ei frawd Gruffudd yntau'n bleidiol i deulu Herbert, a cheir cadarnhad o hynny mewn cyfeiriad gan Lewys Glyn Cothi at *llun arfau Herbert* yn ei awdl i ofyn llen gan Annes ferch Siôn, gwraig Gruffudd.[7] Dengys pob un o'r cerddi y cyfeiriwyd atynt fod teulu Gruffudd a Thrahaearn yn un nodedig o dduwiol a diwylliedig.

Nid oes modd dyddio'r gerdd hon yn fanwl, ond gellir awgrymu mai

---

[1] Am ei ach, gw. P.C. Bartrum: WG1 'Rhys Goch Ystrad Yw' 10.
[2] GLGC 264–5 (cerdd 117); DE 111–13 (cerdd LVII); GGl² 303–4 (cerdd CXVIII).
[3] DWH i, 96; WWR² 157n43.
[4] WWR² 88. Ceir manylion pellach amdano yn Cal. Pat. Rolls 1476–1485, 280.
[5] *Ib.* 128. Yr oedd yn fyw o hyd yn 1481, gw. HMons iii, 219.
[6] GGl² 303–4 (CXVIII.29–30).
[7] GLGC 269 (119.39).

rywdro yn chwedegau neu saithdegau'r bymthegfed ganrif y bu Gruffudd farw. Yn ôl y dystiolaeth lawysgrifol, ymddengys na ellir dyddio awdl Lewys Glyn Cothi i wraig Gruffudd, cerdd a ganwyd pan oedd Gruffudd yn fyw o hyd, yn ddiweddarach nag ail hanner saithdegau'r bymthegfed ganrif.[8]

Haelioni Gruffudd yn anad dim a ganmolir gan y bardd yn y gerdd hon, a hynny o bosibl yn adlewyrchiad o'r ffaith na fu iddo erioed ennill swyddi cyn bwysiced ag eiddo ei frawd. Rhydd y bardd ganmoliaeth yr un mor helaeth i'w wraig Annes, gan dynnu sylw arbennig at ei duwioldeb a'i charedigrwydd i'r tlawd. Rhydd y gerdd hon inni ddarlun cyfoethog a chytbwys o ŵr a gwraig hael a chrefyddol eu buchedd.

2   **Arthan**   Sef Arthen ap Cynfyn o Ynys Allan, Meisgyn, gw. P.C. Bartrum: WG1 'Rhys Goch Ystrad Yw' 7. Disgynnai Gruffudd ohono trwy ei fab Hywel ab Arthen, gŵr y credir i Elidir Sais ganu ei farwnad, gw. GMB cerdd 19.

6   **ei ddefnydd**   Am wahanol ystyron *defnydd*, gw. GPC 913–14 a sylwer yn arbennig ar yr ymadrodd cyfreithiol *defnydd ac achos cwyn* 'substance and cause of a lawsuit or complaint'. Dichon y dylid cysylltu *defnydd* gyda *cwyn* y ll. flaenorol (gall *cwyn* fod yn eg. neu'n eb., gw. GPC 653); cf. defnydd Cynddelw Brydydd Mawr o'r e. mewn marwnad i Gadwallon ap Madog, *Neud meu o'e agheu dagreu digrawn … / Neu'm dotyw defnyt … / Dyuod y gyfnod y Gadwallawn* (GCBM i, 9, 11–12).

7   **Ieuan**   Tad Gruffudd; cofnodir ei fod yn fyw yn 1433, gw. P.C. Bartrum: WG1 'Rhys Goch Ystrad Yw' 10. Ef oedd sarsiant-feistr Brynbuga yn 1411, gw. DWH i, 96.

8   **ŵyr Feurig**   Sef Meurig ap Hywel Gam, taid Gruffudd, a fu farw yn 1392. Dywedir iddo fod yn Ysgwïer o Gorff i Edward III, gw. P.C. Bartrum: WG1 'Rhys Goch Ystrad Yw' 10. Ar y treiglad ar ôl *ŵyr*, gw. uchod 1.23n.

10   **Llïon Gaer**   Caerllïon ar Wysg, tref ac arglwyddiaeth yng nghwmwd Edeligion. Yno yr oedd cartref Gruffudd, gw. WCD 89.

12   **eddilig**   Nis ceir yn GPC 1169. Cynigir yn betrus ei fod yn gyfuniad o *eddil* (amrywiad ar *eiddil*) 'gwanddyn' a'r ôl-ddodiad *-ig*, gyda'r ystyr 'tebyg i ddyn gwan'. Cf. *edigion* am *eiddigion* yn GGrG 8.5n. Cf. hefyd yr enw *Eddilig Gor*, cymeriad y cyfeiria Dafydd ap Gwilym ato, gw. GDG³ 509 a TYP² 338.

15–16   **Rhirid … / Flaidd**   Ymddengys mai cyfeiliornus yw'r cyfeiriad hwn at Ririd Flaidd, er y ceir cyfeiriadau tebyg yng ngherddi Lewys Glyn Cothi a Dafydd ab Edmwnd i Drahaearn, brawd Gruffudd, gw. GLGC

[8]   *Ib*. xxviii.

264 (117.10) a DE 111 (LVII.13). 'Blaidd' yn syml a geir gan Guto'r Glyn, gw. GGl² 303 (CXVIII.8), ac yn ôl yr achau, o Flaidd ab Elfarch y disgynnai Gruffudd. Hendaid y Meurig ap Hywel Gam y cyfeirir ato uchod ll. 8n oedd Gruffudd ap Hywel, a'i wraig yntau oedd Jonet ferch Gronwy ap Cathaearn ap Blaidd ab Elfarch, gw. P.C. Bartrum: WG1 'Blaidd ab Elfarch'. Ceir amlinelliad o'r cysylltiad honedig â Rhirid Flaidd yn HMons iii, 219.

15 **aeth** Nid yw'n amhosibl mai'r eg. *aeth* 'poen, gloes, tristwch' yw hwn, gw. GPC 39. Ond fe'i deellir yma yn ffurf 3 un.grff.myn. y f. *mynd.*

17 **graddau'r grog** S. '*stations of the Cross*', gw. GPC 1519, sef cyfres o bedwar llun ar ddeg sy'n portreadu taith olaf Crist o dŷ Peilat i'r bedd. Byddent yn aml wedi eu paentio ar furiau eglwysi, gw. ODCC³ 1538–9.

18 **Trahaearn** Brawd Gruffudd, gw. y nodyn cefndir uchod. Ei annerch ef a wneir yma.

28 **fara a'i win** Llsgr. *vara i win* sy'n cynrychioli cywasgiad o *fara a'i win* er mwyn hyd y ll.

29 **Llygaid Gruffudd a guddiwyd** Cf. yr hen arfer o osod ceiniogau ar lygaid y meirw er mwyn cau'r amrannau.

30 **Caerllïon** Gw. uchod ll. 10n.

32 **ei blant** Cofnodir yn yr achau fod gan Ruffudd dri o blant, sef dwy ferch a'r etifedd Watgyn a briododd â Denys ferch Tomas Fychan, gwrthrych cerdd 3 uchod. Gw. ymhellach P.C. Bartrum: WG2 'Rhys Goch Ystrad Yw' 10(D).

33 **atwrnai** Benthyciad o'r S.C. *att(o)urney, attornai* 'twrnai, cyfreithiwr', gw. GPC 233 (enghraifft gynharaf *c.* 1480). Gall fod yma awgrym mai i ofal ei wraig y rhoed ystad Gruffudd wedi ei farwolaeth. Cf. GDLl 25 (I.10) *Atwrne i'r tëyrniaid;* DN 110 (XL.8) *Un atwrnai i'n tyrnas* (Hywel Rheinallt).

35 **Annes ferch Siôn** Ann ferch John ap Watgyn ap Henri, gwraig Gruffudd, gw. P.C. Bartrum: WG1 'Ynyr Gwent' 7. Canodd Lewys Glyn Cothi awdl yn gofyn llen ganddi rywdro cyn marwolaeth Gruffudd, gw. GLGC 268–9 (cerdd 119).

39 **trental** Benthyciad o'r S. *trental,* tâl a dalwyd i sicrhau y byddid yn perfformio Offeren y Meirw ddeg gwaith ar hugain er lles enaid yr ymadawedig, gw. ODCC³ 135 ac E. Duffy, *The Stripping of the Altars: Traditional Religion in England c. 1400–c. 1580* (New Haven and London, 1992), 369.

40 Gellid hefyd ddarllen *A'i llaw a rôi llawer rhodd,* er bod orgraff y llsgr. (sef *ai llaw a rroi llawer rrodd*) o blaid ffurf y testun.

41 **dergys** Ffurf l. a fenthyciwyd o un o'r ffurfiau ar y S. *dirge 'the first*

word of the antiphon at Matins in the Office of the Dead, used as a name for that service', gw. OED[2] d.g.; ODCC[3] 404–5; ac E. Duffy, *l.c.*

47 **ŵyr Henri** Cyfeiriad at hendaid Ann, gw. uchod ll. 35n. Ystyr *ŵyr* yma yw 'gorwyres'.

49–50 **Ni roes chwant ond ar fantell / A modrwy ...** Yr oedd y fantell a'r fodrwy yn arwyddion o weddwdod, cf. CH i, 28 (7.17–20) *Duwiol ar ôl Syr Wiliam / Oedd gorff merch Syr Dafydd Gam: / Medru, mantell a modrwy, / Arbed, merch heb ŵyr byd mwy* (marwnad Gwladus ferch Dafydd Gam gan Hywel Dafi). Yn S. ceid gynt y dywediad 'to take the mantle and the ring', sef, yn ôl OED[2] d.g. (enghraifft gynharaf 1424), '*a symbolical act used to express the taking of a vow of chastity* (*properly, by a widow*)'.

51 **bwrw du** Sef 'gwisgo galarwisg'.

58 **Nordd** Sef gogledd Lloegr, gw. uchod 7.6n. Rhennid yr un teimladau o elyniaeth tuag at drigolion gogledd Lloegr gan y Cymry a chan drigolion de Lloegr, gw., e.e., V.J. Scattergood, *Politics and Poetry in the Fifteenth Century* (London, 1971), 188–9, 216–17n7.

59–64 Nid yw rhediad ystyr y llau. hyn yn gwbl glir, ond y mae'n amlwg mai deisyfiad y bardd yw fod Gruffudd yn cael ei gladdu gyda chreiriau Catwg tra bo ei enaid yn esgyn i'r nefoedd.

62 **cytŷ â'i gorff** Ar *cyty* 'yn perthyn i'r un tŷ', gw. GPC 825, lle y daw'r enghraifft gynharaf o 1632.

Catwg Sef Catwg neu Gadog ap Gwynllyw, sant o'r 5g. a sefydlodd fynachlog enwog Llancarfan ym Mro Morgannwg, gw. WCD 77–9, ByCy 55–6 a cf. uchod 4.29n. Cysegrwyd sawl eglwys iddo, gan gynnwys un yr un yn siroedd Brycheiniog a Morgannwg a thair yn sir Fynwy, gw. WATU 125–6. Efallai fod yma awgrym i Ruffudd gael ei gladdu yn un ohonynt.

9

Gwrthrych y farwnad hon yw Siôn ap Rhosier ap Siôn ap Gwilym, hynafiad teulu Proger o'r Wern-ddu ger y Fenni.[1] Yr oedd Siôn ap Rhosier yn perthyn i'r un llwyth â Herbertiaid Rhaglan: yr oedd ef a'i gyfyrder Wiliam (I) Herbert ill dau'n orwyrion i Wilym ap Siancyn ab Adam ap Cynhaethwy, gŵr a fu'n sarsiant-feistr yn y Fenni yn 1345.[2] Ceir tystiolaeth bellach o'r berthynas rhyngddynt mewn dogfen sy'n cofnodi rhodd o dir a wnaed ym mhlwyf Llanfihangel Pertholau yn arglwyddiaeth y Fenni yn

[1] Am ei ach, gw. P.C. Bartrum: WG1 'Godwin' 2. Ceir hanes y teulu dros y canrifoedd yn ByCy 753–4.
[2] P.C. Bartrum, *l.c.* ac LPGM 252.

Rhagfyr 1467. Y ddau dyst cyntaf ar y rhestr yw *William, Lord Herbert, then steward of Bergeveny* a *John ap Rosser, then master sarjeant there.*[3] Adlewyrchir ymlyniad Siôn wrth yr Herbertiaid yn agoriad y cywydd hwn pan eilw y bardd ef yn *ewythr Iarll* (ll. 2n).

Egyr y cywydd gan bwysleisio achau bonheddig Siôn cyn mynd ymlaen i ganmol ei ddysg a'i haelioni a mynegi'r golled a deimlir ar ei ôl yn nhafarnau a llysoedd Gwent. Daw'n amlwg i Siôn gael ei gladdu ym Mhriordy'r Santes Fair yn y Fenni gyda pherthnasau iddo megis Syr Wiliam ap Tomas a Gwladus ferch Dafydd Gam. Awgrymir yn gryf yn llinell 47 fod Syr Rhisiart Herbert eisoes wedi ei gladdu yno; felly gellir dyddio'r gerdd i rywdro wedi 1469, pan ddienyddiwyd Syr Rhisiart a'i frawd Wiliam yn sgil brwydr Banbri.

2   **ewythr iarll**   Cyfeiriad at y berthynas deuluol rhwng Siôn a Wiliam (II), Iarll Penfro ac yn ddiweddarach Iarll Huntingdon, gw. y nodyn cefndir uchod a P.C. Bartrum: WG1 'Godwin' 5, 8.

3   **Salmon**   Sef Solomon. *Selyf* yw'r ffurf ar yr enw a geir fynychaf gan y beirdd, megis isod 10.47, ond cf. GHD 12.7n. Cf. hefyd GLGC 218 (96.32) *na dau is elment onid Salmon*.

4   **Gwent**   O hen deyrnas Gwent yr hanai teulu Siôn.

6   **Saith**   Ai cyfeiriad at gyndeidiau Siôn, cf. GLD 8 (3.3) *Gad iso un gwedi saith*, a'r n. *ib*. 96? Neu ai cyfeiriad at y saith y credid i Feuno Sant eu hatgyfodi, gw. Elizabeth Henken, *Traditions of the Welsh Saints* (Cambridge, 1987), 76–7, GLGC 633 ac uchod 7.60n? Gall hefyd mai at Saith Doethion Rhufain y cyfeirir, gan mai doethineb y noddwr a bwysleisir yma.

9   **Siancyn**   Sef tad y Gwilym ap Siancyn y cyfeirir ato yn y nodyn cefndir uchod. Dichon mai ef yw'r *Yuan ap Adam ap Kneytho* a oedd yn un o ddeuddeg trethwr brodoraeth y Cymry yn arglwyddiaeth y Fenni yn 1292, gw. Francis Jones, 'The subsidy of 1292', B xiii (1948–50), 216, a cf. isod ll. 10n.

10   **Adam**   Sef Adam ap Cynhaethwy, taid Gwilym ap Siancyn, gw. P.C. Bartrum: 'Godwin' 1 ac uchod ll. 9n.

Godwin   Hendaid yr Adam uchod, gw. P.C. Bartrum: 'Godwin' 1 a cf. uchod 4.10n.

11   **Ysgudmoriaid**   Mam Siôn oedd Margaret Scudamore, aelod o deulu o gryn ddylanwad yn swydd Henffordd a'r Mers, gw. P.C. Bartrum: 'Godwin' 1, 2.

12   **Gormodd y plygodd eu plaid**   Nid yw arwyddocâd y ll. hon yn gwbl

---

[3] B.G. Charles and H.D. Emanuel, 'Welsh Records in the Hereford Capitular Archives', Cylchg LlGC viii (1953–4), 63. Dengys yr un ddogfen fod Siôn yn dal tir yn yr ardal yn ogystal.

glir, ond deellir bod teulu Scudamore yn 'plygu' o ganlyniad i farwolaeth Siôn. (Gw. GPC 2832 am amryfal ystyrol y f. *plygu*.)

15 **emyrrwyf** Fe'i deellir yn betrus iawn yn ffurf 1 un.pres.dib. **emyrryd*, sef ffurf amrywiol ar *ymyrryd*.

16 **Clinbow** Ffurf anh. Fe'i deellir yn betrus yn e.prs., sef amrywiad ar y cyfenw Clanvow, gw. 3.42n, 58n.

17 **darlleodr** 'Darllenydd', gw. GPC 894 d.g. *darlleawdr*. Ymddengys fod Siôn ap Rhosier yn ŵr dysgedig a chanddo gasgliad o lawysgrifau, cf. isod ll. 51.

18 **Gwilym** Gwilym ap Siancyn, gw. uchod ll. 9n a'r nodyn cefndir.

19 **gorwyr Odwin** Byddid yn aml yn treiglo e.p. ar ôl *ŵyr* a *gorwyr* yn y cyfnod hwn, gw. uchod 1.23n. Ar *Godwin*, gw. uchod ll. 10n.

25 **cerdd Ddafydd** Cyfeiriad at Ddafydd ap Gwilym, y mae'n debyg, er y cyfeiriai'r beirdd yn aml at Ddafydd Frenin, yntau, fel telynor a cherddor o fri.

30 **'sgwîr** Benthyciad o'r S. *squire*, ffurf ar *square*, 'y teclyn fydd gan seiri i gael congl berffaith', gw. DGG[2] 190.

31 **y Iarll** Wiliam (II) Herbert, y mae'n debyg, os bu farw ei dad cyn canu'r gerdd hon; gw. y nodyn cefndir uchod. Ar ddefnyddio *y* yn hytrach nag *yr* o flaen *Iarll*, gw. GMW 24.

34 **llys Went** Mewn Cym.C. yr oedd *llys* yn eb., ac felly treiglir *Gwent* yn feddal, gw. Treigladau 107–8.

41 **Gefenni** Sef y dref a'r arglwyddiaeth yng Ngwent.

45 **Syr Wiliam** Syr Wiliam ap Tomas, tad Wiliam (I) Herbert, Iarll Pen-fro. Bu farw yn 1445 ac fe'i claddwyd yn eglwys y Fenni lle y mae ei feddrod ef a'i ail wraig Gwladus ferch Dafydd Gam (gw. isod ll. 46n) o hyd, gw. Vivienne Roch, 'The Medieval Monuments at St Mary's Priory Church, Abergavenni, Gwent', *Medieval Life*, iii (1995), 19–22. Hoffwn ddiolch i'r Athro Emeritws D.J. Bowen am y cyfeiriad hwn.

46 **merch Ddafydd Gam** Sef Gwladus, ail wraig Syr Wiliam ap Tomas, gw. uchod ll. 45n. Bu hi farw yn 1454.

47 **Syr Rhisiart** Mab Syr Wiliam ap Tomas a Gwladus a brawd i Wiliam (I) Herbert, Iarll Penfro. Dienyddiwyd ef a'i frawd wedi brwydr Banbri yn 1469 a chludwyd ei gorff yn ôl i'w gladdu yn eglwys y Fenni, gw. uchod ll. 45n.

53 **allwydd** Gw. uchod 4.6n.

56 **dioddef** Yma 'caniatáu, gadael', gw. GPC 1023.

59 **y ddwyiaith** Ymddengys mai cyfeirio at y Cymry a'r Saeson fel ei gilydd a wna'r bardd yma. Os felly, y mae'n enghraifft ddigon prin o'r

fath eangfrydedd, er i Fedo Brwynllys ganmol Tomas ap Rhosier o Hergest am gynnal dwy iaith ar ei aelwyd yntau, gw. CSF i, 33. Cofier hefyd fod Siôn ei hun o dras Seisnig ar ochr ei fam.

10

Y mae teulu Mathews wedi chwarae rhan bwysig yn hanes sir Forgannwg dros sawl canrif. Disgynyddion ydynt oll i Fathau ab Ieuan (*fl.* 1380–1419), ac ymhlith y canghennau niferus o'i gyff ceir honno a sefydlwyd yng Nghastell y Mynach yng nghwmwd Meisgyn gan un o'i feibion, Robert Mathau.[1] Credir i Gastell y Mynach ddod i feddiant Robert yn gynnar yn y bymthegfed ganrif ac y mae rhannau o'r neuadd sy'n dyddio o'r ganrif honno yn sefyll o hyd.[2] Yr oedd Robert yn frawd i Syr Dafydd Mathau (*fl.* 1425–94) o Gwrt Llandaf, gŵr amlwg ei gefnogaeth i blaid Iorc. Er na chafodd Robert yrfa mor amlwg â'i frawd, daliai swydd bwysig fel crwner Morgannwg yn 1425–6, ac yn 1429 cofnodir ei fod ymhlith rhydd-ddeiliaid Iarll Richard Beauchamp ac yn talu rhent am yr hawl i bysgota yn Afon Taf.[3] Ceir ei enw hefyd yn rhai o freinlenni dauddegau a thridegau'r ganrif. Daw'r gynharaf o fis Medi 1423 pryd y cofnodwyd i ryw Domas ab Ieuan ap Dafydd gyflwyno tiroedd yn Wrinstwn ym mhlwyf Gwenfô yn rhodd iddo.[4] Bu ef a'i frodyr Dafydd a Lewis yn dystion i roddion o diroedd yn yr As Fach i Hywel Carn yn Hydref 1431 a Rhagfyr 1432.[5] Derbyniodd yr un Hywel Carn ychwaneg o dir ar les yn yr As Fach ym mis Gorffennaf 1448 ond y tro hwn Tomas ap Robert Mathau a dystiodd i'r weithred ynghyd â'i ewythredd Dafydd a Lewis.[6] Tybed nad oes awgrym yn hyn fod Robert Mathau wedi marw rywdro cyn Gorffennaf 1448? Ond gall fod rhesymau eraill dros ei absenoldeb.

Yn y cywydd hwn amlyga'r bardd ei ddicter tuag at Dduw am ddwyn ei noddwr oddi arno, gan adael Morgannwg yn amddifad. Pwysleisir ehangder dysg Robert, ei allu fel ieithydd a'i wybodaeth o'r daroganau. Cymherir ef ag arwyr mawr o'r gorffennol megis Hywel Dda, Solomon ac Argus, cyfeiriadau sy'n dadlennu rhywfaint ar ehangder dysg Hywel Swrdwal ei hun.

[1] Am fanylion teuluol Robert Mathau, gw. P.C. Bartrum: WG1 'Gwaithfoed' 5; LPGM 19; ByCy 582.

[2] Gw. RCAHM (Glamorgan) iii, part ii, 138–44.

[3] Gw. C.N. Johns, 'The Castle and Manor of Llandaff', *Glamorgan Historian*, x (1974), 189; J. Barry Davies, 'The Mathew Family of Llandaff, Radyr and Castell-y-Mynach', *ib*. xi ([?1975]), 181–4. Cyhoeddwyd ei gyfrifon fel crwner Morgannwg am 1425–6 yn J.S. Corbett, 'A Fifteenth Century Coroner's Account for Glamorgan', *Transactions of the Cardiff Naturalists' Society*, lvi (1923), 108–23.

[4] *Cartae et Alia Munimenta quæ ad Dominium de Glamorgancia pertinent*, iv, ed. G.T. Clark (second ed., Cardiff, 1910), 1510.

[5] *Ib*. 1544–5, 1550–1.

[6] *Ib*. 1608–9.

2 **Morgannwg** Ar gysylltiadau Robert Mathau ag arglwyddiaeth Morgannwg, gw. y nodyn cefndir uchod.

3 **f'Elffin** Sef Elffin ap Gwyddno Garanhir, un o wŷr llys Maelgwn Gwynedd a noddwr y Taliesin chwedlonol, gw. TYP² 510 a WCD 237– 8. Gellir deall *f'Elffin* yn gywasgiad o *fu Elffin* neu o *fy Elffin*, cf. isod ll. 4n.

4 **f'ysgol ynys Feisgyn** Yng nghwmwd Meisgyn yr oedd Castell y Mynach, cartref Robert. Ar amrywiol ystyron *ynys*, yma 'ardal', gw. GGrG Atodiad i.32n. Deellir *f'ysgol* yma yn gywasgiad o *fu ysgol*, ond gallai hefyd fod yn gywasgiad o *fy ysgol*, cf. uchod ll. 3n.

Nid atebir y cytseiniaid yn *marw* yng nghynghanedd y ll. hon.

9 **Llyn Llwch** Y mae'n debygol mai tarddle Afon Tawe ym Mrycheiniog yw hwn, cf. Rice Merrick, *Morganiae Archaiographia*, ed. Brian Ll. James (Barry Island, 1983), 122, 'TAWE a river which springeth out of Llyn Llwch Tawe, in Brecon.' Llyn y Fan Fach yw'r enw arno bellach.

14 **i frig Wynedd** Llsgr. *i vrigwynnedd*. Gellir dau ddarlleniad yma: *i fri Gwynedd* neu *i frig Wynedd*. Dywed GPC 324 mai eg. yw *brig*, felly ni ddisgwylid treiglo ar ei ôl. Ond ceir enghraifft o *frig Wynedd* gan Huw Machno, gw. Bl B XVII i, 180 (77.18). Dilynir hynny am fod yr ystyr yn fwy addas. Nid amhosibl ychwaith fyddai darllen *i frig Gwynedd*, gan gymryd bod *-g G-* yn gwrthsefyll calediad.

15 Cynghanedd sain ddyrchafedig neu gynghanedd sain deirodl acennog.

16 **gwalstod ieithoedd** Daw *gwalstod* o'r H.S. *wealhstod* 'cyfieithydd, lladmerydd', gw. GPC 1567 a hefyd C. Bullock-Davies, *Professional Interpreters and the Matter of Britain* (Cardiff, 1966). Gall fod yma gyfeiriad at y cymeriad *Gwrhyr Gwalstawd Ieithoed* a geir yn chwedl 'Culhwch ac Olwen', gw. CO³ 109–10.

17–18 **Doctor ... / O'r brut** Dichon fod Robert yn hyddysg yn y darogan-au Cymraeg. Cf. disgrifiad bwrdeiswyr Caerllïon o Hopcyn ap Tomas o Ynys Forgan yn 1403 fel 'master of brut', gw. R.R. Davies: ROG 160.

17 **y tair iau** Tybed ai cyfeirio at y gyfraith ganon, y gyfraith sifil a'r gyfraith gyffredin a wneir yma?

Ar gynghanedd y ll. hon, lle y mae cytseiniaid *dug y tair* yn ateb cytsein-iaid *doctor*, gw. J. Morris-Jones: CD 212–13.

19 **o'i enau** Gan fod y llsgr. yn anodd i'w ddarllen yma, cynnig petrus yn unig yw'r darlleniad *o'i*.

29 **bargen bol** Nid yw'r ergyd yn gwbl eglur. Ceir y dywediad *bargen bol clawdd* 'roughly drafted agreement' gan Ellis Wynne ar ddechrau'r 18g., gw. GPC 259. Tybed felly ai 'bargen wael' yw'r ystyr yma? Posibil-

rwydd pellach yw fod *bol*, neu'n hytrach *bôl*, yn cynrychioli ffurf f. yr a. *pŵl* yn yr ystyr ffigurol 'gwan, egwan, aneglur, di-raen', gw. *ib.* 2939. Unwaith eto, 'bargen wael' fyddai'r ystyr. Yr oedd yn gŵyn gyffredin gan y beirdd fod Duw yn dwyn yr hael ac yn gadael y cybyddion.

33 **maddau** Yma 'gollwng, ymadael â', gw. GPC 2303.

39 *n* berfeddgoll. Rhaid cywasgu *fu i'n* er mwyn hyd y ll.

45 **Argus** Benthyciad o'r S. *Argus*, cymeriad o'r chwedlau clasurol y credid bod ganddo gant o lygaid. Defnyddid yr enw hefyd i olygu rhywun gwyliadwrus neu warcheidwad, gw. OED² d.g. ac OCD³ 1545 o dan *Argos*.

   gwlad Forgan Sef Morgannwg, gw. isod 11.12n.

47 **Hywel Dda** Y brenin o'r 10g. y credir iddo lunio'r cyfreithiau Cymreig, gw. ByCy 382–3.

   naf Selyf Ffurf Gym. ar Solomon yw *Selyf*, gw. uchod 9.3n. Deellir *naf Selyf* yn drosiadol i olygu 'arglwydd a chanddo ddoethineb Solomon'. Ond cofier hefyd am arglwyddiaeth Cantref Selyf, gw. uchod 3.39n.

48 **Caerdyf** Hen ffurf ar yr enw *Caerdydd*, gw. WG 91, 177.

50 **sir** Yr oedd arglwyddiaeth Morgannwg yn iarllaeth balatin ac felly'n berchen ar ei llys sirol ei hun. Gelwid hi'n *sir* yn aml, gw. R.R. Davies: LSMW 200n2, ac fe'i gweinyddid gan siryf a chrwner, swydd a fu am gyfnod yn llaw Robert Mathau, gw. y nodyn cefndir uchod. Ond sylwer y gall *sir* hefyd fod yn fenthyciad o'r S.C. *chere* (neu o'r H.Ffr. *ch(i)ere*) yn golygu 'sirioldeb, llawenydd, hwyl', &c., gw. GPC 3291 d.g. *sir*².

54 **Sierubin** 'Bod goruwchnaturiol adeiniog yn amrywio yn ei ffurf a'i swyddogaeth; angel o ail radd Nawradd Nef a ddoniwyd â rhagoriaeth mewn gwybodaeth', gw. GPC 469 d.g. *cerub, ceriwb*, &c.

56 **eb awr oed** Dymuniad y bardd yw y bydd Robert yn mynd ar ei union i'r nefoedd, heb oedi yn y purdan.

58 **pren y fuchedd** Sef yn S. '*tree of life*'; fe'i defnyddid hefyd am groes yr Iesu, gw. GPC 2873–4.

59 **cawson** Ffurf 1 ll.pres.myn. y f. *cael*; *cawsom* yw'r ffurf safonol bellach.

62 **Nudd** Gw. uchod 1.3n.

11

Teulu o dras Eingl-Normanaidd a oedd wedi hen sefydlu ym Morgannwg oedd Twrberfiliaid Llandudwg.[1] Yr oedd Siancyn yn enw poblogaidd

---

[1] Ar hanes y teulu, gw. ByCy 928–9 a TLlM 20 *et passim*.

ganddynt, ond dengys y cyfeiriadau at *Siancyn ieuaf* (ll. 34) ac *ŵyr Ieuan* (ll. 56) mai Siancyn Twrberfil ap Siancyn ap Gilbert yw gwrthrych y gerdd hon.[2] Gwraig gyntaf ei dad oedd Cecily ferch Ieuan ap Gwilym o'r Peutyn Gwyn, teulu arall a noddai'r Swrdwaliaid; diau mai ei thad hi yw'r Ieuan y cyfeirir ato yn llinell 56. Gwraig Siancyn Twrberfil ap Siancyn oedd Denys ferch Watgyn Fychan o Frodorddyn, gŵr arall y canodd Hywel neu Ieuan Swrdwal gywydd i gwyno am ei farwolaeth.[3] Dyma un o'r cerddi cynharaf a ganwyd i deulu Twrberfil, a thybed nad eu cysylltiadau teuluol â llinachau a oedd eisoes yn noddi beirdd sydd i gyfrif amdani? Nid oes modd dyddio'r gerdd hon yn fanwl. Gwelir mai tua'r Pasg y bu Siancyn farw, a gwyddys ei fod yn fyw o hyd yn 1462.[4] Gellid awgrymu canu'r gerdd hon rywdro yn chwedegau neu saithdegau'r bymthegfed ganrif.

Yn y farwnad hon y mae'r bardd yn pwysleisio'r golled i diroedd de Cymru, gan gyfeirio'n arbennig at dristwch Gwent, Morgannwg a Brycheiniog. Y mae hefyd yn disgrifio ei alar ei hun, gan gyffelybu ei ddagrau i fôr sy'n llifo i ganol Morgannwg. Gofyn hefyd a ydyw'r Iesu yn chwarae â'r Cymry fel petai'n chwarae gwyddbwyll neu dabler, a daw'r gerdd i ben â'r erfyniad cyffredin ar i Siancyn gael ei ddwyn i'r nefoedd.

1   **caer fain** Sef 'caer o feini'; ar y ffurf l. *main*, gw. GPC 2306.

2   **hwnt** Ar yr ynganiad, gw. uchod 5.39n.

    Llundain Cyfeiriai'r beirdd yn aml yn ganmoliaethus at Lundain a'i chyfoeth.

6   **Twrbil** Am enghreifftiau o wahanol ffurfiau ar yr e. Twrberfil, gw. LPGM 447. Sylwer ar y modd y defnyddia'r bardd amryfal ffurfiau gan ddibynnu ar ofynion yr odl, cf. 11.24.

    trebl Benthyciad o'r S. *treble*, gw. EEW 120 ac I. Williams, 'Dafydd ap Gwilym a'r Glêr', THSC, 1913–14, 182.

10   **mab aillt** Sef 'taeog, un sy'n gaeth i'r tir', yma'n ffigurol am drueinyn, i gyfleu cyflwr truenus y bardd wedi colli ei noddwr a'i statws.

    yni fo byd Sef 'tra fy mod yn fyw'.

12   **Morgannwg** Hen deyrnas Gymreig a oedd bellach yn un o arglwydd-iaethau'r Mers.

13   **Gwrgan** Cyfeiriad, o bosibl, at Wrgan Farfdrwch ap Beli, brenin Prydain, a gladdwyd yng Nghaerllïon ar Wysg, yn ôl Sieffre o Fynwy, gw. WCD 333 ac RB 78. Cyfeirir ato hefyd yn GLGC 262 (116.13). Ond y mae'n fwy tebygol mai cyfeiriad sydd yma at dad y tywysog Iestyn ap Gwrgant o Forgannwg (*fl.* 1081–93) y disgynnai Siancyn

---

[2]   Am yr ach, gw. P.C. Bartrum: WG1 'Turberville' 2 ac LPGM 455–7.
[3]   Gw. cerdd 23 isod.
[4]   P.C. Bartrum: WG1 'Turberville' 2.

ohono trwy ei fam ac Einion Sais, gw. uchod 4.11n.

14 **Morgan** Sefydlydd honedig teyrnas Morgannwg, gw. WCD 485–6 a cf. uchod 10.45n.

ar gyfrgoll Sef '*utterly lost, astray, in a state of perdition*', gw. GPC 715. Ceir bai crych a llyfn yn y ll. hon (*Forgan / gyfrgoll*) oni chyfrifir y ddwy *f* yn lled-lafarog.

18 **Duw Pasg** 'Dydd y Pasg'; ar y ffurf *duw* 'dydd', gw. WG 59–60 a GPC 1151 d.g. *dyw*[1].

20 **duo f'epil** Llsgr. *dv o ueppil*. Posibiliadau eraill fyddai darllen *duo'u epil*, er y disgwylid *h-* ar ôl y rh. '*u*, gw. Treigladau 154; neu *du o f'epil*. Y mae'n amlwg mai cyfeiriad sydd yma at wisgo du mewn galar am Siancyn.

f led-lafarog.

Epynt Ardal fynyddig yng ngorllewin arglwyddiaeth Brycheiniog, gw. R.R. Davies: LSMW 93 a cf. isod 13.12n.

21 **bro Forgan** Sef Morgannwg; cf. ll. 27n.

bro Frychan Sef Brycheiniog.

22 **bro Went** Hen deyrnas Gymreig a oedd wedi ei rhannu rhwng nifer o arglwyddiaethau'r Mers.

23 **Pedr** Ceidwad allweddau'r nef, arno gw. ODCC[3] 1260–1.

24 **Twrbrfil** Gw. uchod ll. 6n.

27 **gwlad Forgan** Sef Morgannwg; cf. ll. 21n.

29 **colles** Ffurf 3 un.grff.myn. y f. *collaf*. Gall fod yn fg. ac iddi'r ystyr 'diflannodd' (gw. GPC 546), gyda *Pen-llin dad* yn oddrych; neu'n fa. gyda *paun Llandudwg* yn oddrych a *Pen-llin dad* yn wrthrych.

traffres drwg Deellir *traffres* yn gyfuniad o'r geiryn cryfhaol *tra-* a'r a. *ffres*. Ceir enghreifftiau o *ffres* (benthyciad o'r S.C. *fresse*) o'r 15g. ymlaen, gw. GPC 1312–13. Ni threiglir *drwg* oherwydd y calediad yn dilyn *-s*, gw. Treigladau 24–5.

30 **Pen-llin dad** Plwyf ym Morgannwg yw Pen-llin, gw. WATU 279. Yr oedd cysylltiad y Twrberfiliaid ag ef yn deillio, yn ôl pob tebyg, o briodas Gwenllïan ferch John Norris o Ben-llin â Thomcyn Twrberfil, hendaid Siancyn y farwnad hon. Efallai fod yma gyfeiriad at farwolaeth Siancyn ap Gilbert, tad y Siancyn hwn. Gw. ymhellach P.C. Bartrum: WG1 'Turberville' 2.

Llandudwg Plwyf ym Morgannwg (S. *Tythegston*) a chartref y Twrberfiliaid, gw. WATU 279.

35 **'e dâl** Yr ystyr yma, y mae'n debyg, yw 'y mae … yn gyfwerth â'.

36 **Llundain** Gw. isod ll. 37n.

37 **oes** Diau ei fod yn cynrychioli cywasgiad o *a oes*, cf. GLD 4 (1.91).

Sant Edwart Edward y Cyffeswr, brenin Lloegr a sefydlydd Abaty Westminster yn Llundain, lle y'i claddwyd yn 1066. Yr oedd Edward yn nodedig am ei dduwioldeb ac fe'i canoneiddiwyd yn 1161, gw. ODCC³ 532.

38 **dwy wart** Dichon fod *gwart* yn fenthyciad o'r S. *ward*, gw. GPC 1586. Ymddengys fod yma gyfeiriad at Lundain yn ei chyfanrwydd, sef dinas Llundain a dinas Westminster, efallai.

41 **môr Carusalem** Ar y ffurf hon ar yr e. lle Caersalem, gw. GGI² 334. Saif Caersalem oddeutu hanner ffordd rhwng y Môr Canoldir a'r Môr Marw. Dichon mai'r olaf a olygir yma oherwydd ei halltineb.

44 **aweddwr ar ruddiau** Ceir yr un trawiad gan Lewys Glyn Cothi, gw. GLGC 191 (83.27) *Ei rudd tra fo'r aweddwr*, 303 (134.11–12) *deugain niau dafnau dŵr / ar ruddiau yw'r aweddwr.*

47 **tabler** Math ar chwarae tebyg i *backgammon.*

48 **terniodd** Cf. GLGC 105 (43.7–8) *Mawr ydoedd fryd M'redydd Fras / ar dernio rhai o'r deyrnas.* Dilynir awgrym DN 201 a GLGC 544 a deall *ternio* yn fenthyciad o'r Ffr. *interner 'to shut up, to confine (in the interior of a country), to banish'*, gw. hefyd GLM 392.

tyrnas Amrywiad ar *teyrnas*; cf., e.e., GHD 5.60, 17.54.

49 Cynghanedd groeslusg.

50 **siec mad** Benthyciad o'r S. *check mate*, term o'r chwarae gwyddbwyll neu *chess*, gw. OED² d.g. (nis ceir yn GPC 3271).

52 **o Dawy i Rymi** Ffurfiai'r ddwy afon hyn (sef Tawe a Rhymni bellach) ffiniau gorllewinol a dwyreiniol arglwyddiaeth Morgannwg. Y mae'r ffurf *Rhymi* yn cynrychioli'r hen ynganiad lleol, gw. EANC 164–5, a Gwynedd Pierce, 'Under the Eaves: Some Place-Names in the Rhymni Valley Area', *Morgannwg*, xxxvi (1992), 97–8.

56 **ŵyr Ieuan** Mam Siancyn oedd Cecily ferch Ieuan o'r Peutyn Gwyn, gw. y nodyn cefndir uchod.

12

Dengys cynnwys y gerdd hon fod Niclas Ysnél, fel eraill o'r gwŷr y cadwyd cerddi mawl a marwnad iddynt yn llawysgrif Pen 54, yn un o bleidwyr Herbertiaid Rhaglan.[1] Cyfeirir yn y gerdd at Niclas fel cynorthwyydd yr *Iarll a'i frawd* (ll. 14). Deallodd Eurys Rowlands hwn yn gyfeiriad at Wiliam (I) Herbert, Iarll Penfro, a'i frawd Syr Rhisiart Herbert o Golbrwg,

---

[1] Ceir golygiad o'r cywydd hwn a thrafodaeth arno yn Eurys Rowlands, 'Un o gerddi Hywel Swrdwal', YB vi (1971), 87–97.

y ddau frawd a ddienyddiwyd yn 1469.[2] Ymddengys o dystiolaeth y gerdd fod Niclas yn swyddog morwrol o ryw fath, a gwyddys i sicrwydd fod Wiliam (I) Herbert yn ymhél â'r fasnach ryngwladol, gan gynnwys masnach â phorthladdoedd Iwerddon. Gwyddys hefyd iddo golli llong o'i eiddo o'r enw 'Gabriell' mewn llongddrylliad ger Iwerddon yn 1465 a bod honno yn llawn gwin tramor.[3] Bu iddo hefyd ran bwysig yn llunio polisïau masnachol Edward IV yn chwedegau'r bymthegfed ganrif.[4] Fodd bynnag, y mae hefyd yn bosibl mai cyfeiriad sydd yma at Wiliam (II) Herbert, Iarll Penfro ac yn ddiweddarach Iarll Huntingdon, a'i frawd yntau Syr Walter Herbert. Medd Guto'r Glyn am Wiliam (II) Herbert, *Aml yw sôn yn ymyl y sir / Am warden cylch y mordir.*[5]

Ni wyddys llawer am gefndir Niclas. Cyfenw Saesneg a oedd ganddo— Cymreigiad o'r enw Saesneg *Snell* yw'r ffurf *Ysnél* a geir gan Hywel Swrdwal.[6] Ceir awgrym y gall mai brodor o Fro Morgannwg ydoedd gan fod gŵr o'r enw *Treharon Snell* yn talu rhent am siop yn Llanilltud Fawr yn 1492.[7] Ar y llaw arall, cadwyd rhai cofnodion diddorol sydd o bosibl yn ei gysylltu â sir Benfro. Mewn dogfennau yn ymwneud â phorthladd Hwlffordd yn y bymthegfed ganrif, gweithredodd rhyw *Nicholas Suell'* fel beili teithiol yn 1476–9.[8] Swydd dan ofal y siryf oedd hon—byddai'r beili yn gyfrifol am gyflwyno gwritiau a gwysion i'r llysoedd.[9] Cofnodir i'r *Nicholas Suell'* hwn dderbyn tâl o ddwy geiniog y dydd am ei wasanaeth yn 1476–7.[10] Gan mor hawdd oedd cymysgu rhwng *n* ac *u* yn ysgrifen y cyfnod, gellir awgrymu mai'r un yw'r *Nicholas Suell'* hwn â'r Niclas Ysnél y canodd Hywel Swrdwal iddo.[11] Y mae'r lleoliad ym mhorthladd Hwlffordd yn cydfynd yn berffaith â'r cyfeiriadau yn y gerdd at sir Benfro, at allu Niclas ar y moroedd, ac at ei gyfrifoldeb am drethi'r porthladdoedd.

Canwyd y gerdd hon i ofyn mantell Wyddelig, neu, a defnyddio'r enw sy'n tarddu o'r Wyddeleg, ffaling.[12] (Benthyciwyd ef i'r Saesneg yn y ffurf *falding*.) Yr oedd y ffaling yn wisg nodweddiadol Wyddelig, mor nodweddiadol nes y bu ymdrech gyfreithiol i'w gwahardd o ddinas Seisnig Dulyn yn

[2] E. Rowlands, *art.cit*. 94.

[3] WWR[2] 46, 95.

[4] Gw. E. Rowlands, *art.cit*. 94–5.

[5] GGl[2] 137 (Ll.15–16).

[6] Ar yr enw, gw. P.H. Reaney and R.M. Wilson, *A Dictionary of English Surnames* (third ed., London, 1991), 416.

[7] J.S. Corbett, 'Notes on Glamorgan Manors', *Transactions of the Cardiff Naturalists' Society*, lvi (1923), 205.

[8] *A Calendar of the Public Records Relating to Pembrokeshire I: The Lordship, Castle, and Town of Haverfordwest*, ed. Henry Owen (London, 1911), 99.

[9] *Ib*. 57n1.

[10] *Ib*. 99.

[11] Ond gall y collnod ar ôl yr enw awgrymu mai byrfodd yw'r ffurf *Suell'*.

[12] Gw. isod ll. 43n.

1466.[13] Er hynny, yr oedd yn wisg hynod boblogaidd yn Iwerddon yn ogystal ag yng ngwledydd eraill Ewrop. Clog drom a chynnes o wlân bras ydoedd; y mae'n debyg mai'r wisg fodern debycaf iddi fyddai'r *poncho* Mecsicanaidd. O'r bedwaredd ganrif ar ddeg ymlaen bu galw cynyddol am ffalingod ar draws Ewrop. Yr oeddynt yn boblogaidd gan bob dosbarth cymdeithasol yn Lloegr, gan gynnwys y boneddigion, fel y gwelir o'r ffaith i Archesgob Prene o Armagh, oddeutu 1440, anfon anrheg o fantell Wyddelig i John Stafford, Esgob Caerfaddon a Wells a changhellor Lloegr. Dichon mai Bryste oedd y porthladd pwysicaf ar gyfer y fasnach hon gan fod y rhan fwyaf o'r ffalingod yn cael eu hallforio o ardal Waterford. Yr oedd sir Benfro, ardal y cysylltir Niclas Ysnél â hi, yn rhwym o elwa ar ei lleoliad rhwng y porthladdoedd hyn.

Yr oedd y moroedd o amgylch Cymru ac Iwerddon yn hynod brysur a pheryglus yn y cyfnod hwn, a thenau iawn, yn aml, oedd y ffin rhwng marchnata dilys a môr-ladrad.[14] Yng nghofrestr yr Archesgob Octavian o Armagh cofnodir un digwyddiad sy'n rhoi blas arbennig ar y cywydd hwn i Niclas Ysnél. Seiliwyd y cofnodion hyn ar dystiolaeth a gyflwynodd un James Ylane yn Drogheda ar 2 Medi 1473.[15] Dywedodd iddo ymuno â Robert Clement, un o drigolion Drogheda, ar long a oedd am hwylio i Benfro. Ymhlith y teithwyr eraill yr oedd un Thomas Rede a'i wraig a'i feibion, a masnachwr o'r enw Cornelius O'Duhy ynghyd â'i gymdeithion. Cyraeddasant Gaergybi a bwrw angor er mwyn disgwyl am wynt ffafriol i'w chwythu tua'r de. Daeth rhai Cymry lleol i'r llong ac aeth teulu Rede i'r lan gyda hwy. Yna gofynnodd parti O'Duhy i Robert eu cludo i'r lan yng nghwch y llong ond gwrthododd ef gan ddweud bod anghydfod rhwng Dulyn a Drogheda ar y naill law a thrigolion Môn ar y llall. Ymhen hir a hwyr aeth y llong yn ei blaen, ond cododd storm ym mae Ceredigion ac ymadawodd O'Duhy a'i gyfeillion â hi yn Nhyddewi gan ddweud y byddai'n well ganddynt golli eu nwyddau na'u bywydau. Ond dywedodd meistr y llong wrthynt fod Tyddewi yn ddigon diogel gan ei fod yn gyrchfan i bererinion. Aeth y cwmni ymlaen i Dyddewi gan werthu eu nwyddau (a ffalingod yn eu plith) ar y ffordd. Ond ym Mhenfro daeth negeswr at James Ylane i ddweud bod stiward y castell am ei weld. Dychrynodd James pan welodd rai o ddynion y castell ynghyd â'r Cymry a oedd wedi hwylio gydag ef ar y llong yn cymryd O'Duhy a'i gyfeillion i'w dwylo. Penderfynodd geisio lloches yn yr eglwys cyn llwyddo i ddianc i Rydychen. Nid yw gweddill yr hanes nac union achos yr helynt yn glir, ond y mae'n dangos sut y gallai swyddogion fel Niclas Ysnél fanteisio, yn gam neu'n gymwys, ar y fasnach ryngwladol ar arfordir de Cymru.

---

[13] Ceir manylion am y ffaling a darlun ohoni yn Timothy O'Neill, *Merchants and Mariners in Medieval Ireland* (Dublin, 1987), 68–70.

[14] Gw. WWR[2] 19.

[15] Ceir manylion llawnach yn Timothy O'Neill, *op.cit.* 121–2.

10 **amrel** Benthyciad o'r S.C. *amrel* '*admiral*', gw. GPC 99; David Johnston, 'Amrel', YB xii (1985), 166. Daw'r enghraifft gynharaf, ac eithrio hon, o eiriadur William Salesbury (1547).

12 **Brytwns** Sef 'Brythoniaid, Cymry', benthyciad o un o'r ffurfiau ll. S.C. *Brytons*, *Brutons*, gw. GPC 341.

14 **Iarll a'i frawd** Gw. y nodyn cefndir uchod.

16 **Ffranc** Sef 'Ffrancwr', gw. GPC 1310.

17 **Portingál** Benthyciad o'r S. *Portingale* 'Portiwgead', gw. OED[2] d.g. *Portugal*. Dyddir yr enghraifft S. gynharaf i *ante* 1497. Erbyn ail hanner y 15g., pan oedd dylanwad Lloegr ym Môr y Gogledd yn edwino, datblygodd cystadleuaeth forwrol newydd gyda'r Portiwgeaid i'r de. Dengys cofnodion porthladd Bryste am y cyfnod hwn fod masnach sylweddol a gwerthfawr gyda Phortiwgal, a hefyd gryn ymryson am fantais, gw. F.R.H. Du Boulay, *An Age of Ambition: English Society in the Late Middle Ages* (London, 1970), 29–30.

18 **tretier** Ar *tretio*, sef i. 'ymbil, deisyf', ii. 'rhoi anrhegion', gw. GLD 93.

ar atal Ar y gystrawen hon, sef yr ardd. *ar* a'r be. *atal*, gw. GMW 186.

25 **tunnell** Sef 'casgen win', benthyciad o'r S. *tonnel*, gw. EEW 29, 244; DN 123–4; GIBH 4.22n.

26 **mab Ieuan** Ymddengys fod hyn yn profi mai Ieuan oedd enw tad Hywel Swrdwal, gw. y rhagymadrodd uchod, td. 5.

33 **castellaf** O'r ystyr wreiddiol 'codi caer, gwersyllu' datblygodd i olygu 'lledu plu neu adenydd fel y paun', gw. GPC 438.

34 **brenin haf** Dichon fod yma gyfeiriad at ryw ddefod werin, cf. 25.11n.

36 **Gwentoedd** Byddai'r beirdd yn aml yn cyfeirio at ddwy Went (sef Is Coed ac Uwch Coed) ac weithiau at dair (y ddwy uchod ynghyd â Gwent Ganol), gw. GGl[2] 338.

38 **borau** Gw. uchod 2.66n.

40 **goradain** Gall fod yn a. 'adeiniog, asgellog' neu'n e. 'perchen adenydd, ehediad, aderyn', gw. GPC 1460; yr ail sydd fwyaf tebygol yma.

42 **llen o owls** Llsgr. *llenn owls*; cynrychiola hyn gywasgiad o *llen o owls*, er mwyn hyd y ll. Daw *gowls* o'r S.C. *goules*, term herodrol am y lliw coch, gw. GPC 1517.

43 **ffaling** Sef 'mantell, clogyn, hugan', benthyciad (efallai trwy'r S.) o'r Wydd.C. *fallaing* 'clog, mantell', gw. GPC 1275 a'r nodyn cefndir uchod.

44 **pring** Ffurf dafodieithol ar *prin*; fe'i ceir o hyd mewn rhannau o'r De, gw. GPC 2891 d.g. *prin*[1], *pring* a WG 168.

46 **ffris** Benthyciad o'r S.C. *fryse*, *frees* '*frieze*, brethyn tewban cyrliog'.

Daw'r enghreifftiau cynharaf o ganol y 15g., gw. GPC 1314 d.g. *ffris*[1]. Yr oedd ffris Gwyddelig yn boblogaidd iawn yn Lloegr ac ar y cyfandir, gw. Timothy O'Neill, *Merchants and Mariners in Medieval Ireland* (Dublin, 1987), 66–7.

52 **Rhaglan** Prif lys teulu Herbert, gw. uchod 4.7n.

57 **Calais** Y porthladd Ffrengig a oedd ar y pryd ym meddiant y Goron Seisnig.

58 **Llydaw** Yr oedd cryn fynd a dod yn y cyfnod hwn rhwng porth-laddoedd y de-orllewin a Llydaw ac yr oedd môr-ladron Llydewig yn broblem gynyddol o gwmpas arfordir Cymru yn y 15g., gw. T. O'Neill, *op.cit.* 84–5, 122–5.

59 **tra fo** Gw. uchod 5.50n.

61 **pol** Benthyciad o'r S. *poll (tax)*, gw. GPC 2845 d.g. *pôl*[1].

   pàs Benthyciad o'r S. *pass*, gw. GPC 2697.

62 **fintnag** Benthyciad o'r S. *vintage* 'produce or yield of the vine', gw. OED[2] d.g.

   mwntnas Benthyciad o'r S. *mountenance* 'amount in extent, quality, or value', gw. OED[2] d.g.

63 **Hafren** Cwynai marchnadwyr yn y 15g. nad oedd hi'n ddiogel i deithio ar Afon Hafren, gw. G. Williams: RRR 173.

64 **Iwerddon a'i gorddwr** Yr oedd môr-ladrad yn broblem ddifrifol o gwmpas arfordir gorllewin Cymru yn ogystal ag ar Afon Hafren.

65 **ceidw drimor** Yr oedd 'cadw'r moroedd' yn waith tra chyfrifol yn y 15g. Efallai fod yma gyfieithiad o'r term S. cyfoes *keeping of the seas*, gw. C.F. Richmond, 'The keeping of the seas during the hundred years' war', *History*, lii (1967), 283–98.

   raement Benthyciad o'r S. *raiment* 'dillad, gwisg, lifrai', gw. GPC 2972–3.

66 **Is Coed Gwent** Gw. uchod ll. 36n.

13

Dywed yr hanesydd George Owen o oes Elisabeth, a oedd yntau o Nanhyfer, fel a ganlyn am Hywel ap Siancyn, gwrthrych y cywydd hwn: *howell ap Jenkin ap Roppert the younger [was] the greatest man of lyvinge in his tyme in all the Countrie.*[1] Nid yw arwyddocâd disgrifiad Owen ohono fel *the younger* yn glir, ond cyfeiria Lewys Dwnn yntau ato fel *Howel ap*

---

[1] B.G. Charles, 'The Second Book of George Owen's *Description of Penbrokeshire*', Cylchg LlGC v (1947–8), 276; Dillwyn Miles, *A Book on Nevern* (Llandysul, 1991), 100–1.

Siankin Iong.[2] Yr oedd Hywel, fel Dafydd ap Gwilym, yn un o ddisgynydd-ion Gwynfardd Dyfed.[3] Fel yr awgrymir yn llinellau 49–50 o'r cywydd hwn, y mae'n debyg ei fod yn noddwr hael, a chadwyd cerddi iddo gan Lewys Glyn Cothi a Rhys Nanmor.[4] Ceir cyfeiriad at Raglan yn awdl Rhys Nanmor, awgrym, o bosibl, fod y gŵr o Nanhyfer, fel eraill o noddwyr Hywel Swrdwal, yn bleidiol i deulu Herbert.[5] Ymddengys fod Hywel ap Siancyn yn ddeiliad bwrdais ar West Street yn Nhrefdraeth yn arglwyddiaeth Cemais erbyn 1434, a gall hefyd mai ef yw'r *Howel ap Jankyn* a fu'n rhannol gyfrifol am lunio'r rhestr o'r bwrdeiswyr.[6] Ef hefyd, o bosibl, oedd yr *Hywel ap Jankyn of Nevern* y cofnodir iddo ryddhau tir William Waryn ym mwrdeistref Trefwern i'w fab Lewis Waryn ar 6 Gorffennaf 1486.[7] Os felly, cafodd oes faith iawn, ac anodd penderfynu i ba gyfnod o'i yrfa y perthyn y gerdd hon.

Y mae'r rhan fwyaf o'r cywydd hwn yn mawrygu rhinweddau'r noddwr gydag adran ddiddorol sy'n cymharu Hywel â sawl rhywogaeth o anifeiliaid ac adar. Canmolir ef yn ogystal am ei wybodaeth eang o ieithoedd a'i arbenigedd ar y gyfraith. Ond y rhan fwyaf diddorol o'r cywydd hwn yw'r diweddglo. Dywed Hywel Swrdwal, *Gelwais Hywel yn leisiad / Ar ddechrau'r geiriau a gad* (llau. 55–6), gan gyfeirio'n ôl yn benodol at linell gyntaf y gerdd. Dyma gwpled sy'n dangos ymwybyddiaeth anarferol o adeiladwaith cywydd, a theg yw dweud bod cysonedd effeithiol yn perthyn i ddelweddaeth y gerdd hon drwyddi draw.

1 **Cemais** Cantref ac arglwyddiaeth yn Nyfed sy'n cynnwys Nanhyfer (neu Nyfer) a Threfdraeth, gw. WATU 257 ac R.R. Davies: LSMW 99.

2 **yn llyn** Ai 'fel hyn, felly' yw'r ystyr yma? Gw. GPC 2273 d.g. *llyn*[3]. Ond ar ddefnyddio *yn* yn hytrach na *mewn* gydag e. amhendant, gw. GMW 215.

penllad Yngenir 'penllâd', sef 'y ddiod orau; y rhodd fwyaf, y rhad mwyaf; y daioni neu'r lles pennaf; hefyd yn *ffig*.', gw. GPC 2751 d.g. *penllad*[1].

5 **Rhos** Gw. uchod 3.2n.

[2] L. Dwnn: HV i, 162.

[3] P.C. Bartrum: WG2 'Gwynfardd' 3F.

[4] Ar Hywel fel noddwr, gw. Euros Jones Evans, 'Noddwyr y Beirdd yn Sir Benfro', THSC, 1972–3, 156–8, lle y ceir testun o'r cywydd hwn. Ceir golygiadau o'r cerddi eraill iddo yn GLGC 210 (cerdd 92) a Llawdden, &c.: Gw 244–7 (cerdd 70).

[5] Gw. *ib*. 245 (70.21–2) *Wrth rannu mawrlu wyd mor lân, teyrn / O'r Tywyn i Raglan*.

[6] B.G. Charles, 'The Records of the Borough of Newport in Pembrokeshire', Cylchg LlGC vii (1951–2), 123, 120.

[7] R.A. Griffiths: PW i, 426. Nid yw'r Athro Griffiths yn ei uniaethu ef â'r *Hywel ap Jankyn* a fu'n ddirprwy-ustus tywysogaeth De Cymru yn 1454–5 ac yn glerc llysoedd Cymreig Gwidigada ac Elfed am gyfnodau rhwng 1447 a 1462, gw. *ib*. 154, 558.

12 **hyd ar Epynt** Ardal fynyddig yng ngorllewin arglwyddiaeth Brych-
einiog, gw. uchod 11.20n. Ar *hyd ar* 'as far as, up to', gw. GMW 195.

13 **neu frysiwn** Ar y treiglad i'r f. ar ôl y cys. *neu*, gw. Treigladau 365.

15 **Nanhyfer** Sef Nyfer (S. *Nevern*), pentref wrth aber Afon Nyfer, bellach
yn sir Benfro, gw. WATU 257. Yno y saif eglwys Brynach Sant.

16 **yn llwrw ei ben** Sef yma '*head first*; headlong, precipitately (hap-
hazardly, at random)', gw. GPC 2237.

17 **i'r eglwys** Dilynir awgrym Euros Jones Evans, 'Noddwyr y Beirdd yn
Sir Benfro', THSC, 1972–3, 157, a darllen *i'r* yn hytrach nag *or* y llsgr.

18 **i'r llys sydd ger ei llaw** Yr oedd llys Hywel yn nhrefgordd Nanhyfer ei
hun, ac felly'n agos iawn i'r eglwys, gw. Dillwyn Miles, *A Boat on
Nevern* (Llandysul, 1991), 100–1.

24 Disgwylid i'r *d* yn *wlad* galedu yn *t* o flaen *honno*. Os felly, darllener
ytiw yn hytrach nag *ydiw*.

32 **balchedd** Yma mewn ystyr negyddol 'coegfalchder, hunanoldeb,
hunan-dyb, traha, rhodres', gw. GPC 251.

42 **pedair iaith** O'i ddeall yn llythrennol, y mae'n debygol mai Cymraeg,
Saesneg, Ffrangeg a Lladin a olygir.

44 **y ddwy gyfraith** Sef, y mae'n debyg, Cyfraith Hywel a Chyfraith
Lloegr, y ddwy brif elfen yng nghyfraith y Mers, gw. R.R. Davies, 'The
Law of the March', Cylchg HC v (1970–1), 26. Y posibilrwydd arall yw
mai at y gyfraith ganon a'r gyfraith sifil y cyfeirir.

46 **cymorth** Dichon mai be. ydyw yma, gw. GPC 765 d.g. *cymhorthaf*.

50 **Pebidiawg** Cantref yn Nyfed yn cynnwys Tyddewi ac yn ffurfio
arglwyddiaeth esgob Tyddewi, gw. WATU 305 ac R.R. Davies: LSMW
99.

58 **oesoedd y gleisiaid** Ystyrid y gleisiad, yn enwedig gleisiad Llyn Llyw
(neu Liwon / Llifon), yn un o'r 'anifeiliaid hynaf'; gw. CO[3] 32–3.

14

Gan nad enwir ei gartref na'i ardal frodorol, ni ellir bod yn sicr pwy oedd y
Gwilym Fychan ab Ieuan sy'n destun i'r cywydd marwnad hwn. Er hynny,
gellir cynnig yn betrus mai Gwilym Fychan ab Ieuan ap Gwilym ap
Llywelyn yw'r gŵr dan sylw, sef, y mae'n debyg, tad yr Ieuan ap Gwilym y
canodd Ieuan ap Hywel Swrdwal iddo.[1] Yr oedd aelodau'r teulu hwn a'u
perthnasau yn ffynhonnell nawdd bwysig iawn i Hywel Swrdwal ac y mae'n
debygol fod Ieuan ap Hywel Swrdwal wedi canu i dad Gwilym Fychan ar

---

[1] Gw. nodyn cefndir cerdd 29 a'r Rhagymadrodd td. 9.

achlysur arall (cerdd 29).

Hynodrwydd pennaf y cywydd hwn yw ei gyfeiriadaeth feiblaidd. Cyffelybir marwolaeth y noddwr trwy afiechyd i gosb Duw ar Adda ac Efa ac i ddial Duw ar y ddynoliaeth adeg y Dilyw Mawr. Dyma themâu a geir ar dro gan y Cywyddwyr, megis ym marwnad Guto'r Glyn i Ddafydd Llwyd o Abertanad.[2] Ond fel arall, cerdd bersonol iawn ydyw. Cyferchir yr ymadawedig yn y person cyntaf, arfer lled anghyffredin. Prin yw'r wybod-aeth achyddol a daearyddol ynddi, fel y dywedwyd eisoes, a phrin hefyd y canmolir Gwilym am ei haelioni na'i safle fel arweinydd cymdeithas. Yn hytrach, themâu o golled a hiraeth sy'n cynnal y farwnad hon.

3–4 **Cyntaf … / … wrth y bâl** Cyfeiriad at y gosb a ddaeth i ran Adda ac Efa am fwyta ffrwyth pren gwybodaeth da a drwg. Bu'n rhaid iddynt ymadael â gardd Eden o'r herwydd a byw trwy lafurio ar y tir, gw. Gen iii.17 'melltigedig yw'r ddaear o'th achos; trwy lafur y bwytei ohoni holl ddyddiau dy fywyd … Trwy chwys dy wyneb y byddi'n bwyta bara …' Cf. GEO 3.53–5 *Ac Addaf, gyntaf wy gawdd, / Â'i law fawr a lafuriawdd / A'i gaib lem, o'i gwbl amwyll* (Dafydd Ddu o Hiraddug); GSRh 12.7–8 *Rhannodd ag Addaf afal, / Rhyw barch i ennill rhaw bâl!* (Gruffudd Fychan).

5 **diliw** Y Dilyw Mawr, gw. Gen v–vii.

7 **Gomorra, Sodma** Sef Gomorra a Sodom, y ddwy ddinas bechadurus a ddinistriwyd gan Dduw, gw. Gen xix.23–5.

8 **desyf** Ffurf amrywiol ar *deisyf*, gw. GPC 925.

9 **pump dinas** Dinasoedd y gwastadoedd, sef Sodom, Gomorra, Adma, Seboim, a Soar, gw. Gen xiv.2 a Bl BGCC 22. Ar ddefnyddio'r ffurf *pump* o flaen e., gw. GMW 45n1.

10 **Gwraig Lot aeth yn garreg las** Rhybuddiwyd Lot a'i deulu i ymadael â Sodom ac i beidio â throi yn ôl, ond anwybyddodd gwraig Lot y rhybudd a phan droes yn ei hôl i weld dinistr Sodom a Gomorra fe'i trowyd yn golofn halen, gw. Gen xix.26.

13 **dynionol** Nis ceir yn GPC 1142. Cynigir yn betrus ei fod yn a. seiliedig ar yr e.ll. *dynion* ac iddo'r ystyr 'fel dynion'.

15 **tair ynys** Cyfeiriad o bosibl at 'Dair Ynys Prydain', gw. TYP[2] 235–6.

33 **Curig** Sant a gysylltir yn arbennig â Llangurig, gw. ymhellach nodyn cefndir cerdd 20 a cf. GGrG 1.21n.

35 **berw** Yma 'cyffro neu ysbrydoliaeth farddol', gw. GPC 275.

53 **Caer Ochren** Cf. T 56.3–4 *namyn seith ny dyrreith o gaer ochren* ('Preiddiau Annwn'), gw. M. Haycock ' "Preiddiau Annwn" and the

---

[2] GGl[2] 230–2 (cerdd LXXXVIII).

Figure of Taliesin', SC xviii/xix (1983–4), 75. Ceir y ffurf *Ochren* gan Gynddelw Brydydd Mawr hefyd, gw. GCBM i, 24.116n a GCBM ii, 6.44n; a'r ffurf *Achren* mewn englyn cynnar am Gad Goddaith, gw. CLlH l–li. Nid yw arwyddocâd y cyfeiriadau hyn yn gwbl glir a dichon fod yma gyfeiriad at chwedl goll.

61–2 **Ieuan ... / Efengyliwr** Sef Ioan, awdur y bedwaredd Efengyl.

64 **nobl** Darn o arian a oedd yn werth 6s. 8c., gw. GPC 2587 d.g. *nobl*[2].

65 **y Fan** Un o Fannau Brycheiniog.

70 **Gwilim** Y ffurf *Gwilym* a geir yng ngweddill y gerdd (llau. 11, 32, 52, 62), a gellid ei hadfer yma pe diwygid *dim* ll. 69 yn *dym*, gw. D.J. Bowen, 'Pynciau Cynghanedd', LlCy xx (1997), 139. Ond y mae orgraff y llsgr. o blaid *Wilim* yma, a chan fod y ffurf honno yn ddigon hysbys (gw. J. Morris-Jones: CD 248 a GLGC 137 (59.2)), fe'i cedwir hi yn y testun.

78 **O Lëyn dir i Landaf** Sef o Benrhyn Llŷn yng Ngwynedd (ar y ffurf ddeusill, gw. WG 35–6) i Landaf ger Caerdydd; hynny yw, Cymru benbaladr.

15

Nid yw'n gwbl glir pwy yw'r Ieuan ap Gwilym sy'n destun i'r cywydd anarferol hwn, er bod y gerdd yn cynnwys peth gwybodaeth amdano. Gwelir ei fod yn disgyn o Einion Sais (ll. 32), yn frodor o Frycheiniog (ll. 38), ac yn arddel perthynas â theulu'r *Wateriaid* (ll. 60). Awgryma hyn oll yn gryf iawn mai un o deulu'r Peutyn ydoedd; rhed yr ach honno fel a ganlyn: Ieuan ap Gwilym Fychan ab Ieuan ap Gwilym ap Llywelyn ap Hywel Fychan ap Hywel ab Einion Sais.[1] Gellid uniaethu'r noddwr ag un o ddau, felly, sef Ieuan ap Gwilym (Fychan) neu ei daid yntau Ieuan ap Gwilym. Ymddengys mai Sioned ferch Jenkin Walter Ieuanc ap Siencyn Walter Hen oedd mam Ieuan ap Gwilym Fychan, a theg felly yw cynnig mai ei theulu hi yw'r *Wateriaid*.[2] Odid na chadarnheir hyn oll gan gyfeiriadau mewn awdl gan Huw Cae Llwyd sy'n sôn am *wyrion Wateriaid* ac am *oed Wateriaid* (cf. ll. 60).[3] Rhoddwyd y teitl 'Moliant Ieuan ap Llywelyn' i'r awdl honno, ond y mae'n fwy tebygol mai i Ieuan ap Gwilym Fychan o'r Peutyn y canwyd hi.[4] Ceir cyfeiriad pwysig pellach mewn awdl arall gan yr

---

[1] Gw. P.C. Bartrum: WG2 'Bleddyn ap Maenyrch' 18(A) a P.C. Bartrum: WG1 'Bleddyn ap Maenyrch' 17, 18.

[2] Gw. *ib.* 'Additions and Corrections V', 26. Dylid nodi bod yr ach hon yn gymysglyd mewn mannau.

[3] HCLl 44 (VI.6, 39). Y mae'n rhaid gwrthod y syniad (*ib.* 146) mai teulu Syr Walter Herbert yw'r Wateriaid; y mae'n amlwg mai perthyn i genhedlaeth lawer cynharach a wnâi'r gŵr y disgynnai'r Wateriaid ohono.

[4] Dyna yw'r ffordd naturiol o ddehongli'r cyfeiriadau achyddol a geir yn *ib.* 43 (VI.1–4), 44

un bardd: *Mae tir deublas mwy tra dyblyn / Ym mhlas uncar mil a Siancyn. / Mae hap Water, mae y Peutyn, / Mae'n holl rwndwal mewn llaw'r undyn.*[5] Y mae'r cyfeiriadau hyn yn cytuno'n burion â'r achau y cyfeiriwyd atynt uchod—i Ieuan ap Gwilym y canwyd yr awdl hon, a gwelir bod lle da i gredu mai Ieuan ap Gwilym Fychan yw hwn yn hytrach na'i daid Ieuan ap Gwilym.

Tywyllir y gerdd ymhellach gan y chwarae ar enwau Ieuan ap Gwilym ac Ieuan, neu Ioan, Fedyddiwr, a'r gyffelybiaeth rhwng Ieuan ap Gwilym ac oen Duw. Yn ail ran y cywydd mynegir pwysigrwydd a lletygarwch y noddwr. Dywed y bardd ei fod am ymweld â'i noddwr, i weld ai gwir *chwedl y gorcheidwaid* (ll. 50). Daw'n amlwg na fu byw ei dad na'i daid yn hir, a diwedda'r bardd drwy ddweud bod Duw am ddwyn ei noddwr i *oed hir y Wateriaid* (ll. 60).

9–10 **Ieuan ... / Fedyddiwr** Ioan Fedyddiwr yw'r ffurf arferedig heddiw. Arno, gw. ODCC[3] 733–4. Dichon fod yma gyfeiriad at y gred mai Ioan Fedyddiwr a ddangosodd Oen Duw i Ioan Efengylwr, gw. Io i.35–40 ac ODCC[3] 888. Fel arall, gall fod yma gyfeiriad at oen a oedd yn eiddo i Ioan y meudwy.

18 **India** Cyfeiriad ystrydebol at ehangder dylanwad Ieuan, neu gyfeiriad at y brenin chwedlonol Pretur Siôn o'r India, gw. ODCC[3] 1323–4, IGE[2] 382, a Gwilym Lloyd Edwards, *Ystorya Gwlat Ieuan Vendigeit* (*Llythyr y Preutur Siôn*) (Caerdydd, 1999), xi–xvii *et passim*. Ar gyfatebiaeth yr enwau Siôn ac Ieuan, gw. W Surnames 135.

19 **naw** Sef, y mae'n debyg, y Nawyr Teilwng. Dosbarthwyd hwy yn dri phagan: Ector, Alecsander, Cesar; yn dri Iddew: Dafydd, Judas Maccabeus, Josua; ac yn dri Christion: Arthur, Siarlymaen a Godfrey de Bouillon. Gw. ymhellach TYP[2] 122–6 a Dafydd Ifans, 'Nawwyr Teilwng Plas Bodwrda', Cylchg LlGC xviii (1973–4), 181–6.

21 **Curig** Gw. uchod 14.33n.

Llŷr Sef Llŷr Forwyn, y mae'n debyg. Yr oedd dwy eglwys wedi eu cysegru yn ei henw, un yn sir Faesyfed a'r llall yng Ngheredigion, gw. LBS iii, 386; WCD 421.

28 **ab Gwilym** Ni ellir *ap Gwilym* oherwydd anghenion y gynghanedd, felly deellir *ab* yn amrywiad ar *fab*, yn dangos colli'r *f* wreiddiol, gw. WG 179.

32 **Einion Sais** Gw. y nodyn cefndir uchod.

33–4 Cf. y disgrifiad o Nisien yn PKM 29 (llau. 12–13) *ef a barei tangneued y rwg y deu lu, ban uydynt lidyawcaf*.

(VI.41–2).
[5] *Ib.* 49 (IX.33–6).

52 **Gwilim** Gw. uchod 14.70n.

57 **getid** Fe'i deellir yn ffurf amhrs.amhff.dib. y f. *gad(a)el, gadu*.

60 **Wateriaid** Gw. y nodyn cefndir uchod.

16

Gwrthrych y farwnad hon yw Morus ap Siôn o'r Llwynmelyn yn Nhre-gynon, un o blwyfi Cedewain. Dengys yr achau ei fod yn fab anghyfreithlon i Siôn ap Maredudd ab Iolo o dylwyth Meilir Gryg.[1] Nid oedd y teulu hwn yn un amlwg iawn fel noddwyr, ond cadwyd un cywydd marwnad i Siôn ap Maredudd o waith Dafydd ap Hywel ab Ieuan Fychan, bardd a ganai yn y cyfnod 1480–1510.[2] Y mae'r dyddiadau hyn yn awgrymu mai rywdro cyn marwolaeth ei dad y canodd Hywel Swrdwal farwnad Morus y mab, ond sylwer mai at ei frawd yn unig y cyfeirir yn y cywydd (ll. 8). Ni chofnodwyd bod plant gan Forus, ac awgryma'r cyfeiriad at ei neithior flwyddyn ynghynt (llau. 43–4), mai am flwyddyn yn unig y buasai'n briod cyn iddo farw, er na chrybwyllir ei wraig o gwbl yn y cywydd.

Cadwyd cyfeiriad posibl at Forus ap Siôn mewn cywydd moliant gan Lewys Glyn Cothi i Ieuan ap Gruffudd Fychan:[3]

> Y mae rhom, myn delw Domas,
> fatel glau am fetel glas.
> Hywel, oedd uchel ei air,
> Fongam, ni oddef ungair;
> un yw ef ym Mynafon
> sy ŵr i Forus ap Siôn;
> minnau fal am swyddau Sais,
> os haeddodd, a'i diswyddais.

Ysywaeth, nid yw'n glir pwy yw unrhyw un o'r gwŷr a enwir yma, ond awgryma Dafydd Johnston (GLGC 600) fod Hywel Fongam yn fardd i Forus ap Siôn. Cyfeiria Lewys at Fanafon, sy'n agos iawn i Dregynon, cartref Morus. Felly, er bod yr enw Morus ap Siôn yn un cyffredin ym Mhowys yn y cyfnod hwn, y mae'n bosibl iawn mai'r un oedd noddwr Hywel Swrdwal â'r gŵr a adwaenai Lewys.

Mynegiant grymus o hiraeth a geir yn y gerdd syml hon. Pwysleisir colled y bardd a'i gymuned a chyfleir yr ansicrwydd a ddaw yn sgil marwolaeth arweinydd a noddwr hael. Daw'r gerdd i ben gan fynegi'r gobaith y bydd

---

[1] Am yr ach, gw. P.C. Bartrum: WG2 'Meilir Gryg' 6(A), P.C. Bartrum: WG1 'Meilir Gryg' 6. Credid mai'r Llwynmelyn oedd cartref Meilir Gryg, gw. L. Dwnn: HV i, 283.

[2] Card 2.623 [= Haf 13], 130ʳ. Copïwyd y llsgr. rywdro wedi 1690 gan Iaco ap Dewi, gw. ymhellach RWM ii, 314–18; Garfield H. Hughes, *Iaco ab Dewi (1648–1722)* (Caerdydd, 1953), 35. Ar Ddafydd ap Hywel ab Ieuan Fychan, gw. ByCy 87.

[3] GLGC 355 (160.23–30).

Morus, er iddo farw'n rhy ifanc, yn cael mynd yn syth i gwmni angylion y nef.

6   Y mae'r ll. yn fyr o sillaf, ond gw. llsgr. D.

8   **Edwart** Yr oedd brawd cyfreithlon gan Forus o'r enw Edwart, gw. P.C. Bartrum: WG2 'Meilir Gryg' 6(A). Tybed ai at hwnnw y cyfeirir?

9   **gatai** Ffurf 3 un.amhff.dib. y f. *gadu*, gw. GMW 152.

16 *-p* + *s-* yn ateb *-b* + *s-*. Efallai y dylid darllen *fab Siôn* gydag *f* ledlafarog. Sylwer bod y gyfatebiaeth yn rheolaidd yn ll. 40 isod.

17 **Iago Sant** Gw. uchod 7.63n.

23 **marfolaeth** Cadwyd y ffurf dafodieithol hon a geir yn y llsgrau. cynharaf.

42 **Cedewain** Cantref ac arglwyddiaeth yng nghanolbarth Cymru. Yr oedd Tregynon yn un o'i blwyfi, gw. uchod 1.12n.

54 *-p s-* yn ateb *b.r.s.*

17

Y mae arfer y beirdd o ganu marwnadau i wrthrychau a oedd eto'n fyw yn ddigon hysbys.[1] Ond llai hysbys yw'r ffaith y byddai'r beirdd, ar adegau, yn canu i wrthrychau a oedd wedi marw ers cenedlaethau lawer. Enghraifft o hynny yw cywydd marwnad i Einion ap Seisyll o Fathafarn, gŵr o ail hanner y ddeuddegfed ganrif, a briodolir i Iorwerth ab y Cyriog, bardd o'r bedwaredd ganrif ar ddeg, ond a ganwyd, yn ôl pob tebyg, yn y bymthegfed neu'r unfed ganrif ar bymtheg;[2] ac y mae'n bosibl iawn mai wedi marw gwrthrych ei foliant yntau y canodd Llywarch Bentwrch i Ddafydd ap Dafydd Llwyd.[3] Digon tebyg yw amgylchiadau canu'r gerdd hon i dri mab Pasgen ap Gwyn ap Gruffudd, arglwydd Cegidfa yng nghwmwd Ystrad Marchell ym Mhowys.

O amcangyfrif ar sail achau'r teulu, gellir dyfalu i'r brodyr gael eu geni tua'r flwyddyn 1230, oddeutu dwy ganrif cyn i Hywel Swrdwal a'i fab Ieuan ddechrau barddoni.[4] Yn wir, y mae'r dystiolaeth hanesyddol sydd wedi goroesi yn awgrymu y gall fod y tri yn hŷn eto na hynny. Yn nhyb Mr Graham C.G. Thomas, meibion Cynwrig ap Pasgen oedd y tri brawd Einion, Hywel a Meurig, a fu'n dystion i freinlen gan Wenwynwyn ab

---

[1] Gw. W.J. Gruffydd, 'Marwnadau i ddynion byw', Beirn i (1911), 34–8; Rachel Bromwich, 'Poets Contemporary with Dafydd ap Gwilym', yn GWL ii² 155–6 a hefyd Huw Meirion Edwards, 'Murnio marwnadau: golwg ar y ffug-farwnad yng nghyfnod y cywydd', *Dwned*, v (1999), 47–70.

[2] Gw. GGrG Atodiad i ac *ib.* 72.

[3] GSRh cerdd 13.

[4] P.C. Bartrum: WG 1 'Gwyn ap Gruffudd' 1.

Owain Cyfeiliog a oedd yn cadarnhau grant i abaty Ystrad Marchell yn 1202.[5] Ymddengys mai'r un Meurig ap Cynwrig yw'r gŵr a enwir mewn cytundeb rhwng Gwenwynwyn a'r Brenin John, dogfen sy'n profi ei fod yn ddigon hen i fod yn briod â phlentyn erbyn blynyddoedd cynnar y drydedd ganrif ar ddeg.[6] Awgryma hyn y gall mai rywdro yn ail hanner y ddeuddegfed ganrif y ganed y brodyr. Gellir ychwanegu bod yr achau yn dangos bod mab i Feurig ap Pasgen yn fyw yn 1271, bod ŵyr iddo'n fyw yn 1406, a bod gor-or-orwyr (sef Gruffudd Fychan ap Gruffudd Deuddwr) yn fyw rhwng 1406 a 1448.[7] Er bod lle i amau rhai o'r dyddiadau hyn, y mae'n amlwg fod meibion Pasgen ap Gwyn yn perthyn i gyfnod llawer cynharach na'r bardd a ganodd iddynt.

Yr oedd rhai o ddisgynyddion Pasgen ap Gwyn yn noddi'r beirdd yn nyddiau Hywel Swrdwal. Teulu Gruffudd Deuddwr yw'r mwyaf nodedig efallai, ac y mae'n debyg iddynt hwy noddi'r Swrdwaliaid.[8] Diau mai ar eu cyfer hwy neu deulu tebyg iddynt y canwyd y gerdd hon.

Nid yw'r llawysgrifau yn gwbl gytûn ynglŷn ag awdur y gerdd: fe'i priodolir mewn dwy i 'Swrdwal Hen'. Gall mai Hywel Swrdwal a olygir, ac yntau, wrth reswm, yn hŷn na'i fab Ieuan. Neu fe all fod y copïwyr yn ymwybodol o'r broblem o uniaethu Hywel Swrdwal â thri brawd a oedd genedlaethau'n hŷn nag ef: ysgrifennwyd mewn llaw ddiweddarach *dubito* ('yr wyf yn amau') wrth enw Hywel Swrdwal yn llawysgrif Pen 100.[9] Ond er mai i ddiwedd yr unfed ganrif ar bymtheg y perthyn y copi cynharaf, y mae'r gerdd, o ran iaith ac arddull, yn gyson â chynnyrch beirdd y bymthegfed ganrif.

1–2 **Iawn rhoi cerdd ... / I'r trywyr** Tybed a ddylid dehongli hyn yn gyfiawnhad o fwriad annisgwyl y bardd i ganmol tri brawd a oedd wedi hen farw?

2 **trywyr** Sef 'tri gŵr', gw. GMW 47. Am y ffurf *trowyr* a welir hefyd yn y llsgrau., cf. *bowyd / bywyd*; fodd bynnag, gellid dehongli'r ffurf honno'n gyfuniad o *tro* a -*wyr*, sef 'y rhai sy'n troi / ymdrôi', fel a geir isod ll. 40, o bosibl. Ar y posibilrwydd hwn, gw. hefyd GLlBH 10.4n.

6 **y triael** Y Tri Hael, sef Nudd ap Senyllt, Mordaf ap Serwan a Rhydderch ap Tudwal Tutglyd, gw. TYP[2] 5–6.

8 **Troea** Credai'r Cymry eu bod yn disgyn o Frutus o Gaer Droea, gw.

---

[5] *The Charters of the Abbey of Ystrad Marchell*, ed. Graham C.G. Thomas (Aberystwyth, 1997), 42, 64, 72, 80. Am destun y freinlen, gw. *ib.* 176–7. Nid enwir Einion a Hywel yn achau'r teulu.

[6] *Primogenitum filium Meuric filii Kenewret de sponsa sua*, gw. G.T.O. Bridgeman, 'The Princes of Upper Powys', Mont Coll i (1868), 106–7.

[7] P.C. Bartrum: WG 1 'Gwyn ap Gruffudd' 3.

[8] Gw. isod cerdd 28.

[9] Pen 100, 261.

WCD 62.

10 **act** Yma, y mae'n debyg, yn yr ystyr 'camp, gweithred ddewr', gw. GPC 6 lle y daw'r unig enghraifft a ddyfynnir o'r 16g.: *ector ffriw vn akt ar ffraingk* (Lewys Morgannwg).

Ector Gadarn Enwir ef yn y trioedd fel un o'r tri a gafodd gadernid Adda, a hefyd yn un o'r nawyr teilwng, gw. TYP[2] 122–6, 336–7.

11 **Nudd** Gw. uchod ll. 6n ac 1.3n.

17 **ail brawd** Ni fyddid gynt yn treiglo eg. ar ôl y trefnol *ail*, gw. Treigladau 40–1.

breuder Ar *breuder* yn golygu 'haelioni', gw. GPC 321, a cf. ystyr yr a. *brau* uchod 12.44 *I ddyn brau ni roddai'n bring*.

20 **yr Heledd** Ardal Northwich, Middlewich a Nantwich yn swydd Gaer, gw. GPC 1843, GCBM ii, 4.122n a GLlLl 10.32n.

26 **od** Yma 'anarferol neu hynod o ran gwedd, cymeriad, &c.' (o'r S.C. *odde*), gw. GPC 2616 d.g. *od*[1] a cf. uchod 1.6.

27 **Samson** Yr oedd Samson, fel Ector Gadarn (gw. uchod ll. 10n), yn un o'r tri a gafodd gadernid Adda, gw. TYP[2] 122–6, 509.

29 **tri broder** Nid anghyffredin mewn Cym.C. yw cael ffurf l. arbennig ar e. yn dilyn rhifolyn. Ar y ffurf hynafol *broder* (a brofir yma gan y gynghanedd), gw. GWM 34, 47.

31 **y Gwyn** Taid y brodyr; efallai mai'r ffaith mai llysenw oedd *Gwyn* sydd i gyfrif am y fannod, gw. W Surnames 116.

34 **y tair talaith** Sef, y mae'n debyg, Gwynedd, Powys a Deheubarth.

35 **Gruffudd** Hendaid y brodyr, gw. y nodyn cefndir uchod.

36 **Beli** Yr oedd dau Feli ymhlith hynafiaid y brodyr, gw. EWGT 107.

37 **Brochwel** Disgynnai'r brodyr yn uniongyrchol o Frochwel ab Aeddan, ac yntau o Frochwel Ysgithrog, brenin Powys yn y 6g., gw. EWGT 107, ByCy 47, WCD 59–60.

Brychan Brenin a sant a roes ei enw i Frycheiniog, gw. ByCy 50–1; TYP[2] 288–9; WCD 64–7 a cf. uchod 3.31n.

39 **Cynfyn** Tad y tywysog o Bowys, Bleddyn ap Cynfyn (*ob.* 1075), y mae'n debyg, gw. ByCy 36, ond ni lwyddwyd i olrhain y cysylltiad â meibion Pasgen. Cf. isod ll. 55. Ystyrid Cynfyn yn un o sylfaenwyr llinach frenhinol Powys.

41 **'Lystan** Sef Elystan Glodrydd, gŵr y disgynnai nifer helaeth o deuluoedd ardal Rhwng Gwy a Hafren ohono, gw. WCD 247 ac uchod 1.33n. Gwraig Pasgen ap Gwyn oedd Nest ferch Llywelyn; ei mam hithau oedd Alswn ferch Maredudd a ddisgynnai yn ei thro o Ddyddgu ferch Madog o dylwyth Elystan Glodrydd, gw. P.C Bartrum: WG1

'Meilir Gryg' 1, 'Trahaearn ap Caradog' 6.

43 **Tewdwr**   Sef Tewdwr ap Cadell (gw. uchod 4.55n), tad Rhys ap Tewdwr, brenin Deheubarth a laddwyd yn 1093. Tad Dyddgu ferch Madog (gw. uchod ll. 41n) oedd Madog ab Idnerth; un o'i wragedd yntau oedd Gwenllïan ferch Rhys ap Tewdwr, ond nid oes sicrwydd mai hi oedd mam Dyddgu.

44 **o Wynedd trwy Einion**   Ai Einion ap Collwyn ap Tangno, y gŵr a ymfudodd o Wynedd i Flaenau Morgannwg adeg y goresgyniad Normanaidd? Ymhellach arno, gw. TLlM 34–5, 184–9.

45 **capten**   Y gair *cadpen* a geir yn y rhan fwyaf o'r llsgrau., ond dichon mai ffurf ddiweddar yw honno a ffrwyth camdybio mai cyfuniad o *cad* a *pen* oedd *capten* yn wreiddiol, gw. GPC 421. Ar *catben*, gw. GGrG At i.9 *Ein catben a'n pen a'n parch* (ond gw. *ib*. 72).

Cf. uchod 1.57 *Capten Glan Hafren hyfryd*.

47 Cf. GSRh 2.47–8 … *trais galar / Tros golofn cerdd brydferth* (marwnad Iorwerth ab y Cyriog gan Sefnyn).

51 Cywasger er mwyn hyd y ll.

53 **Cawres**   Arglwyddiaeth yn nwyrain y Mers, gw. uchod 1.13n.

54 **Tri maen print tryma'n y pres**   Cf. GOLlM 27 (14.10) *mwy na'r print na'r maen na'r pres*. Dichon mai erfyn a ddefnyddid i adael marc neu batrwm, er enghraifft ar sêl, yw'r *maen print*. Gall *pres* yma olygu 'gwasgfa, gorthrwm, ymsang, tyrfa', gw. GPC 2876 d.g. *pres*[2], *près*[3]. Go brin mai cyfeiriad cynnar at y wasg argraffu sydd yma, er bod y cyfuniad *print / pres* yn awgrymog—ni ddaeth William Caxton a'i wasg i Lundain tan 1476.

55 **Cynfyn**   Gw. uchod ll. 39n.

57 **[y] Gorddwr**   Ardal i'r dwyrain o Afon Hafren a ffurfiai frodoraeth y Cymry yn arglwyddiaeth Cawres, gw. R.R. Davies: LSMW xvi a 23. Ymestynnai o Ryd Chwima hyd ardal Aldebury a Shrawardine. Yr oedd y rhan fwyaf ohoni y tu draw i Glawdd Offa, gw. J.E. Lloyd, 'Border Notes', B xi (1941–4), 48–51.

18

Cywydd yw hwn sydd, ar y naill law, yn gofyn march gan Rys ap Dafydd ap Hywel Fain o Langynllo ac ar y llall yn ymryson â Llawdden ynglŷn â merch yr oedd y ddau fardd am ei charu.[1] Cartref Rhys ap Dafydd oedd

---

[1] Gw. Llawdden, &c.: Gw 88–90 (cerdd 28) a 308, lle y priodolir y gerdd hon i Ieuan ap Hywel Swrdwal.

Gwestun ym mhlwyf Llangynllo, sydd bellach yn sir Faesyfed.² Canodd
Lewys Glyn Cothi awdl farwnad iddo a chyfeiria'n benodol at y meirch o
Wasgŵyn a gadwai: *Ei gwyno ydd wyf a'i Wasgwyniaid / ei ddefnydd, a hwy'n
ei orddyfnaid.*³

Twrnament dychmygol yw sail yr ymryson. Yr oedd y twrnament yn
boblogaidd o hyd yn y bymthegfed ganrif. Yn 1467 cynhaliwyd ymwan
enwocaf y ganrif honno rhwng yr Arglwydd Scales, brawd yng nghyfraith
Edward IV, a Wiliam (II) Herbert, a'r Bastard o Fwrgwyn.⁴

1 **Llawdden** Bardd a gydoesai â Hywel Swrdwal ac a gysylltir â
Machynlleth, gw. CLC² 449.

12–13 **Rhys... / Hil Dafydd** Ar Rys ap Dafydd o Langynllo, gw. y nodyn
cefndir uchod.

14 **Tir Mael** Sef Maelienydd, cantref ac un o arglwyddiaethau Iorc yn
nwyrain y Mers, gw. WATU 287. Yno yr oedd plwyf Llangynllo,
cartref Rhys ap Dafydd. Cf. GO 83 (XI.2) *Heldir y' mynydd-dir Mael.*
Ymddengys mai ardal Dinmael a olygir yno.

16 **Hywel Fain** Taid Rhys ap Dafydd, gw. y nodyn cefndir uchod.

22 *m* wreiddgoll. Ond sylwer y gellid darllen *yn twrn* (sef cywasgiad o *yn y
twrn*, gw. Treigladau 389) ar sail y darlleniad *yn y twrn* a geir yn llsgrau.
IJ.

23 **dreigiau d'rogan** Sef y ddraig wen a'r ddraig goch a ystyrid yn
symbolau cenedlaethol o'r Cymry a'r Saeson.

34 **allon** Efallai y dylid darllen *allo* er mwyn y gynghanedd, er nad yw'r
llsgrau. na'r ystyr o blaid hynny.

35 **Arthur** Arwr chwedlonol y Cymry a fu'n ymladd â Ffrolo, gw. isod
36n.

36 **Ffrolo** Tywysog o Ffrainc a fu'n ymladd yn erbyn Arthur, gw. BD
154–6. Wedi i'w fyddinoedd gael eu trechu ciliodd Ffrolo i ddinas Paris.
Pan ddechreuodd y bobl yno newynu o ganlyniad i warchae Arthur
penderfynodd herio Arthur i ymladd ag ef wyneb yn wyneb. Yn ôl BD
155 (llau. 15–19), *Sef a wnaeth anuon ar Arthur y ouyn idav a uynnei eu
dyvot ell deu y le ny chaffei neb wneuthur canhorthvy y'r un onadunt mvy
no'i gilid, ac ymlad onadunt ell deu; a'r vn a orffei, kymerei gyuoeth y llall
yn diymlad y'r deulu.* Yr un modd y mae Hywel Swrdwal am ymladd â
Llawdden.

37 **Mynyw** Sef Tyddewi yn sir Benfro.

38 *r* berfeddgoll, ond sylwer ar amrywiadau llsgrau. FIJ.

---

² Gw. ymhellach CSF ii, 86 a NBSBM 460–72.
³ GLGC 388 (176.49–50).
⁴ Gw. P.M. Kendall, *The Yorkist Age* (London, 1962), 171–3.

19

Dyma ateb Llawdden i her Hywel Swrdwal.[1] Yn yr un modd ag y cyfeiriodd Hywel at Rys ap Dafydd ap Hywel Fain, y mae Llawdden yntau yn ymrestru cymorth dau uchelwr. Y cyntaf ohonynt yw Gwilym Fychan. Ni ddywedir llawer amdano sy'n gymorth i'w leoli ag unrhyw sicrwydd, ac eithrio'r ffaith ei fod yn ŵr o ddylanwad ym Mrycheiniog (ll. 22). Tybed, felly, nad Gwilym Fychan o'r Peutyn ydyw, aelod o deulu a noddai Hywel Swrdwal yn hael? Yr ail a enwir yw Siôn Fychan, gŵr a gysylltir â llys Crugeryr ym mhlwyf Llanfihangel Nant Melan.[2] Teg yw tybio ei fod ef yn un o ddisgynyddion niferus Llywelyn Crugeryr (*fl.* 1344–72), gŵr amlwg yn ail hanner y bedwaredd ganrif ar ddeg.[3] Yr oedd ganddo fab o'r enw Ieuan ac yr oedd gan hwnnw fab anghyfreithlon o'r enw John neu Siôn.[4] Canwyd awdl i'r olaf gan Lewys Glyn Cothi lle y cyfeiria'n benodol at Grugeryr yn llinellau cyntaf ac olaf y gerdd: *Bond Llŷr Crugeryr i dan Goron—Loegr; ar y gŵr gorau o Grugeryr.*[5] At hynny, ceir un cyfeiriad at Siôn fel 'fychan': *Siôn fawr ar orwydd ni ddiswyddir, / Siôn fychan ragman i geirw Wigmor.*[6] Ond nid yw'n glir a ydyw'r bardd yma'n cyfeirio at un Siôn neu ddau. Y mae'n bosibl y gelwid Siôn yn 'Fychan' er mwyn gwahaniaethu rhyngddo a'i dad: yr un enw oedd 'Siôn' ac 'Ieuan' yn y bôn—yr oedd y ddau yn deillio o'r enw Lladin *Iohannes*, a'r ddau yn cyfateb i'r Saesneg *John*.[7] Hefyd, y mae'n bosibl y'i gelwid yn Siôn Fychan er mwyn gwahaniaethu rhyngddo ef a gŵr cyfreithlon ei fam, sef John ap David Olswyth o Groesoswallt.[8] Y mae'n ddigon posibl, felly, mai Siôn ab Ieuan ap Llywelyn Crugeryr yw'r gŵr y cyfeiria Llawdden ato. Awgrymwyd gan A.D. Powell mai oddeutu 1427 y ganed ef a'i fod yn fyw o hyd yn 1507/8. Ymddengys iddo dderbyn blwydd-dâl o ddeng morc gan y Brenin Edward IV yn 1467 o arglwyddiaeth Maesyfed a'i fod wedi ennill ffafr Harri VII yntau wedi brwydr Bosworth.[9]

5 **Eli** Sef Elïas, gŵr y credid ei fod yn byw ym mharadwys, gw. BY 8. Ond cf. amrywiad llsgrau. CFIJ, sef *Teli*, ffurf bur debyg i'r enw *Deili*,

---

[1] Gw. Llawdden, &c.: Gw 90–3 (cerdd 29), 309.

[2] Am ddisgrifiad o Grugeryr, gw. CSF ii, 33–6. Ar y traddodiad nawdd yno, gw. NBSBM 391–7.

[3] Arno, gw. A.D. Powell, 'The Powell descent from Llewelyn Crûgeryr and the Princes of Deheubarth', TRS xxxi (1961), 3–17; *id.*, 'Some notes on the descent of Llewelyn Crugeryr from Rhys Grug', *ib.* xxxii (1962), 44–53.

[4] Ceir yr ach yn P.C. Bartrum: WG1 'Rhys ap Tewdwr' 15.

[5] GLGC 351–2 (cerdd 158).

[6] *Ib.* 352 (158.45–6).

[7] W Surnames 135.

[8] P.C. Bartrum: WG1 'Rhys ap Tewdwr' 15.

[9] Gw. A.D. Powell, 'The Powell descent from Llewelyn Crûgeryr and the Princes of Deheubarth', TRS xxxi (1961), 12; *id.*, 'Some notes on the descent of Llewelyn Crugeryr from Rhys Grug', *ib.* xxxii (1962), 53.

gwraig Ieuan ap Hywel Swrdwal, gw. 32.43n.

12 **dwbled Owain** Ceir cyfeiriad posibl at hwn mewn cywydd i ofyn pais o faelys gan Sieffre Cyffin o waith Guto'r Glyn, gw. GGl² 192 (LXXII.57–8) *Teils dur Owain ab Urien, / Tebyg i do cerrig hen.*

19–20 **Gwilym ... / ... Fychan** Gw. y nodyn cefndir uchod.

19 **Idloes** Sant a gysylltir yn arbennig â Llanidloes yn Arwystli, ond ni wyddys llawer amdano, gw. LBS iii, 291.

21 **Beli** Gw. uchod 2.12n.

22 **Brycheiniog** Hen deyrnas Gymreig ac un o'r arglwyddiaethau mwyaf cyfoethog yn y Mers.

29 **Siôn Fychan** Gw. y nodyn cefndir uchod.

30 Gellid hefyd atalnodi fel a ganlyn: *Rhoes gyfrwy, ym rhwysg Efrog!* Os felly, deeller *ym* yn ffurf ar y geiryn ebychiadol *myn*, gw. GMW 245–6. Byddai'r darlleniad hwn yn well o ran aceniad y gynghanedd, ond tyngu llw wrth enw sant, Duw neu Iesu a wneir gan amlaf.

32 **Crugeryr** Gw. y nodyn cefndir uchod.

35 **Swrdwal** Sef Hywel Swrdwal, cf. isod ll. 51n.

39 Y mae'r ll. hon yn fyr o sillaf.

42 Ll. anodd. Y mae nifer o'r darlleniadau amrywiol o blaid deall cyfeiriad at deulu Llawdden yntau.

43 **Rhys** Sef Rhys ap Dafydd ap Hywel Fain, gw. nodyn cefndir cerdd 18 uchod.

45 **Ceri** Cwmwd i'r gogledd o Faelienydd ac un o arglwyddiaethau Iorc yn y Mers, gw. WATU 255 ac R.R. Davies: LSMW xvi. Efallai mai yno yr oedd cartref Hywel Swrdwal. Ar y llaw arall, os oedd yn byw yn y Drenewydd yng Nghedewain, byddai'n rhaid iddo deithio trwy Geri i gyrraedd cartref Rhys ap Dafydd ym Maelienydd.

51 **Hywel** Sef Hywel Swrdwal, cf. uchod ll. 35n.

cerdd Wyddelig Ystyr *Gwyddelig* yma yw 'gwyllt, barbaraidd', gw. GPC 1755.

57 **Ieuan** Sef, y mae'n debyg, Ieuan ap Hywel Swrdwal, cf., o bosibl, ll. 5n.

20

Hynod gymysglyd yw'r traddodiadau a gadwyd ynglŷn â bywyd Curig, y sant a goffeir yn Llangurig ac mewn mannau eraill yng Nghymru.[1]

---

[1] Ceir testun y cywydd hwn a thrafodaeth arno yn David James Jones, 'Cerddi'r Saint a'r

Dryswyd rhyngddo ef a merthyr o Asia a chanddo enw tebyg, sef Cyriacus, plentyn ifanc a laddwyd ynghyd â'i fam Julita (Elidan yn y traddodiad Cymraeg) yn Nharsus yn ystod yr erledigaeth yn adeg Diocletian, oddeutu 304.[2] Cadwyd hanes y ddau sant hyn mewn buchedd Ladin a gyfieithwyd i'r Gymraeg ynghyd ag atodiad sy'n cofnodi'r ychydig a wyddom am y Curig Cymreig.[3] Dywedir bod ewythr i'r sant, mynach o'r enw Maelgwn, wedi anfon ei weision i Geredigion i gasglu ymborth ar ei gyfer. Wrth ddychwelyd, fe'u daliwyd gan wŷr hela Maelgwn Gwynedd a fwriadai ddwyn y bwyd oddi arnynt. Ond glynodd dwylo'r ysbeilwyr wrth y pynnau ac fe'u llusgwyd gan y ceffylau yn ôl i gell Maelgwn y mynach. Er nad yw'r hanes yn gwbl glir, ymddengys fod Curig y sant eisoes wedi marw ond mai ganddo ef yn unig yr oedd y gallu i'w rhyddhau. Dyna a wnaeth, a dychwelodd y dynion at Faelgwn Gwynedd gan gwyno'n chwerw am eu triniaeth. Digiodd yntau ac anfon ei foneddigion i ddal y mynach a'i ddwyn yn ôl ato. Ond pan ddaethant o fewn golwg i'w gell fe'u dallwyd. Wedi clywed y newyddion hyn, penderfynodd Maelgwn Gwynedd ddinistrio'r sant, ond collodd ef a'i holl ddynion eu golwg hwythau. Bu'n rhaid iddynt ddychwelyd at y mynach ac erfyn am faddeuant. Gweddïodd Maelgwn y mynach ar Gurig am faddeuant ac adferwyd golwg Maelgwn Gwynedd a'i ddilynwyr. Ac yntau wedi dysgu ei wers, cyflwynodd Maelgwn Gwynedd rodd helaeth o dir i'r sant yn rhydd o rent a gwestfa i frenin ac esgob am byth.

Ceir sawl fersiwn o hanes Cyriacus a Julita, ar y llaw arall, ond dyma grynodeb o'r prif fanylion. Adeg yr erledigaeth yn ystod teyrnasiad Diocletian bu raid i Julita, gwraig weddw o Iconium, ffoi gyda'i mab teirblwydd oed, Cyriacus, i Tarsus yn Cicilia. Ond yno fe'i daliwyd gan Alecsander, llywodraethwr Seleucia ac un o'r gwŷr yr oedd Julita yn ffoi rhagddo. Fe'i croesholwyd hi ganddo, ond y cwbl a ddywedai oedd 'Cristion wyf'. Aethpwyd ati i'w phoenydio a chymerodd Alecsander ei mab ar ei lin. Pan welodd Cyriacus ei fam yn dioddef, ceisiodd ddianc o afael Alecsander i'w hachub. Rhwystrwyd y plentyn a dechreuodd yntau ymosod ar Alecsander gan ddatgan 'Cristion wyf innau.' Gwylltiodd Alecsander a thaflu'r bychan i lawr y grisiau caled fel yr holltwyd ei ben a'i ladd. Ymfalchïodd Julita ym merthyrdod ei mab a phan y'i lladdwyd hithau, claddwyd eu cyrff ynghyd mewn man lle y cleddid drwgweithredwyr eraill. Daeth y fan honno yn ddiweddarach yn gyrchfan i bererinion.[4]

Bucheddau Cyfatebol' (M.A. Cymru [Aberystwyth], 1929), 61–6.

    [2] Am fanylion ynglŷn â Churig / Cyriacus yng Nghymru, gw. ByCy 80; LBS ii, 192–200; WCD 155; TWS 262–8; Brynley F. Roberts, 'Rhai Swynion Cymreig', B xxi (1964–6), 202–3; GLD 97. Gw. hefyd H.W. Lloyd, 'The Legend of St. Curig', Arch Camb, fourth series, vi (1875), 145–64, yn enwedig td. 154 lle y ceir rhan o'r gerdd hon o destun llwgr sydd, fe ymddengys, bellach ar goll.

    [3] Ceir y testun yn LBS iv, 378–9.

    [4] Am fanylion pellach, gw. David Hugh Farmer, The Oxford Dictionary of Saints (third ed.,

Cymysgedd o'r hanesion hyn a geir yn y gerdd hon. Yn yr hanesyn o darddiad Cymreig, ymddengys fod Maelgwn y mynach yn cael ei gynrychioli gan Felgad a lleian o lan Gwy, ond yr un yw hanfod y stori. Ceir ar ddiwedd y cywydd erfyniad am iachâd rhag dallineb, gwyrth y llwyddodd Curig i'w gyflawni dros Faelgwn Gwynedd a'i ddynion.[5]

2 **Ffrainc** Yr oedd cysylltiad cryf rhwng cwlt Cyriacus a Julita a Ffrainc. Yn gyntaf, credid i'w gweddillion gael eu symud i Auxerre, ac yn ail, credid i Cyriacus achub Siarlymaen rhag cael ei ladd gan faedd coed mewn breuddwyd, gw. David Hugh Farmer, *The Oxford Dictionary of Saints* (third ed., Oxford, 1992), 120–1.

3 **i'th wlad** Sef 'yn dy wlad', gw. GMW 199.

4 **d'achau** Ni chadwyd achau'r Curig Cymreig.

  f led-lafarog.

8 **Gwy** Afon sydd â'i tharddiad ar Bumlumon nid nepell o Langurig.

9 **Melgad** Maelgwn yw'r enw ar y mynach yn yr hanesyn rhyddiaith, a dichon mai amrywiad arno yw *Melgad* yma, gw. ymhellach y nodyn cefndir uchod.

  Maelgwn Sef Maelgwn Gwynedd, gw. y nodyn cefndir uchod.

12 **arweddodd** Ffurf 3 un.grff.myn. y f. *arwain*, gw. WG 392.

18 Twyll gynghanedd.

26 **Elidan** Y ffurf Gym. ar Julita, mam y merthyr Cyriacus, gw. y nodyn cefndir uchod. Ceir plwyf o'r enw Llanelidan yn sir Ddinbych.

42 **Siliti** Ffurf ar yr enw Julita, cf. uchod ll. 26n.

  Y mae'r ll. yn rhy hir oni chywesgir *Siliti a.*

  atam Ffurf Gym.C. ar *atom*, gw. GMW 59.

43 **meddiant Alecsander** Alecsander oedd llywodraethwr Seleucia ac erlidydd Julita, gw. y nodyn cefndir uchod. Ar ynganiad *meddiant* a'r gynghanedd lusg rhyngddo ac *Alecsander*, gw. uchod 5.39n.

44 Ceir yr un ll. yn GGl² 6 (II.6).

57 **ar lled** Ar y cyfuniad hwn, gw. Treigladau 387.

64 **olwyn** Yma 'olwyn melin'. Y mae'n amlwg fod llygaid y bardd yn dirywio'n arw.

77 **Mihangel** Yr Archangel a anrhydeddid yn arbennig fel iachawr.

Oxford, 1992), 120–1; S. Baring-Gould, *The Lives of the Saints*, vi (Edinburgh, 1914), 219–22.
  [5] Gw. Elissa R. Henken, *The Welsh Saints: A Study in Patterned Lives* (Cambridge, 1991), 49–64.

21

Yr oedd llenyddiaeth helaeth yn ymdrin â theulu'r Iesu yn bodoli yn yr Oesoedd Canol ac yr oedd yn bwnc tra phoblogaidd ymhlith llenorion crefyddol y cyfnod. Yr oedd peth o'r hanesion a goleddid yn seiliedig ar y Beibl, ond deilliai nifer ohonynt o destunau apocryffaidd megis 'Proto-evangelium Iago', gwaith a ddyddir i'r ail ganrif O.C. Yn achos cynnwys y gerdd hon, y mae'n ymddangos mai 'Efengyl y Pseudo-Fathew' yw'r ffynhonnell gynnar agosaf.[1] Y mae'r fersiwn ar hanes teulu'r Iesu a geir yn y cywydd hwn yn cyfateb yn agos i'r hyn a geir yng ngwaith gwŷr megis Jean Gerson (1363–1429) ac awduron crefyddol eraill o'r bedwaredd ganrif ar ddeg a'r bymthegfed.[2] Yn syml, dywedir i Anna, mam y Forwyn Fair, briodi â Siohasym, ond iddo yntau farw yn fuan wedi cyflwyno eu merch, Mair, yn y deml. (Hi oedd mam yr Iesu a phriododd â Sioseb (Joseff).) Priododd Anna wedyn â Chleoffas, a chawsant hwythau ferch o'r enw Mair. (Priododd hithau ag Alffeus, a chawsant yn feibion Iago, Sioseb (Joseff), Simon a Sud (Judas).) Wedi marwolaeth Cleoffas, priododd Anna yn olaf â Salomas (neu Salome), a ganed Mair arall o'r briodas honno. Priododd hi â Sebedeus, a hi oedd Mam Ioan (neu Ieuan) ac Iago Fwyaf. Fel y nodwyd eisoes, nid dyma'r unig fersiwn ar yr hanes yn y cyfnod hwn, ond y mae rhai yn ymdebygu i'r cywydd hwn yn fwy na'i gilydd.[3]

Gwelir bod awdur y gerdd hon yn fardd dysgedig iawn, ac os Hywel Swrdwal yw'r gwir awdur,[4] y mae hynny'n cyd-fynd yn burion â'r hyn y gellid ei ddisgwyl gan fardd a oedd, yn ôl pob tebyg, yn ŵr llythrennog ac addysgedig.

1 **Anna** Mam y Forwyn Fair; nid enwir hi yn y Beibl, gw. y nodyn cefndir uchod a GIBH 5.61n.

7 **Siohasym** Gŵr Anna a thad y Forwyn Fair, gw. y nodyn cefndir uchod.

8 **Sal'me** Sef Salome neu Salomas, trydydd gŵr Anna, gw. y nodyn cefndir uchod.

Clewffas helmog Sef Cleoffas, ail ŵr Anna, gw. y nodyn cefndir uchod. Nid yw union ergyd *helmog* yn glir.

---

[1] Cyfieithwyd llawer o ddeunydd apocryffaidd i'r Gymraeg yn ystod yr Oesoedd Canol, gw. yn enwedig J.E. Caerwyn Williams, 'Welsh Translations of *Pseudo-Matthei Evangelium sive Liber de ortu Beatae Mariae et Infantia Salvatoris*', *Proceedings of the Irish Biblical Association*, xvii (1994), 102–25.

[2] Gw. ODCC[3] 669–700. Am ragor o draddodiadau ynglŷn â theulu'r Iesu, gw. NCE *s.n. Anna, Joachim, Cleopas*, &c.

[3] Gw. yn arbennig, J.K. Elliott, *The Apocryphal New Testament* (Oxford, 1993), 98n7.

[4] Ymhellach ar awduraeth y gerdd hon, gw. y Rhagymadrodd tt. 10–11.

9 **hon** Sef Anna, gw. uchod ll. 1n.

13 **Sioseb** Sef Joseff, gŵr y Forwyn Fair, gw. y nodyn cefndir uchod.

14 **Alffus** Sef Alffeus, gŵr Mair ferch Cleoffas.

Sebedëus Priododd ef â Mair ferch Salome a hwy oedd rhieni yr apostolion Ioan a Iago Fwyaf, gw. isod ll. 22n.

17–18 **merch lân... / Glewffas hen gwraig Alffus oedd** Mair oedd merch Cleoffas; priododd hi ag Alffeus, gw. y nodyn cefndir uchod.

19–20 **Iago ... / Sioseb wirion, Seimon, Sud** Sef meibion Mair ac Alffeus, gw. y nodyn cefndir uchod.

21–2 **Plant y drydedd ... / Ieuan a Iago Fwyaf** Plant y drydedd Fair a'i gŵr Sebedeus, sef Ieuan (Ioan) ac Iago Fwyaf. Gelwid Iago fab Sebedeus yn 'Fwyaf' er mwyn gwahaniaethu rhyngddo ac Iago fab Alffeus, er nad yw'r Testament Newydd yn rhoi'r teitl hwnnw iddo.

29 **Ebryw** Ar *Ebryw*, benthyciad o'r S.C. *Ebrewe*, *Ebreu* 'Hebraeg', gw. GPC 1157.

29–30 **seren / Yn y môr yw enw Mair wen** Dyma un ymgais i esbonio'r enw Mair, ar sail camddehongli'r ffurf Hebraeg (a gynrychiolir gan *Miriam*) a'r ffurf Roeg (a gynrychiolir gan *Mariam*). Ystyr yr ail elfen yn yr Hebraeg (*iam*) yw môr, yn Lladin *mare*. Ystyr yr elfen gyntaf (*mar*) yw 'defnyn', sef *stilla* yn Lladin. Ond yng nghyfieithiad Sierôm, ymddengys yn gyson fel *stella* 'seren'. Felly, dehonglwyd enw Mair i olygu *stella maris* 'seren y môr'. Hoffwn ddiolch i'r Parchg Gwynn ap Gwilym am ei gymorth gyda'r nodyn hwn. Gw. hefyd *The New Catholic Dictionary* (London, 1929), 605.

33 **o lwyth Siesu** Credid bod Mair hithau yn disgyn o Jesse, tad Dafydd Frenin a hynafiad yr Iesu.

39–42 Cyfeiriad at y berth yn llosgi o flaen Moses, gw. Ecs iii.2–4 *Ac angel yr Arglwydd a ymddangosodd iddo mewn fflam dân o ganol perth, ac wele y berth yn llosgi yn dân, a'r berth heb ei difa.* Ystyrid y berth hon yn rhaglun o'r Forwyn Fair, gw. ODCC³ 255.

43 **llawffon Aron** Aaron oedd brawd a chynorthwyydd Moses; penodwyd ef a'i ddisgynyddion yn offeiriaid dros yr Iddewon. Ceir yr hanes am ei wialen yn blaguro fel cadarnhad o'i awdurdod yn Nu xvii, gw. yn enwedig Nu xvii.8 *A thrannoeth y daeth Moses i babell y dystiolaeth: ac wele, gwialen Aaron dros dŷ Lefi a flagurasai, ac a fwriasai flagur, ac a flodeuasai flodau, ac a ddygasai almonau.*

47–8 Cyfeiriad, o bosibl, at farwolaeth Abel fel rhaglun o groeshoelio'r Iesu, cf. Bl BGCC 88 (10.27n). Os felly, cyfeiria *cyn y glaw* at y cyfnod cyn y Dilyw a chyfeiria *y cnu gwlân* at y ffaith mai cenfigen at offrwm o oen gan Abel i'r Arglwydd a gymhellodd Cain i'w ladd, gw. Gen iv.

Ystyrid Abel gan Fathew fel y merthyr cyntaf, gw. Math xxiii.35. Ond defnyddir cnu gwlân gan Gedeon er mwyn cael gwybod beth fydd ffawd Israel a'i ffawd yntau, gw. Barn vi.36–40.

49–50 Credid gynt fod y pelican yn tynnu gwaed ohono ef ei hun â'i big er mwyn rhoi maeth i'w gywion o'r gwaed hwnnw. Defnyddid y ddelwedd hon yn gyffredin yn symbol o waith gwaredigol yr Arglwydd, yn enwedig fel y'i cyfryngid ef drwy'r sagrafen fendigaid, gw. ODCC³ 1249.

55–6 **Pan aeth y famaeth … / I'r deml** Cyfeiriad at Fair a Joseff yn mynd â'r Iesu i'r deml i'w gyflwyno i'r Arglwydd, gw. Luc ii.22.

57–60 Cyfeirir yma at hanes Simeon, yr Iddew 'cyfiawn a duwiol' a gymerodd yr Iesu yn ei freichiau yn y deml yng Nghaersalem ac a lefarodd y geiriau a adnabyddir fel 'Nunc Dimittis', gw. Luc ii.25–35 ac ODCC³ 1500. Yn y rheini, proffwydodd ddyfodol yr Iesu a'i adnabod yn fab i Dduw.

62 **Sawr sinam neu falsam fu** Y tebyg yw mai at weithredoedd Simeon yn derbyn yr Iesu yn y deml y cyfeirir yma hefyd. Ar *sinam* 'sinamwn', gw. GPC 3283, ac ar *balsam* 'balm', gw. GPC 252. Cf. GM 34 (ll. 5) *Megys sawrussyon ireidieu sinam a bam*, a gw. hefyd y nodyn *ib*. 77.

22

Fel yn achos y cywydd blaenorol, seilir y cywydd hwn ar y deunydd apocryffaidd yn ymwneud â'r Forwyn Fair a'i rhieni Siohasym ac Anna a geir mewn testunau megis 'Protoevangelium Iago' ac 'Efengyl y Pseudo-Fathew'. Ceir isod grynhoad o'r darnau o'r 'Protoevangelium' sy'n berthnasol i'r cywydd, er bod llawer o'r un deunydd i'w gael yn 'Efengyl y Pseudo-Fathew' yn ogystal.[1]

Yr oedd Siohasym yn ŵr cyfoethog a offrymai'n ddyblyg gerbron Duw, gan roi traean o'i gyfoeth i'r bobl a thraean i Dduw, gan gadw'r traean arall iddo ef ei hun yn unig. Ond gwaharddwyd ef rhag offrymu yn gyntaf gan Reuben am nad oedd wedi cenhedlu plant cyfreithiol yn Israel. Tristaodd Siohasym, ac ymgilio i'r diffeithwch lle y bu'n ymprydio am ddeugain nydd a deugain nos. Achosodd hynny dristwch mawr i Anna, a hithau'n dyheu am gael plentyn. Gweddïodd ar Dduw, a daeth angel ati a dweud y byddai'n beichiogi ac yn esgor ar blentyn. Yna daeth dau angel, a dweud wrthi fod ei gŵr yn agosáu gyda'i ddiadell, gan fod angel wedi dweud wrtho ei bod hi'n feichiog. Galwodd ef ar ei heusorion a gofyn am ddeg oen banw i'w hoffrymu gerbron Duw ac am anifeiliaid eraill i'w rhoi i'r offeiriaid a'r holl bobl. Ymhen naw mis, ganed merch i Anna, a

---

[1] J.K. Elliott, *The Apocryphal New Testament* (Oxford, 1993), 57–62.

rhoddwyd yr enw Mair arni. Pan oedd hi'n flwydd oed, aethpwyd â hi at yr offeiriaid a bendithiodd hi gan ddweud, 'O Dduw ein tadau, bendithia'r plentyn hwn a dyro iddo enw a fydd yn glodfawr ymhlith y cenedlaethau yn dragywydd.'

Pan oedd yn dair oed, cyflwynodd ei rhieni hi i'r deml. Pan ddaeth yn amser iddi briodi, dywedodd angel y byddai'n priodi gŵr gweddw a ddewisai Duw. Ymgynullodd y gwŷr gweddw a chymryd gwialen yr un, a hedfanodd colomen o ben gwialen Joseff ac, er ei fod yn saer oedrannus, derbyniodd hi. Yna penderfynodd yr offeiriaid wneud gorchudd ar gyfer y deml. Bwriwyd coelbrennau i weld pwy fyddai'n nyddu pa liw, a syrthiodd y porffor pur a'r sgarled ar Fair. Wedi hynny, daeth angel at Fair pan oedd yn tynnu dŵr o ffynnon a dweud wrthi y byddai'n beichiogi ac yn rhoi genedigaeth i'r Iesu.

5 **Siohasym** Gw. uchod 21.7n.

8 **Anna** Gw. uchod 21.1n.

11–12 **Tad Mair ... / ... ddwy ran** Gw. y nodyn cefndir uchod.

49 **Gabriel brawd Uriel** Yr oedd Gabriel ac Uriel yn ddau o'r saith archangel.

51 *Ave Maria* Cyfarchiad Gabriel i Fair, cf. Luc i.28.

56 Y mae'r ll. hon yn fyr o sillaf.

62 **Mair o Fynyw** Cyfeiriad at ddelw o Fair a oedd gynt yn Nhyddewi.

63 **ystora** Ai benthyciad o'r S.C. *store*? Nodir yr ystyron 'stôr, nwyddau' a hefyd 'arogldarth' ymhlith eraill yn MED d.g.

67 Y mae'r ll. hon yn fyr o sillaf, onid yngenir *siartr* yn ddeusill (gan ddryllio'r gynghanedd lusg), ond sylwer ar ddarlleniadau llsgr. L.

71 Y mae'r ll. hon yn fyr o sillaf.

72 Y mae'r ll. hon yn fyr o sillaf.

23

Cerdd yw hon sy'n cwyno am lofruddiaeth Watgyn Fychan yn Henffordd ac sy'n cyflwyno portread byw iawn o'r tensiynau a fodolai yn y Mers yng nghanol y bymthegfed ganrif. Yn ffodus, cofnodwyd hanes y llofruddiaeth a'r digwyddiadau a'i dilynodd yn fanwl iawn mewn cofnodion llys cyfoes. Hyd yn hyn, ychydig o sylw a gafodd y digwyddiad, gan mai'r gred gyffredin yw mai mewn sgarmes cyn brwydr Mortimer's Cross yn 1461 y lladdwyd Watgyn.[1] Ond trawyd yr hoelen ar ei phen gan Geoffrey Hodges pan awgrymodd, wrth sôn am y frwydr honno: '[a] bard laments the death

---

[1] WWR[2] 77.

of Watkin Vaughan, killed fighting in Herefordshire, but Watkin could be
Walter Vaughan, whose murder in 1456 led his relation, William Herbert,
to have several men unlawfully hanged in Hereford'.[2]

Bu cryn densiwn yn nhref Henffordd am sawl blwyddyn cyn y
llofruddiaeth.[3] Yr oedd y dref wedi ymrannu yn ddwy garfan, y naill yn
'Gymreig' a'r llall yn 'Seisnig', er bod rhai o drigolion Seisnig y dref yn
aelodau o'r blaid Gymreig. Buasai ymrafael rhwng y pleidiau hyn er
dechrau'r degawd o leiaf, ond daeth pethau i ben yn 1456. Yn gynnar yn y
flwyddyn honno yr oedd Watgyn mewn helynt am ei ran mewn ymladdfa
yn y ddinas, a chyfeiriwyd ato y tro hwnnw fel un o'r *chefe mysrewlyd men
agens the pees at that tyme.* Erbyn 12 Mawrth yr oedd Wiliam Herbert yn y
ddinas a gellid tybio bod anniddigrwydd mawr ar droed. Ddiwrnod yn
ddiweddarach, llofruddiwyd Watgyn gan ergyd saeth, dull sy'n awgrymu'n
gryf iddo gael ei ladd trwy gynllwyn.[4] Cafwyd ymateb chwim—ar yr un
diwrnod bu Siôn ap Harri (mab Harri Ddu o Ewias, noddwr Guto'r Glyn)
yn cynllwynio ag eraill er mwyn dial, ac ymddengys fod Syr Walter
Devereux yntau'n barod i ymateb. Ddeuddydd yn ddiweddarach, ymosod-
wyd ar Henffordd gan Wiliam Herbert, Walter Devereux ieuanc a llu o'u
dilynwyr. Cipiwyd y ddinas a'i dal am gyfnod o ddiwrnod a dwy noson.
Bygythiwyd y maer ac eraill, a gorfodwyd yr ustusiaid i farnu mai John
Glover, un o'r garfan Seisnig, a'i gyfeillion a oedd yn gyfrifol am y
llofruddiaeth. Crogwyd chwech yn y fan a'r lle, a chyhoeddwyd y byddid yn
dienyddio unrhyw un a dorrai eu cyrff i lawr. Dyma'r unig droseddwyr i
gael eu crogi yn swydd Henffordd rhwng 1413 a 1461: arwydd clir o
ddifrifoldeb gweithred Herbert a'i blaid. Torrwyd i mewn i gartref John
Glover a'i ysbeilio. Ymddengys i weddw Watgyn ddechrau ar achos llys yn
erbyn llofruddwyr ei gŵr, ond nid aethpwyd â'r achos i'r eithaf.

Ar 1 Ebrill cynhaliwyd cwest anghyfreithlon ym Mrodorddyn, cartref
Watgyn, gan Herbert a'i ddilynwyr. Torrwyd rheolau sylfaenol ac anghen-
rheidiol unrhyw gwest drwy ei gynnal mewn man gwahanol i hwnnw lle y
digwyddodd y drosedd. Bygythiwyd y crwner a'r rheithgor a'u carcharu yn
eglwys Brodorddyn nes iddynt gytuno ar ddedfryd a ryngai fodd Herbert.
Pan gwynodd yr offeiriad am y camddefnydd hwn o dir sanctaidd, ymosod-
wyd arno a halogwyd yr eglwys.

Er mai digwyddiad lleol oedd hwn i raddau, gall fod pwysigrwydd ehang-
ach iddo hefyd. Digwyddodd y llofruddiaeth ychydig wythnosau'n unig

---

[2] Geoffrey Hodges, *Ludford Bridge and Mortimer's Cross* (Woonton, 1989), 52.

[3] Ceir hanes y digwyddiad yn llawn yn Ailsa E. Herbert, 'Public Order and Private Violence
in Herefordshire, 1413–61' (M.A. Cymru [Abertawe], 1978), 122–4, *passim*. Gw. hefyd *id.*,
'Herefordshire, 1413–61: Some Aspects of Society and Public Order', yn *Patronage, the crown
and the provinces in later Medieval England*, ed. Ralph A. Griffiths (Gloucester, 1981), 106–7,
111–12.

[4] Gw. Barbara A. Hanawalt, 'Violent Death in Fourteenth- and Early Fifteenth-Century
England', *Comparative Studies in Society and History*, xviii (1976), 311.

wedi diwedd ail ddiffynwriaeth Iorc ar 25 Chwefror. Ac ychydig fisoedd yn ddiweddarach, yr un garfan dan ofal Herbert a ymosododd ar awdurdod Edmwnd Tudur yng ngorllewin Cymru. Er gwaethaf colli un o'i haelodau, ni chollodd plaid Herbert, Devereux a Fychan ddim o'i grym o ganlyniad i ddigwyddiadau 1456.

Y mae'r gerdd hon yn ddialgar ac yn ddiymwâd ei chasineb tuag at y llofrudd o Sais. Egyr trwy gwyno am y farwolaeth a chyfleu'r galar a deimlai'r Cymry ar ôl colli Watgyn. Mynega'r bardd ei edifeirwch nad oedd yno i achub Watgyn yn ei awr dyngedfennol, a chan resynu na thorrwyd y bwa neu ei gymryd o ddwylo'r llofrudd cyn iddo gyflawni'r weithred. Ceir wedyn ddisgrifiad o ddinistr Caersalem dan law'r Rhufeiniaid, gorchwyl a ddehonglir fel dial am ladd Iesu. Yna cyffelybir tristwch y bardd i eiddo Siarlymaen wedi marwolaeth Rolant, digwyddiad yr ymatebodd ef iddo drwy ddial a gwneud lladdfa o'r paganiaid. Neges hyn oll yw nad yw'r Saeson, hwythau, ddim gwell nag Iddewon neu baganiaid. Yn hyn o beth y mae'r gerdd yn rhannu llawer o'i syniadaeth â marwnad Hywel Swrdwal i Wiliam Herbert, gŵr sydd â'i gysgod yn ymhlyg yn y darlun o Siarlymaen yn y gerdd hon. Nid yw awduraeth y gerdd yn gwbl bendant: gallai Ieuan Swrdwal neu ei dad fod wedi ei chanu, ond tueddir i ffafrio awduraeth Hywel.[5]

2 **llif Noe** Sef y Dilyw mawr, gw. Gen vi–viii. Cf. GGl² 31 (XI.69) *Llif Noe yw'r llefain a wnawn*, ib. 42 (XV.34) *Yw llif Noe a'r llefain ynn*, ib. 231 (LXXXVIII.31) *Llif Noe yw llefain ei wŷr*; GSC 26.38 *Llefain a droes llif Noe draw*.

5 **Brodorddyn** Ffurf Gym. ar *Bredwardine*, cartref Watgyn Fychan yng ngorllewin swydd Henffordd.

10 **Rhosier Fychan** Tad Watgyn a fu farw yn Agincourt yn 1415, cf. uchod 2.6n.

15–16 Cf. GLGC 229 (101.13–16) *Yn ulw bid a anelodd / y bwa yw, nid o'm bodd, / a'r saeth ag a beris hyn, / a'r llaw yno a'r llinyn.*

22 **drws** Yr oedd gan Henffordd, fel sawl tref arall yn y cyfnod hwn, fur amddiffynnol o'i chwmpas i'w diogelu rhag ymosodiadau.

28 **Troea ... Ector** Ystyriai'r beirdd fod Ector fab Priaf, brenin Troea, yn batrwm o foneddigrwydd. Lladdwyd ef gan Echel (Achilles) y tu allan i furiau Caer Droea yn ystod y gwarchae ar y ddinas honno, gw. OCD 407, TYP² 336–7.

31 **Elen** Yr oedd traddodiadau cymysg o ran eu tarddiad yn cysylltu Elen â Rhufain a Chaersalem, gw. CLC² 228.

32 **Teitus Fesbasianus** Cyfeiriad at goncwerwr dinas Caersalem yn O.C.

---

[5] Ymhellach ar awduraeth y gerdd hon, gw. y Rhagymadrodd td. 13.

70. Pan ddaeth Vespasian (sef Titus Flavius Vespasianus) yn ymherodr yn y flwyddyn 69, penodwyd ei fab Titus (Titus Flavius Vespasianus eto) i arwain y lluoedd yn erbyn y gwrthryfelwyr yn Jwdea. Bu'r ymgyrch yn llwyddiannus, a choncrwyd Caersalem ganddo ar 8 Medi 70, gw. OCD 913, 943. Ceir fersiwn Cym.C. o hanes tröedigaeth Titus a'i ymosodiad ar Gaersalem yn J.E. Caerwyn Williams, 'Titus Aspassianys', B ix (1937–9), 221–30. Ceir amrywiaeth eang yn y llawysgrifau o ran ffurf yr enw; gw. yr amrywiadau i'r ll. hon.

35 **dial Crist** Awgrym fod cwymp Caersalem yn gosb ar yr Iddewon am yr hyn a wnaethent i'r Iesu.

41 **oni bai** Heddiw 'oni bai am' (cystrawen a luniwyd dan ddylanwad y gystrawen S.).

41–2 **[y] dall a'r bêr du / A'i ben dan asen Iesu** Gw. GDG³ 488, 'Cyfeiriad at y chwedl fod gŵr dall o'r enw Longinus wedi gwanu ystlys Crist ar y groes a rhoi'r gwaed ar ei lygad, ac iddo wedyn ddod i allu gweld.' Cf. ymhellach GIBH 7.45n.

43–8 Cyfeiriad at chwedl Siarlymaen a Rolant ei nai. Lladdwyd Rolant trwy frad yng Nglyn Mieri. Drannoeth canfod ei gorff, dychwelodd Siarlymaen i Lyn Mieri a chanfod corff Olifer, YCM² 164 (llau. 14–24) *Ac yna y tygawd y brenhin y'r Brenhin Hollgyuoethawc na orffowyssei yn ymlit y paganyeit yny ymordiwedei ac wynt. Ac yn diannot mynet a orugant odyno yn eu hol. Ac yna y sauawd yr heul megys yspeit tri diwarnawt yn digyffro. Ac y gordiwedod ynteu wynt yg glann Abra, ger llaw Cesar Awgustam. A mynet a oruc yn eu plith megys llew dywal a vei yn hir heb vwyt. A gwedy llad onadunt pedeir mil, ymchoelut a oruc drachefyn hyt yg Glynn y Mieri.*

52 **brodyr, bedwargwyr da** Dichon mai cyfeiriad sydd yma at ddau frawd cyflawn Watgyn, sef Rhosier a Tomas Fychan, a dau o'i hanner brodyr, Wiliam a Rhisiart Herbert. Gwyddys bod i bob un o'r rhain ran yn y digwyddiadau yn Henffordd, gw. Ailsa E. Herbert, 'Public Order and Private Violence in Herefordshire, 1413–61' (M.A. Cymru [Abertawe], 1978), 87.

58 **baeli glas** Neu efallai'n enw lle, 'Baeli Glas'. Gelwid rhan o dref Aberhonddu wrth yr un enw yn y cyfnod hwn. Yn ôl R.F. Peter Powell, 'Early Place-Names in the former Borough of Brecknock', *Brycheiniog*, xxv (1992–3), 18, 'this name refers to the large outer baily of Brecon Castle in which the civilian settlement stood'. Efallai y rhoid yr un enw ar ardal gyffelyb yn ninas Henffordd.

59–60 **merch Syr Harri / Wgon** Sef Elisabeth, gweddw Watgyn, gw. P.C. Bartrum: WG1 'Bleddyn ap Maenyrch' 2(A1). Yr oedd Syr Harri Wgon yn ŵr pwysig iawn yn ne-orllewin Cymru yng nghanol y 15g. Yr oedd yn ddirprwy-ustus De Cymru yn 1442–6 ac eto yn 1455 a daliai sawl swydd bwysig yn arglwyddiaethau'r de-orllewin. Aeth gyda Dug Humphrey o Gaerloyw i senedd Bury yn 1447 a threuliodd beth amser yn gaeth yng nghastell Leeds yng Nghaint wedi cwymp a marwolaeth y gŵr hwnnw. Yr oedd yn frawd yng nghyfraith i Wiliam Herbert drwy ei briodas â Margaret ferch Wiliam ap Tomas, er nad hi oedd mam Elisabeth. Bu farw 24 Mai 1475 ac y mae'n debygol mai ei ddelw ef a welir yn eglwys Slebech yn gwisgo coler Urdd Heuliau a Rhosynnau, urdd a sefydlwyd gan Edward IV. Gwelir, felly, fod Syr Harri yn aelod o'r un garfan Iorcaidd â'r rhan fwyaf o noddwyr Hywel Swrdwal. Lladdwyd ei fab a'i aer, Syr John Wgon, nai Wiliam Herbert, ym mrwydr Banbri yn 1469. Ymhellach, gw. R.A. Griffiths: PW i, 150–1 a ByCy 1024.

61 **Aur am Watgyn nis myn merch** Yn ôl Cyfraith Hywel, byddai disgwyl i lofrudd dalu'n ariannol am ei drosedd. Ond dywed y bardd na fyddai gwraig Watgyn yn fodlon ar hynny; galw a wna am ddienyddiad y sawl a saethodd ei gŵr.

62 **annerch** Yma 'cyfarch, croesawu', gw. GPC 112.

63 **gorffai** Ffurf 3 un.amhff.dib. y f. *gorfod* 'bod yn rhaid', gw. GPC 1481.

24

Canwyd y gerdd hon gan Ieuan ap Hywel Swrdwal i ddiolch i Syr Rhisiart Gethin ap Rhys Gethin ab Owain o Fuellt am rodd o hugan neu fantell.[1] Yr oedd Syr Rhisiart, fel ei gyfoeswr Mathau Goch, yn un o'r capteiniaid Cymreig amlycaf yn ystod y Rhyfel Can Mlynedd.[2] Ymladdodd yn erbyn y Ffrancwyr yn Cravant yn 1423 a hefyd yn Verneuil y flwyddyn ganlynol. Bu'n gapten ar dref St Cales a daliodd yr un swydd yn Hièmes yn 1424 ac yn Exmes yn 1425. Chwaraeodd ran bwysig yn y gwarchae aflwyddiannus ar Orleans yn 1428–9 dan Iarll Caersallog. Yn 1432 penodwyd ef yn gapten ar Mantes, swydd a ddaliodd tan o leiaf fis Tachwedd 1437. Yn 1432, hefyd, rhoddodd ar fenthyg 1,100 *livres tournois* i Ddug Bedford er mwyn talu i'r milwyr Seisnig yn Ffrainc, ffaith sy'n profi bod ganddo erbyn hynny gyfoeth sylweddol.[3] Yr oedd ganddo hefyd nifer sylweddol o filwyr dan ei arweiniddiaeth—cofnodwyd ei fod yn gyfrifol yn 1433–4 am 21 picellwr march, 12 picellwr troed a 145 gŵr bwa. Wedi hynny bu'n gapten ar dref Conches o rywdro cyn mis Medi 1435 hyd fis Tachwedd 1438. Y mae Syr

---

[1] Am ach Syr Rhisiart, gw. P.C. Bartrum: WG1 'Elystan Glodrydd' 9.

[2] Ar y swyddi a ddaliodd Syr Rhisiart, gw. Anne Marshall, 'The Rôle of English War Captains in England and Normandy, 1436–1461' (M.A. Cymru [Abertawe], 1974), 241, 248, 259. Gw. hefyd Michael Siddons, 'Welsh Seals in Paris', B xxix (1980–2), 535–6; J.E. Caerwyn Williams, 'Guto'r Glyn', yn GWL ii² 227.

[3] Gw. E. Carleton Williams, *My Lord of Bedford 1389–1435* (London, 1963), 214.

Rhisart Gethin yn enghraifft nodweddiadol o'r milwr proffesiynol a ddaeth i amlygrwydd yn ail hanner y Rhyfel Can Mlynedd.[4]

Canodd Guto'r Glyn yntau gywyddau i ddathlu campau milwrol Syr Rhisiart, a maentumiodd Saunders Lewis mai ar ôl i'r Saeson gael eu gorchfygu yn Ffrainc a chilio'n ôl i Loegr yn 1450 y galwodd Guto ar i Ieuan ap Hywel Swrdwal ganu i Syr Rhisiart.[5] Ond fel y sylwodd J.E. Caerwyn Williams, nid ymddengys fod cyfeiriadau at Syr Rhisiart i'w cael ar ôl 1438.[6] Dichon, felly, mai cyn hynny y canwyd y cywydd hwn. Ateg i hyn yw'r ffaith fod ynddo nifer o linellau sydd fel petaent yn awgrymu bod Rouen yn parhau ym meddiant y Saeson a bod Syr Rhisiart yn dal trefi Mantes a Conches o hyd.[7] Os felly, dichon mai rywdro yn y cyfnod 1432–8 y canwyd y cywydd.

Profir gan gynnwys y gerdd a chan dystiolaeth y llawysgrifau mai ar ran Guto'r Glyn y cyfansoddodd Ieuan ap Hywel Swrdwal y gerdd hon; neu, a bod yn fanwl gywir, ar ran Guto fab Siancyn y Glyn, gan nad yw'n glir ai'r un gŵr a olygir wrth yr enwau hyn.[8] Pa fodd bynnag am hynny, dichon fod Ieuan am i'w gyd-fardd elwa ar yr ysbail a oedd yn rhan mor bwysig o fywyd y milwyr Seisnig yn Ffrainc. Diddorol hefyd yw nodi mai hwn yw'r unig gywydd diolch o'r cyfnod cyn *c.* 1500 a ganwyd gan fardd ar ran rhywun arall.[9] Y mae diwedd y cywydd hwn, lle yr holir pwy yw'r gŵr yn y fantell hardd, yn ymdebygu i ddiweddglo cywydd Hywel Swrdwal yntau i ofyn ffaling gan Niclas Ysnél (cerdd 12).

4 **gwlad Gunedda Wledig** Ar Gunedda, y brenin o'r Hen Ogledd a yrrodd y Gwyddelod o Gymru, gw. ByCy 80 a WCD 152–3. Dichon mai Cymru yw ei 'wlad'.

6 **broesiwr** Ar *broesio* 'tapio diod, agor casgen' o'r S. *broach*, gw. GPC 331 a cf. GGl² 12 (IV.46).

8 **Rhys Gethin** Tad Syr Rhisiart, gw. isod ll. 32n.

10 **Owain** Owain o Lwyn-y-gwch, taid Syr Rhisiart, gw. y nodyn cefndir uchod.

Rhôn Sef tref Rouen yn Ffrainc, prifddinas Normandi. Bu yn nwylo'r Saeson rhwng ei chipio wedi gwarchae yn 1419 a'i cholli i'r Ffrancwyr yn 1449, a byddai'r beirdd yn cyfeirio ati'n aml, cf. uchod 3.2n.

---

[4] Ceir mwy o hanes Syr Rhisiart Gethin yn WWR² 28, 31, A.D. Carr, 'Welshmen and the Hundred Years' War', Cylchg HC iv (1968–9), 36–7, 39.

[5] Gw. GGl² 3–7 (cerddi I a II), Saunders Lewis, 'Gyrfa Filwrol Guto'r Glyn', YB ix (1976), 91–2.

[6] Ar hyn a chrynodeb o'r dadleuon ynglŷn â dyddio'r cywydd hwn, gw. J.E. Caerwyn Williams, *art.cit.* 227–9.

[7] Ar Rouen, Mantes a Conches, gw. nodiadau llau. 10, 12 a 14.

[8] Gw. J.E. Caerwyn Williams, *art.cit.* 218–42 a'r cyfeiriadau a geir yno.

[9] Gw. Bleddyn Owen Huws, *Y Canu Gofyn a Diolch c. 1350–c. 1630* (Caerdydd, 1998), 51.

12 **Mawnd** Sef Mantes yng ngogledd Ffrainc, tref a fu yn nwylo'r Saeson yn y cyfnod 1416–49. Penodwyd Syr Rhisiart yn gapten arni yn 1432 a daliodd y swydd tan o leiaf 1437, gw. y nodyn cefndir uchod a cf. 5.20n.

14 **Cwynsiws** Sef y dref Ffrengig Conches, gw. yr amrywiadau am ffurfiau eraill. Yr oedd Syr Rhisiart yn gapten yno o rywdro cyn mis Medi 1435 tan fis Tachwedd 1438; gw. y nodyn cefndir uchod.

cansedr Cyfuniad o *can*(*t*) a *sedr* (benthyciad o'r S. *cider*), gw. EEW 119 a GPC 3209 d.g. *seidr*. Yr oedd Normandi, yn arbennig, yn enwog am y ddiod hon.

16 **Buellt** Arglwyddiaeth a chantref yn y Mers, gw. WATU 242 ac R.R. Davies: LSMW xvi. Yno yr oedd cartref Syr Rhisiart.

Gwalchmai Un o arwyr y chwedlau Arthuraidd, a nai i Arthur ei hun, gw. TYP² 369–75.

17 **Maelawr** Sef y ddau gwmwd Maelor Gymraeg a Maelor Saesneg ym Mhowys Fadog yng ngogledd-ddwyrain Cymru, gw. WATU 288–9.

19 **addáin** Diau mai ffurf ar yr a. *eddëin*, *addáin* yw hwn, gw. GIG 232, ac mai 'dieithr, estron' yw'r ystyr yma, gw. GPC 1169 d.g. *eddëin*.

22 **ail Beredur** Sef Peredur fab Efrog, arwr un o'r Tair Rhamant, gw. TYP² 488–91. Datblygiad lled ddiweddar yw fod *ail* yn peri treiglad meddal yn y gystrawen hon, gw. Treigladau 40–1 (ond sylwer ar yr amrywiad *ail i Bredur*).

23 **am goron** Un o achosion y rhyfel yn Ffrainc oedd hawl Harri V a Harri VI i frenhiniaeth Ffrainc.

25 **Rolant** Nai Siarlymaen ac arwr y gân Ffrangeg (a gyfieithwyd i'r Gym.) 'Chanson de Roland'. Ar yr ynganiad, cf. uchod 5.39n.

Normandi Ardal yng ngogledd Ffrainc y bu cymaint ymrafael amdani yn hanner cyntaf y 15g. Ar weithgareddau Syr Rhisiart yn yr ardal honno, gw. y nodyn cefndir uchod.

26 **Nudd** Sef Nudd Hael ap Senyllt, un o'r 'Tri Hael', gw. ymhellach uchod 1.3n.

29–30 Tybed a yw'r cwpled hwn wedi ei gamleoli ac y dylai ddigwydd gyda llau. 37–60?

30 **Efrog** Sef, y mae'n debyg, tad Peredur, gw. uchod ll. 22n. Ond gall hefyd mai Rhisiart Dug Iorc (1411–60), arweinydd y lluoedd Seisnig yn Ffrainc, a olygir.

32 **Ei dad a dorrai siad Sais** Ymddengys i dad Syr Rhisiart fod ymhlith cefnogwyr mwyaf selog Owain Glyndŵr, os ef yw'r gŵr y dywed R.R. Davies amdano, 'Rhys Gethin operated as a much-feared free-lance rebel in south-eastern Wales', gw. R.R. Davies: ROG 232.

38 **y Guto** Guto'r Glyn, y mae'n debyg, gw. isod ll. 42n.

39 **tu hwnt i Ddyfi** Yr afon sy'n llifo i'r môr yn Aberdyfi ac sy'n gwahanu De a Gogledd Cymru. Dichon mai ar yr ochr ddeheuol yr oedd Ieuan ap Hywel Swrdwal wrth ganu'r gerdd hon, ond sylwer ar yr amrywiad *tu yma i Ddyfi*.

42 **mab Siancyn y Glyn** Ar y gwahanol bosibiliadau ynglŷn ag arwyddocâd yr enw 'Siancyn y Glyn', gw. y nodyn cefndir.

53 **mantell Mihangel felyn** Byddid yn disgwyl i *Mihangel* dreiglo'n feddal wedi'r eb. *mantell*, ond nid oedd yn rheol gadarn erbyn y cyfnod hwn, gw. Treigladau 107–8. Ergyd y cyfeiriad yw fod Guto'r Glyn yn ymdebygu i angel pan wisgai ei glog newydd. Posibilrwydd arall yw cymryd *Mihangel felyn* yn sangiad. Ar Fihangel yr archangel, gw. GIBH 3.61n.

55 **nai Rhydderch** Defnyddir *nai* yma i olygu 'un tebyg i', gw. GPC 2549; cymherir Syr Rhisiart â Rhydderch Hael, un o'r 'Tri Hael', gw. uchod 17.6n.

56 **singls** Dichon fod hwn yn fenthyciad o'r S. *single 'of one thickness of material, unlined'* (am ddilledyn), gw. OED[2] d.g. lle y ceir sawl enghraifft o'r term *single gown* o'r 15g. a'r 16g.

62 **cytŷwr** Sef 'un yn cyd-fyw ag arall', gw. GPC 826 lle y gwelir mai hon yw'r enghraifft gynharaf.

25

Y mae'r cywyddau o'r bymthegfed ganrif sy'n dathlu adeiladu neuaddau newydd yn dyst i'r cynnydd sylweddol a fu yn nifer y tai a godwyd yn y degawdau wedi methiant gwrthryfel Glyndŵr.[1] Yn eu plith yr oedd y neuadd fawreddog a godwyd i Lywelyn Fychan ab Ieuan o'r Bugeildy. Nid yw Ieuan ap Hywel Swrdwal yn crybwyll y tŷ wrth ei enw, ond y mae'r cyfeiriad at y Bugeildy (ll. 26) ac at *hil ... Hywel Athro* (ll. 22), gŵr y gwyddys i'w ddisgynyddion fyw ym Mryndraenog yn y Bugeildy, yn profi'n bur sicr yr union leoliad.[2] Bylchog, ysywaeth, yw achau disgynyddion Hywel Athro; ceir sawl Llywelyn ac Ieuan yn y teulu, gan gynnwys un Llywelyn Fychan 'o Fryndraenog', ond nid yw'n gwbl glir pwy oedd ei dad yntau.[3]

Saif Neuadd Bryndraenog o hyd, a hi yw un o'r enghreifftiau gorau yng Nghymru o'r hyn a elwir yn 'Neuadd Fawr', sef neuadd sylweddol ei maint

---

[1] Gw. D.J. Bowen, 'Beirdd a Noddwyr y Bymthegfed Ganrif (Rhan II)', LlCy xviii (1994–5), 221–57; *id.*, 'Tri chywydd gan Hywel ap Dafydd ab Ieuan ap Rhys', *Dwned*, v (1999), 71–88.

[2] Gw. CSF ii, 54–5.

[3] P.C. Bartrum: WG1 'Hywel Athro'.

a chanddi swyddogaeth bwysig o fewn ei harglwyddiaeth.[4] Llwyddwyd,
gyda chymorth dendrocronoleg, i ddyddio peth o'r coed a ddefnyddiwyd i
adeiladau'r tŷ hyd at 1436.[5] Gellid tybio i'r tŷ gael ei gwblhau o fewn
ychydig flynyddoedd i hynny, er ei bod yn bosibl y defnyddiwyd hen goed,
a bod yr adeilad, felly, ychydig yn iau. Dyna hefyd, y mae'n debyg,
ddyddiad canu'r gerdd hon.

1–2 **Y nos y cad Mab Rhad rhwydd / Ar seren** ... Sef y noson y ganed Iesu
 Grist yn llewyrch Seren Bethlehem.

6 **seren Owain** Gwelwyd seren adeg gwrthryfel Owain Glyndŵr y credid
 ei bod yn arwydd calonogol o lwyddiant, gw. IGE² 233–5 (cerdd
 LXXVIII) a GDLl 53 (16.67–8) *Siwrneied seren Owain / Ar hynt, a Duw
 gyda'r rhain.* Sylwer yn arbennig ar GGl² 110 (XLI.36) *Neuadd fal seren
 Owain* (am Foelyrch, cartref Hywel ab Ieuan).

8 Cf. GLGC 463 (213.20) *mwy yw no swrn o'r mân sŷr.*

9 **Maelienydd** Cantref ac arglwyddiaeth yn nwyrain y Mers; wedi'r
 Deddfau Uno ffurfiai ran o sir Faesyfed, gw. J.E. Lloyd: HW³ i, 255–6
 a WATU 287.

11 **brenin yr hinon** Cf. GDG³ 79 (27.43) *Yn iach, frenin yr hinon* ('Mawl
 i'r Haf'). Tybed a oes yma gyfeiriad at ryw goel werin? Cf. 12.34n.

15 **dug** Diau mai ym meddiant Rhisiart Dug Iorc yr oedd arglwyddiaeth
 Maelienydd yn yr amser hwn, arno gw. P.A. Johnson, *Duke Richard of
 York 1411–60* (Oxford, 1991). Aeth i ddwylo'r Goron yn 1461 pan
 esgynnodd Edward IV, mab Rhisiart, i'r orsedd.

16 **disgyblai** Dichon mai 'dwyn dan ufudd-dod neu ddisgyblaeth' yw'r
 ystyr yma, er nad oes enghraifft gynharach nag 1567 yn GPC 1046.

19–20 **Llywelyn ... / Fychan fab Ieuan** Perchennog y llys a ganmolir, gw. y
 nodyn cefndir uchod.

21 **hil Ieuan** Ai cyfeiriad at dad Llywelyn Fychan, neu at un o'i hynafiaid
 cynharach? Ar ach Llywelyn Fychan, gw. y nodyn cefndir uchod.

22 **Hil wythran Hywel Athro** Un o hynafiaid Llywelyn Fychan oedd
 Hywel Athro, gw. y nodyn cefndir uchod a hefyd GSC 10.22n. Dichon
 fod *wythran* yn cyfeirio at agosrwydd y berthynas, cf. GGH 153 (47.23)
 O waed Thorns yt wythran sydd. Cf. hefyd sylwadau George Owen
 Harry ar 'Yr wyth rann rhieni' yn ei draethawd 'Well-spring of True

---

 [4] Richard Suggett, 'The Chronology of Late-Medieval Timber Houses in Wales', *Vernacular
Architecture*, xxvii (1996), 28. Hoffwn ddiolch i'r Athro Emeritws D.J. Bowen am ddwyn yr
erthygl hon i'm sylw.
 [5] *L.c.*; tueddwyd cyn hynny i ddyddio'r adeilad i *c.* 1480, gw. Richard Haslam, *The Buildings
of Wales: Powys* (Harmondsworth, 1979), 218–20. Ceir darlun o gynllun y neuadd yn *ib.* 29 ac
R. Suggett, *art.cit.* 29.

Nobility' a ddyfynnir gan E.D. Jones, 'Presidential Address', Arch Camb cxii (1963), 5.

24 **Meurig lin** Ni lwyddwyd i ganfod arwyddocâd y cyfeiriad hwn, ond y mae'n amlwg fod Llywelyn yn disgyn o ryw Feurig. Yr oedd yr enw yn un poblogaidd gan deulu Nannau, a phriododd sawl un ohonynt hwy i deuluoedd o'r Canolbarth, gw. P.C. Bartrum: WG1 'Bleddyn ap Cynfyn' 48, 50, 51.

26 **cildant** Sef 'un o'r tannau manaf ac uchaf yng nghil neu ran uchaf y delyn', gw. GPC 479.

y Bugeildy Plwyf yn nwyrain Maelienydd, gw. WATU 287 a'r nodyn cefndir uchod.

27 **Siat** Sef Chad, nawddsant Caerlwytgoed a hefyd Hanmer yn sir y Fflint; ond tybed nad eglwys Chad yn Amwythig a fyddai'n fwyaf cyfarwydd i'r bardd? Cf. GGl[2] 29 (XI.15) *A cherdd, myn Siat, yn batent.*

28 **Tefeidiad** Yn Saesneg *Teme*, afon sy'n rhan o ffin Maelienydd ac yn llifo heibio i'r Bugeildy, gw. J.E. Lloyd: HW[3] i, 255.

39 **dinas Rhufain** Yr oedd *dinas* yn eg. yn y cyfnod hwn (cf. uchod 6.4, 23.36, &c.), felly ni threiglir *Rhufain* ar ei ôl.

45 **cwlm Trystan** Y mae cyfeiriadau at dlws o'r enw *cae Trystan* yn gyffredin gan y Cywyddwyr. Ceir enghraifft gan Hywel Dafi lle y'i cymherir â gwead y coed a ddefnyddiwyd i godi neuadd, gw. D.J. Bowen, 'Tri chywydd gan Hywel ap Dafydd', *Dwned*, v (1999), 83. Dichon mai'r un peth ydoedd â *cwlm Trystan*. Y mae'n amlwg i hwnnw ddatblygu'n symbol herodraidd yn ogystal, a cheir y nodyn canlynol yn L. Dwnn: HV i, 61: *Y Gwilim ap Owain hwnn a laddodd Gatpen Gwych oedd gan Vrenin Ffraink ai henw oedd Trystan, ag am hyny i rodd y Brenin iddo y tri chwlm Trystan, sef yw Gules a jefron Ar betwin 3 Arknot … i.* Ni ellir rhoi llawer o goel ar yr hanesyn hwn, a diau mai rhyw addurniad cerfiedig yn y pren a olygir yma.

49 **Sieb** Sef *Cheap*(*side*) yn Llundain, lle y cynhelid marchnadoedd enwog.

54 **Celliwig** Llys Arthur yng Nghernyw, gw. WCD 119.

56 **clastir Mynyw** Sef yr eglwys gadeiriol yn Nhyddewi.

58 **oes Noe** Cyffredin yw cyfeiriadau gan y Cywyddwyr at hirhoedledd cymeriadau o'r Hen Destament; dywedir, er enghraifft, yn Gen ix.29 i Noa fyw'n naw cant a hanner oed. Cf. isod 34.61n, 67n.

26

Y tri brawd a ganmolir yma yw meibion Rhosier Fychan o Frodorddyn a Gwladus ferch Dafydd Gam, sef Watgyn Fychan, Tomas a Rhosier.

Lladdwyd Rhosier Fychan gyda'i dad yng nghyfraith, Dafydd Gam, yn
Agincourt yn 1415 yn ymladd dros Harri V, gŵr a oedd yn arglwydd
Brycheiniog yn ogystal ag yn frenin Lloegr. Yr oedd y tri mab yn blant o
hyd pan gollasant eu tad, ond bu eu mam fyw am ymron i ddeugain
mlynedd wedi marwolaeth ei gŵr.[1] Priododd yr eilwaith yn gynnar yn y
dauddegau â Syr Wiliam ap Tomas, a phlant iddynt hwy oedd Wiliam a
Rhisiart Herbert.[2]

I gyfnod ail briodas eu mam y perthyn y cywydd hwn, gan ei bod yn
amlwg fod y meibion eisoes wedi ymsefydlu yn eu hystadau eu hunain.
Lleolir Watgyn Fychan ym Mrodorddyn, cartref ei dad. Ni chrybwyllir
Hergest, cartref Tomas, ond cysylltir ef â Chastell-maen (Huntingdon), yr
arglwyddiaeth yr oedd ystad Hergest yn rhan ohoni. Lleolir Rhosier, y mab
ieuengaf, yn Nhretŵr yn arglwyddiaeth Blaenllyfni. Prynodd llystad
Rhosier, Syr Wiliam ap Tomas, yr ystad honno rywdro yn nauddegau'r
bymthegfed ganrif, a gall fod Rhosier yn byw yno ymhell cyn i'w hanner
brawd, Wiliam Herbert, ei chyflwyno'n rhodd iddo.[3] Ceir cofnod i ddangos
bod Tretŵr ym meddiant Rhosier erbyn 1457,[4] ac awgrymir ymhellach mai
oddeutu 1450 y daeth i'w feddiant.[5] Anodd, felly, yw cynnig dyddiad
cynharaf ar gyfer y gerdd, a gallai fod wedi ei chanu mor gynnar â
dauddegau'r ganrif. Ar y llaw arall, y mae'n rhaid ei bod wedi ei chanu cyn
i Watgyn Fychan gael ei ladd â saeth yn Henffordd yn 1456.

1   **trywyr** Gw. uchod 17.2n. Cf. HCL1 94 (XXXV.55) *Triwyr o'r un bortread.*

1–2   **portreiwyd / Wrth wŷr o lys Arthur lwyd** Daw *portreio* o'r S. *portray,*
    gw. GPC 2854; dichon fod hon yn enghraifft gynharach na'r rhai a
    restrir yno. Deellir *wrth* yma i olygu 'yn ôl patrwm', gw. GMW 213. Yr
    ergyd yw fod y bardd yn creu darlun o'r tri fel pe baent yn aelodau o
    lys Arthur, yr ymherodr chwedlonol.

4   **Rhosier** Sef Rhosier Fychan, tad y tri brawd. Lladdwyd ef yn
    Agincourt yn 1415.

8   **wyrion Wallter** Gwallter Sais oedd hendaid y tri brawd, gw. y nodyn
    cefndir uchod. Ar y treiglad, cf. uchod 8.8n.

10   **tyfodd** Yma 'magodd'.

    Dafydd Gam Mam y brodyr oedd Gwladus ferch Dafydd Gam.
    Lladdwyd ef ynghyd â'i fab yng nghyfraith Rhosier Fychan yn

---

[1] Bu farw yn 1454 a'i chladdu gyda Syr Wiliam yn eglwys y priordy yn y Fenni, gw. uchod
9.45n. Canodd Lewys Glyn Cothi a Hywel Dafi farwnadau iddi, gw. GLGC 577.
[2] Gw. nodyn cefndir cerdd 4.
[3] C.A. Ralegh Radford and David M. Robinson, *Tretower Court and Castle* (third ed.,
Cardiff, 1986), 4–5.
[4] C.A. Ralegh Radford, 'Tretower; the Castle and the Court', *Brycheiniog*, vi (1960), 16.
[5] C.A. Ralegh Radford and David M. Robinson, *op.cit.* 5.

Agincourt yn 1415.

12 **Watgyn** Y mab a etifeddodd Frodorddyn gan ei dad Rhosier Fychan, gw. ByCy 932 ac isod ll. 14n. Ymddengys nad oedd eto wedi dod i'w oed yn 1419 pan dalwyd £80 am ei wardiaeth, gw. R.R. Davies: LSMW 414. Lladdwyd ef â saeth yn Henffordd yn 1456, gw. nodyn cefndir cerdd 23.

Prydyn Beredur Arwr chwedlonol a hanai o Ogledd Prydain; hynny a olygir, y mae'n debyg, wrth ei gysylltu â *Prydyn*, sef yr Alban. Arno, gw. TYP² 488–90.

14 **Brodorddyn** Yn S. *Bredwardine*, cartref y teulu yn swydd Henffordd; fe'i hetifeddwyd gan Watgyn ap Rhosier Fychan, gw. uchod ll. 12n.

15–16 **Cradog ... / Freichfras** Un o hynafiaid y Fychaniaid, gw. P.C. Bartrum: 'Drymbenog' 2; hefyd uchod 4.14n.

16 **Tomas** Y cyntaf o'r teulu i ymsefydlu yn Hergest yn arglwyddiaeth Castell-maen, gw. ByCy 936. Bu'n gwnstabl Castell-maen yn 1422, a daliodd nifer o swyddi pwysig cyn ei ladd ym mrwydr Banbri yn 1469, ac yntau, meddir, yn 69 mlwydd oed. Canodd Lewys Glyn Cothi farwnadau iddo, gw. GLGC 279–82 (cerddi 124 a 125).

17 **Elfael** Cantref ac arglwyddiaeth yn nwyrain y Mers, gw. J.E. Lloyd: HW³ i, 254; WATU 267; R.R Davies: LSMW xvi.

18 **Castell-maen** Er bod tystiolaeth y rhan fwyaf o'r llsgrau. yn erbyn y darlleniad hwn, deellir *Castell-maen* yn enw Cym. am Huntingdon. Byddai hyn yn cyd-fynd â'r hyn a wyddys am yrfa Tomas. Penodwyd ef yn gwnstabl yno yn 1422 ac yn rhysyfwr yr arglwyddiaeth (a gynhwysai ei gartref yn Hergest) yn y cyfnod 1453–4, gw. ByCy 936–7. Dichon mai'r un ffurf a geir yn DN 37 (XIV.17) *Kastell Maen, a Ffaen a Ffenial—a vynn* (i Siasbar Tudur, Iarll Penfro).

20 **Rhosier** Trydydd mab Rhosier Fychan a'r cyntaf o'r teulu i fyw yn Nhretŵr, Ystrad Yw, ystad y dywedir ei bod yn rhodd gan Wiliam Herbert, ei hanner brawd, gw. y nodyn cefndir i gerdd 2 uchod. Urddwyd ef yn farchog yn 1464 a'i ddienyddio yng Nghas-gwent yn 1471 pan geisiodd ddal Siaspar Tudur dros blaid yr Iorciaid.

petruster Trystan Efallai y dylid darllen *bai trawster Trystan*, gw. yr amrywiadau, ond cefnogir darlleniad y testun gan Pen 67 81 (LVI.1–4) *y gwr rrwydd a gar heddwch / ac yn y drin y gwnai drwch / Syrr wytti ni sorrytt wann / roser bettrvster trystan.* Cyfeiriad sydd yma at Drystan fab Tallwch, gw. TYP² 329–33, 549. Syniai'r beirdd amdano fel ymladdwr treisgar, gw. GLlBH 1.8n am enghreifftiau eraill. Y mae'n rhaid mai canmoliaethus yw'r gymhariaeth hon, er mai ystyron negyddol sydd i *petruster* gan amlaf, gw. GPC 2788. Aralleirir '[yn peri] ansicrwydd [fel] Trystan' neu '[a chanddo] ofal Trystan'.

22 **Tre'rtŵr** Cartref Rhosier Fychan mab Rhosier Fychan, gw. ll. 20n.

28 **deutu Gwy** Afon a red i Hafren ger Cas-gwent ac a ffurfiai ran o ffin arglwyddiaeth Elfael. Saif Tretŵr i'r de ohoni.

29 **Brutus** Sefydlydd teyrnas Prydain wedi cwymp Caer Droea, yn ôl Sieffre o Fynwy, gw. WCD 13. Rhannodd Brydain rhwng ei dri mab.

32 **o'i dir ymwan** Sef tir a enillodd drwy ymladd neu ymwan. Dylid hefyd ystyried yr amrywiad *tir yman* 'y tir yma'; ar *yman* (a roes *yma*), gw. GMW 220–1.

35 **Ystrad Yw** Ardal yn ne-ddwyrain Brycheiniog lle y lleolir Tretŵr, gw. J.E. Lloyd: HW[3] i, 272.

37 **ail pennaeth** Gw. uchod 17.17n.

38 **Brychan** Sefydlydd traddodiadol teyrnas Brycheiniog, gw. TYP[2] 288–9 a WCD 64–6.

39 **yn nwy Elfael** Ar Elfael, gw. uchod ll. 17n. Rhannwyd y cantref yn ddwy gan y bryniau i'r de o Aberedw; gelwid y ddwy ran yn Elfael Uwch Mynydd ac Elfael Is Mynydd, gw. J.E. Lloyd: HW[3] i, 254.

40 **is mynydd Mael** Cyfeirir at Elfael Is Mynydd, gw. uchod ll. 39n. Cf. GLGC 318 (141.59–60) *Elfael sydd is mynydd Mael, / adeilfaith ydiw Elfael.*

42 **Llechryd** Sef Llechryd yn Elfael, cartref hynafiaid y Fychaniaid yn y 14g., gw. ByCy 932.

43–4 **naw ... / ... deuddeg** Cyfeiriad at y Nawyr Teilwng, gw. uchod 15.19n. O ychwanegu'r tri brawd Fychan, ceir deuddeg gŵr.

47 **dodi dadl** Sef 'cyflwyno achos (cyfreithiol)'.

49 **gwledd Gaerllïon** Yr oedd Caerllïon ar Wysg yn un o brif lysoedd Arthur ac yr oedd y wledd a gynhaliwyd yno yn dra enwog, gw. TYP[2] 223–4; DN 1 (I.15–16) *Y wledd a gad yn adail / Llion ar Wysc, llyna'r ail.*

50 **Bord Gron** Bwrdd enwog Arthur yng Nghaerllïon, cf. GLGC 270 (120.1–2) *A mi yn nhref Gaerllion / deg ar Wysg, lle bu'r Ford Gron.*

54 **triagl** Cf. GSC 19.31–2 *Tair maenor, tir a mynydd, / Tre' Gŵyl-y-fuwch, triagl fydd.* Saif *triagl* am rywbeth moethus ac iachus y tu hwnt yma.

55 **Lleon Gawr** Cymeriad chwedlonol y daethpwyd i gredu mai ef a sefydlodd dref Caer; arno gw. WCD 407. Ond ai at sefydlydd honedig Caerllïon ar Wysg y cyfeirir yma?

27

Digwydd y cywydd hwn yn y llawysgrifau ynghyd â chywydd arall i Rys ap

Siancyn o waith Hywel Dafi.[1] Y mae'r ddwy gerdd hyn wedi eu seilio ar gyffelybu'r bardd i grefftwr arall: i impiwr (sef grafftiwr ysbrigynnau ar goed) yn achos Ieuan ap Hywel Swrdwal ac i wehydd yn achos Hywel Dafi. Awgryma hyn yn gryf iawn iddynt gael eu canu ar yr un achlysur.

Rhys ap Siancyn ap Rhys oedd y noddwr cyntaf o deulu Aberpergwm yng Nglyn Nedd, teulu a ddaeth i fod ymhlith y pwysicaf o ymgeleddwyr barddoniaeth ym Morgannwg yn y bymthegfed ganrif.[2] Disgynnai o Einion ap Gollwyn o Wynedd a thrwyddo ef arddelai berthynas â nifer mawr o feirdd a llenorion De Cymru.[3] Yn ogystal â Hywel Dafi ac Ieuan ap Hywel Swrdwal, canodd Guto ap Siancyn (sef Guto'r Glyn o bosibl) yntau gywydd mawl i Rys.[4]

Anodd iawn yw dyddio'r cywydd hwn ag unrhyw sicrwydd. Credir i Rys farw cyn 1470—os felly, rhaid ei ddyddio rywbryd cyn hynny. Awgryma Eirian E. Edwards y dyddiadau 1430–50 ar ei gyfer;[5] ond, fel y nodir gan Dr Peredur Lynch, da fyddai gwybod pwy yn union oedd y *Rees ap Jenkyn* y dywedir iddo ffermio fforest Nedd yn 1483.[6] Eto, y mae gweddill y canu i'r teulu hwn yn awgrymu mai yn hanner cyntaf y ganrif y blodeuai Rhys.

9 **prwfir** Gan na cheir enghraifft o'r f. *prwf(i)o* (benthyciad o'r S. *prove*) yn GPC 2914 sy'n gynharach na'r 16g., efallai y dylid dilyn P. Lynch, 'Aberpergwm a'r Traddodiad Nawdd' yn *Cyfres y Cymoedd: Nedd a Dulais*, gol. Hywel Teifi Edwards (Llandysul, 1994), 14 a darllen *profir*.

11 **gowegi** Nis ceir yn GPC ond dilynir P. Lynch, *art.cit.* 20, a'i ddeall i olygu 'gwagogoniant' ac felly'n gyfuniad o *go-* a *gwegi* (GPC 1617, enghraifft gynharaf 1480–1525).

12 **dotwyf** Ffurf 1 un.pres.dib. y f. *dodi*.

14 **afrywiog** 'Gwael, dirywiedig', gw. GPC 45 (enghraifft gynharaf 1547).

15 **dotwn** Ffurf 1 un.amhff.dib. y f. *dodi*.

26 Dichon mai'r orffwysfa sy'n gyfrifol am y diffyg treiglo i *plannu* yma.

27–8 **Glyn ... / Nedd** Cartref Rhys ap Siancyn oedd Aberpergwm yng Nglyn Nedd.

30 **wtres** Benthyciad o'r S. *outrage*, ond ag ystyr ganmoliaethus 'gwledd',

[1] Ceir golygiad o'r ddau yn Peredur Lynch, 'Aberpergwm a'r Traddodiad Nawdd' yn *Cyfres y Cymoedd: Nedd a Dulais*, gol. Hywel Teifi Edwards (Llandysul, 1994), 14–21. Ceir cerdd Ieuan, ond nid eiddo Hywel, mewn ysgrif yn dwyn yr un enw yn *Barddas*, 207/208 (Gorffennaf/Awst 1994), 44–7.

[2] P.C. Bartrum: WG1 'Einion ap Gollwyn' 7, 11.

[3] Gw. P. Lynch, *art.cit.* 5.

[4] GGl² 240–1 (cerdd XCII).

[5] Eirian E. Edwards, 'Cartrefi Noddwyr y Beirdd yn Siroedd Morgannwg a Mynwy', LlCy xiii (1974–81), 193.

[6] Gw. P. Lynch, *art.cit.* 23 a G. Eaton, *A History of Neath from the Earliest Times* (Swansea, 1987), 52.

gw. EEW 169 a GDG³ 520.

31 **awyn** Fe'i deellir yn ffurf amrywiol ar *awen* 'llinyn ffrwyn' gyda'r ystyr ffigurol 'cyfrwng i arwain, rheoli neu lywodraethu', gw. GPC 241 d.g. *awen²*.

33 **hil Lywelyn** Taid Rhys ar ochr ei dad oedd Rhys ap Llywelyn ap Rhys, gw. P.C. Bartrum: WG1 'Einion ap Gollwyn' 7, 11.

34 **yr ail hyloyw Rys** Gw. uchod ll. 33n.

35 **Morien** Un o arwyr 'Y Gododdin'; fe'i ceir hefyd ymhlith aelodau niferus llys Arthur yn 'Culhwch ac Olwen', gw. CA 168; CO³ 73; GC 2.105–6n.

45 **cysonedd** 'Cyseinedd, perseinedd', cf. GPC 816 (enghraifft gynharaf *c.* 1580).

61 **pren fyr** Gw. uchod 3.4n. Ceir nifer o ddarlleniadau yn y llsgrau., rhai yn amlwg yn llwgr, ond gan fod cynifer yn cynnwys yr elfen -*yr*, penderfynwyd cynnwys *fyr* yn y testun yn hytrach nag *yn*, darlleniad arall tra dichonadwy sy'n rhoi gwell cynghanedd.

gwngen Dilynir P. Lynch, *art.cit.* 20, a'i ddeall yn ffurf amrywiol ar *gwyngen* 'llawenydd, hoen', gw. GPC 1775.

62 **cainc** Amwysedd bwriadol rhwng yr ystyron 'cangen' a 'cân, cerdd', fel y sylwa P. Lynch, *art.cit.* 18.

28

Canwyd y cywydd hwn ar farwolaeth Gruffudd Fychan o'r Collfryn yng nghwmwd Deuddwr, rhan o arglwyddiaeth Powys.[1] Dyma ei ach, yn ôl casgliad P.C. Bartrum: Gruffudd Fychan ap Gruffudd Deuddwr ab Ieuan ap Madog ab Owain ap Meurig ap Pasgen ap Gwyn ap Gruffudd.[2] Ond er mai fel Gruffudd Fychan y cyfeirir ato yn yr achau, ymddengys y galwai'r beirdd ef yn Ruffudd Fychan Deuddwr, Gruffudd Fychan o Ddeuddwr, neu'n syml yn Ruffudd Deuddwr. Mewn cywydd anghyflawn a dienw i Ddafydd Llwyd, mab hynaf Gruffudd, gelwir ef yn *Dafydd ... Llwyd ... fab ... Gruffudd ... Deuddwr ... hil Ruffudd... hil Fadog ...*, sy'n cyfateb yn agos i'r ach a roddir uchod.[3] Ceir sawl enghraifft arall o ddefnyddio 'Deuddwr' yn rhan o enw Gruffudd Fychan, fel y gwnaeth Hywel Cilan, er enghraifft,

---

[1] Ar y canu i deulu'r Collfryn, gw. NBSD 70–3.

[2] P.C. Bartrum: WG1 'Gwyn ap Gruffudd' 1, 3. Dichon fod yr ach hon yn gywirach na'r hyn a geir yn L. Dwnn: HV i, 270 a GHC 51. Gwelir bod Gruffudd Fychan yn disgyn o Feurig ap Pasgen ap Gwyn ap Gruffudd, un o'r tri brawd y canodd Hywel Swrdwal gywydd mawl anacronistaidd iddynt, gw. uchod cerdd 17.

[3] Ceir y cywydd amherffaith hwn a chanddo'r ll. gyntaf *Pen sonier i'n arver ni* yn Pen 10, 63ʳ a chopi uniongyrchol ohono yn llsgr. Pen 312, ii, 15–16.

wrth ganmol Gruffudd ei hun: *Gruffudd, wirodydd redeg,* / *Fychan, tau ddarogan teg,* / *Y gŵr piau gair Powys* / *O Ddeuddwr, dialwr dwys.*[4] Yn yr un modd wrth ganmol ei fab Dafydd Llwyd: *Dafydd, mae pawb yn d'ofyn,* / *A dŵr ar lygaid pob dyn,* / *Fab Gruffudd, dull Nudd a wnâi,* / *Deuddwr, a'n anrhydeddai.*[5] Felly hefyd mewn cywydd moliant gan Guto'r Glyn: *Gruffudd, gloywlain fuchedd glew,* / *Fychan, leifdan alafdew.* / *Durir hebog dewr hybarch,* / *Deuddwr fawr, da oedd ar farch.*[6] Cyfetyb hyn oll yn agos i'r modd y'i disgrifir yn rhestr Lewis Dwnn o fwrdeiswyr y Trallwng yn 1406, sef *Griffith Vaughan, of Deuddwr.*[7] Felly hefyd mewn breinlen a roes Harri Grae, Iarll Tancrfil ac Arglwydd Powys i fwrdeiswyr Llanfyllin yn 1448; gelwir Gruffudd, a oedd ar y pryd yn denant maenor Mechain Uwch Coed, *Griffith Vaughan de Deyddor.*[8] Efallai y cyfeirid at Ruffudd Fychan fel 'Gruffudd Fychan Deuddwr' neu 'Gruffudd Deuddwr' er mwyn osgoi cymysgu rhyngddo ef a'i gymydog agos Syr Gruffudd Fychan o Gegidfa.[9]

Yr oedd gan Ruffudd bump o feibion pan fu farw ac fe'u henwir fesul un yn y gerdd: Dafydd Llwyd, Llywelyn, Ieuan, Owain a Gruffudd. Cadwyd enw pob un o'r rhain ac eithrio Ieuan yn yr achau; Gwenhwyfar oedd enw'r ferch y cyfeirir ati yn llinell 46. Gwelwyd uchod fod Gruffudd yn fyw o hyd yn 1448 a'i fod eisoes yn 1406 wedi cyrraedd oedran gŵr. Ar sail hyn, teg fyddai tybio iddo farw rywdro'n gynnar yn ail hanner y bymthegfed ganrif.

Gellir rhannu'r gerdd yn ddwy brif ran. Yn y gyntaf, canmolir aml rinweddau Gruffudd mewn modd digon cyffredin, ac wedyn yn yr ail ran eir ati i foli'r meibion fel dilynwyr teilwng i'w tad, gan orffen gyda'r erfyniad arferol i'r gŵr marw gael ei dderbyn i'r nefoedd.

3 **Berwyn** Cadwyn o fynyddoedd ym Mhowys—i'r gogledd ohono yr oedd Powys Fadog ac i'r de yr oedd Powys Wenwynwyn (gan gynnwys Deuddwr a Mechain).

8 Ceir yma ddwy *n* yn ateb un.

9 **Mechain** Cantref ym Mhowys i'r gorllewin o Ddeuddwr, gw. WATU 290 a J.E. Lloyd: HW[3] 247–8. Daliai Gruffudd Fychan dir yno, gw. y nodyn cefndir uchod.

Deuddwr Cwmwd ym Mhowys i'r dwyrain o Fechain, gw. WATU 264 a J.E. Lloyd: HW[3] 248. Yno safai'r Collfryn, cartref Gruffudd.

15–16 **Gruffudd ... / Deuddwr** Sef Gruffudd Fychan, ar yr enw gw. y

[4] GHC 1 (I.3–6).
[5] *Ib.* 6 (IV.1–4), 53.
[6] GGl[2] 313 (CXXIII.15–18).
[7] L. Dwnn: HV i, 312.
[8] Gw. W.V. Lloyd, 'Welsh Pool: Materials for the History of the Parish and Borough', Mont Coll xii (1879), 310.
[9] Arno ef (*ob.* 1447), noddwr amlwg arall i'r beirdd, gw. ByCy 294–5 a Glanmor Williams, 'Sir Gruffydd Fychan (?–1447)', Mont Coll lxxxvi (1998), 17–28.

nodyn cefndir uchod.

18 **cnewillyn** Y mae'r llsgrau. o blaid y ffurf hon yn hytrach na'r ffurf safonol *cnewyllyn*, gw. GPC 519. Sylwer hefyd ar y chwarae geiriol yn y ll. hon rhwng *cnewillyn* a *Coll(fryn)*.

y Collfryn Cartref Gruffudd Fychan yn Neuddwr; gw. uchod ll. 9n. Ar y canu i deulu'r Collfryn, gw. NBSD 70-3.

33-4 Nid yw union ergyd y cwpled hwn yn glir; sylwer nad yw wedi ei gadw ond yn llsgrau. EH.

46 **merch** Sef Gwenhwyfar. Dywed rhai achau iddi briodi Tomas ap Rhisiart Lacon, gw. P.C. Bartrum: WG1 'Gwyn ap Gruffudd' 3.

49-50 **Dafydd / Llwyd** O Ddolarddun, mab hynaf Gruffudd.

51-2 **Llywelyn / A Ieuan** Meibion Gruffudd. Cysylltir enw Llywelyn â Rhysnant. Nid enwir Ieuan yn yr achau; efallai iddo farw'n ieuanc ac yn ddibriod. Awgryma'r llau. hyn, a hefyd y cyfeiriad at Amlyn ac Amig (isod llau. 53-4n), mai efeilliaid oedd y ddau frawd hyn.

53-4 **Amlyn ... / Ac Amig** Dau gymeriad chwedlonol a aned ar yr un diwrnod ac a oedd yn nodedig am eu cyfeillgarwch, gw. KAA² *passim*.

56 **Owain** Pedwerydd mab Gruffudd, a etifeddodd y Collfryn, yn ôl pob tebyg.

58 **ewythr hen Owain** Yn ôl GHC 52 cyfeiriad yw hwn at daid Gruffudd Fychan, sef Owain ap Meurig. Ond dichon fod yr ach sy'n ei gofnodi ef yn anghywir: y mae'n fwy tebygol mai Ieuan ap Madog ab Owain oedd taid Gruffudd, gw. y nodyn cefndir uchod. Gall mai'r Owain olaf a olygir yma gan nad ymddengys fod Owain arall yn y teulu. Ond mewn cywydd mawl gan Hywel Cilan i Lywelyn, brawd Owain, dywedir: *Carw didwyll, câr Dewdwr, / A glain doeth Owain Glyndŵr*, gw. GHC 11 (VI.47-8). Nid yw'r union gysylltiad yn glir, ond y mae'n bosibl, felly, mai Owain Glyndŵr yw 'ewythr' Owain ap Gruffudd Fychan.

59 **Gruffudd** Gruffudd Llwyd, yn ôl yr achau. Cysylltir ef â Melwern, swydd Amwythig.

63 **pedwarbys Bowys** Sylwer mai diweddu ag odl dalgron a wna *Powys* yma, gw. J. Morris-Jones: CD 236, 242, yn wahanol i l. 8 uchod. Y mae'r treiglad i *Powys* yn annisgwyl, ond ceir enghreifftiau o dreiglo e.p. genidol ar ôl eg. yn Treigladau 108-9.

66 **Pedr** Ceidwad allweddau'r nef, gw. 11.23n. Y mae'r bardd yn gofyn am i Bedr dderbyn Gruffudd i baradwys.

29

Ac eithrio enw'r gwrthrych a'i wraig ni cheir llawer o fanylion personol yn y gerdd hon, ond y mae'r hyn a geir yn awgrymu'n gryf iawn mai Ieuan ap Gwilym ap Llywelyn o'r Peutyn Gwyn a'i wraig Gwenllïan ferch Hywel ap Dafydd yw'r unigolion dan sylw.[1] Canodd Hywel Swrdwal i aelodau eraill o'r teulu hwn, er bod peth amheuaeth ynglŷn â pha genhedlaeth a ganmolai ef.[2] Nid yw cyfeiriadaeth y gerdd yn gwbl amlwg ym mhob man, ac nid oes dim ynddi sy'n awgrymu dyddiad pendant ar ei chyfer. Efallai y ceir syniad bras iawn o'r ffaith i Wladus ferch Dafydd Gam, cyfnither Ieuan, farw yn 1454. Ymddengys o'r cyfeiriadau at galennig (ll. 23), calan (ll. 24) ac Ystwyll (ll. 33) mai rywdro yn gynnar yn y flwyddyn y bu Ieuan farw a hynny'n annisgwyl o sydyn ac yntau'n ŵr ifanc (llau. 31–4, 26).

3 **Pedr** Ceidwad allweddau'r nef, gw. 11.23n a cf. uchod 28.66n.

6 **yng nghôr Hafart** Awgryma'r cyfeiriad at *gôr Hafart* mai Priordy Ioan Efengylwr yn Aberhonddu a olygir, lle y saif Capel Hafard hyd heddiw, gw. Royal Commission on the Ancient and Historical Monuments of Wales, *The Cathedral Church of St John the Evangelist Brecon* (Brecon, 1994), 16. Ai yno y claddwyd Ieuan? (Ond gw. isod ll. 53n.)

yng nghrefydd Y mae llsgr. A yn annarllenadwy yma; darlleniad B yw *ynghrefydd*. Ceir trawiad tebyg iawn gan Domas Prys o Blasiolyn yn ei farwnad i'w fab blwydd Hanibol a ganwyd yn 1619, *Mae tri ohonyn', mud rhydd, / yng nghôr Ifan yng nghrefydd*, gw. Dafydd Johnston, *Galar y Beirdd* (Caerdydd, 1993), 128 (llau. 59–60). Y cyfieithiad a geir *ib.* 129 yw, '*There are three of them, free journey, / on holy ground in John's chancel*'. Gan mai priordy Benedictaidd oedd Aberhonddu, byddai unrhyw un a gleddid yn yr eglwys, ar un olwg, *yng nghrefydd*.

12 Ni ellir darllen y ll. hon yn llawn yn llsgr. A, ond credir mai *o bridd a* ... yw dechrau'r ll. Ceir camosodiad yn narlleniad llsgrau. B ac C.

13 **ŵyr Lywelyn** Am y treiglad meddal yn dilyn ŵyr, gw. uchod 1.23n.

17 **ceiniog gam** Byddid gynt yn plygu ceiniogau cyn eu hoffrymu wrth gysegrfa sant, gw. Eamon Duffy, *The Stripping of the Altars* (New Haven and London, 1992), 183–6.

53 **Tyfaelog** Sant a gysylltir yn arbennig â Brycheiniog, gw. WCD 626 a LBS iii, 401–6 (o dan *Maelog*). Dichon fod yma gyfeiriad naill ai at Landyfaelog Fach neu Landyfaelog Tre'r-graig, y ddeule ym Mrycheiniog. Ai yn un o'r ddwy eglwys hyn y claddwyd Ieuan (ond cf. uchod ll. 6n)? Efallai mai diweddu ei ddyddiau yng nghôr Hafart a wnaeth Ieuan. Sylwer, fodd bynnag, fod llsgr. A yn cynnig darlleniad arall ar gyfer ll. 54 sy'n newid ergyd y cyfeiriad.

---

[1] Am yr achau, gw. P.C. Bartrum: WG2 'Bleddyn ap Maenyrch' 18(A); P.C. Bartrum: WG1 'Bleddyn ap Maenyrch' 29.

[2] Gw. cerddi 14 a 15 uchod.

30

Rhydd y bardd gryn bwys ar ach y noddwr hwn a hanfyddai o Gedewain: Hywel ap Dafydd ap Bedo ap Gruffudd ap Maredudd ap Meilir Ddu ap Llywelyn Fychan ap Llywelyn ab Einion o'r Pant ap Llywelyn ap Meilir Gryg.[1] Yn ôl achau Bartrum, gellid amcangyfrif yn fras ei eni tua 1470, er efallai fod hynny'n rhy hwyr o gofio dyddiadau hysbys Ieuan ap Hywel Swrdwal. Ychydig iawn a wyddys amdano, ond y mae cyfeiriadau at y Gard (llau. 1 a 5), y ddwy goron (ll. 50), a'r brenin (ll. 61) yn awgrymu y gall fod ganddo swydd yn y llys brenhinol. Os felly, gall mai yn 1485 neu wedi hynny y canwyd y cywydd, gan mai Harri VII a sefydlodd y Gard yn 1485.[2] Ond ceir cyfeiriadau llai pendant at y 'gard' o gyfnod cynharach, a gall y sôn am *bleidiwr gwyn* (ll. 5) fod yn gyfeiriad at liw gwyn yr Iorciaid. Os felly, gallai'r gerdd fod yn gynharach o dipyn na 1485.

1 **Gard** Ymddengys fod Hywel yn aelod o'r Gard brenhinol, gw. y nodyn cefndir uchod.

4 Y mae'r ll. hon yn fyr onid yngenir *haelgarw* yn deirsill. Ond a yw'r ffaith fod *hael* yn cael ei ailadrodd yn awgrymu bod gwall yma?

8 **M'redudd** Taid y noddwr, o bosibl (y mae Bedo'n ffurf anwes ar Faredudd), neu daid hwnnw, gw. y nodyn cefndir uchod.

13 **Einion Manafon** Yr un ag Einion o'r Pant, y mae'n debyg, gw. y nodyn cefndir uchod. Plwyf yng Nghedewain yw Manafon, gw. WATU 255.

15 **Iarll Caer** Sef Brochwel Ysgithrog. Cyfeiriai'r achyddwyr ato fel Brenin Powys, Barwn Dinbych ac Iarll Caer, gw. GHC 68. Disgynnai Hywel ap Dafydd yn uniongyrchol ohono trwy Feilir Gryg a Brochwel ab Aeddan, gw. P.C. Bartrum: WG1 [48] ac EWGT 107.

Glyn Aeron Ni lwyddwyd i olrhain y cysylltiad â Glyn Aeron yng Ngheredigion. Ar y fan honno, gw. GLlBH tt. 10–12.

16 **hil Powys** Yr oedd Tregynon o fewn ffiniau arglwyddiaeth a hen deyrnas Powys. Sylwer na threiglir *Powys* ar ôl yr eb. *hil* yma, cf. uchod 3.7n a 24.53n.

pàs 'Rhagoriaeth', gw. GPC 2967 d.g. *pas*[3], lle y daw'r enghraifft gynharaf a nodir o'r 15/16g.; ond ceir y f. *pasio* 'rhagori ar' yn y 14g., gw. *ib*. 2699.

17 **Melienydd** Gw. uchod 25.9n.

18 **Llananno** Plwyf yng nghanol Maelienydd, gw. WATU 287. Ni

---

[1] P.C. Bartrum: WG2 'Meilir Gryg' 4(A); P.C. Bartrum: WG1 'Meilir Gryg' 1, 3, 4.
[2] Gw. Enid Roberts, 'Siôn Tudur yn Llundain', TCHSDd xviii (1969), 51–7.

lwyddwyd i olrhain yr union gysylltiad, er bod nifer o berthnasau pell Hywel yn byw yn yr ardal.

19 **Hywel Goch** Mam Hywel oedd Marged ferch Dafydd Llwyd ap Hywel Goch o Ddarowen, gw. P.C. Bartrum: WG1 'Phylip ab Uchdryd' 4.

20 **Cyfeiliog** Cantref yng ngorllewin Powys, gw. J.E. Lloyd: HW[3] 249–50; WATU 54. O Ddarowen yng Nghyfeiliog yr hanai Hywel Goch, gw. uchod ll. 19n.

23 **Sioned** Sef gwraig Hywel, Sioned ferch Ieuan Fychan ab Ieuan ap Dafydd Goch. Ceir ei hach yn P.C. Bartrum: WG2 'Cynfelyn ap Dolffyn' 6(B) a P.C. Bartrum: WG1 'Cynfelyn ap Dolffyn' 6.

oes un a'i tâl? Hynny yw, 'a oes unrhyw un gyfwerth â hi?'

26 **Ieuan** Tad Sioned, neu o bosibl, ei thaid, gw. uchod ll. 23n.

Dafydd Fychan Un o hynafiaid Sioned, gwraig Madog Llwyd (gw. isod ll. 31n), oedd Jonet/Sioned, a'i thaid hithau oedd Dafydd Fychan, gw. P.C. Bartrum: WG1 'William of Elbeth' 4. Yr oedd y Dafydd Fychan hwn yn fab i'r Dafydd ap Cadwaladr y canodd Llywelyn Goch ap Meurig Hen a Sypyn Cyfeiliog iddo, gw. GLlG 1 a GSCyf 1.

27 **Seisyllt** Ni lwyddwyd i ganfod y cysylltiad â theulu Sioned, ond yr oedd disgynyddion Seisyll o Feirionnydd yn niferus iawn yng Nghyfeiliog ac yng ngweddill y canolbarth, gw. P.C. Bartrum: WG1 'Seisyll'.

29 **yr Ystog** Sef Churchstoke, bellach yn sir Drefaldwyn, ond ar y pryd yn arglwyddiaeth Cawres, gw. uchod 1.13n. Gw. hefyd isod ll. 31n.

31 **Madog Llwyd** Mam Sioned oedd Cristin ferch John ap Madog Llwyd o'r Ystog, gw. P.C. Bartrum: WG1 'Gruffudd Fras'.

39 **ymeilaist** Ffurf ar *ymeiliaf*, cyfuniad o'r rhagddodiad *ym-* a'r f. *eiliaf* 'plethu, cydblethu, ... cysylltu ynghyd, rhwymo; llunio, &c.', gw. GPC 1192 d.g. *eiliaf*[1].

46 **Iarll yr Og** Cyfeiriad at yr Iarll Owain o chwedl 'Iarlles y Ffynnon', gw. ymhellach GGrG Atodiad i.20n. Yn ôl yr hanes, cafodd ei ddal rhwng porthgwlis a phorth y castell, ond dihangodd, gw. *Owein or Chwedyl Iarlles y Ffynnawn*, ed. R.L. Thomson (Dublin, 1986), 12 (llau. 278–87) a TYP[2] 479–83.

48 **Arthur** Arwr chwedlonol y Cymry, gw. TYP[2] 274–7.

52 **ar gymell** Gellid hefyd ddarllen *argymell* 'gorfodi, mynnu'.

53 **Tregynon** Plwyf yng Nghedewain, nid nepell o Fanafon.

traw Ai amrywiad ar *draw*? Ar ymgyfnewid *tr-* a *dr-*, gw. Treigladau 460–1; cf. hefyd *yma a thraw*. Gellid hefyd ddarllen *Dregynon draw*, er y byddai hynny'n amharu ar y cymeriad llythrennol.

58 **crŷn** Fe'i deellir yn ffurf 3 un.pres.myn. y f. *crynu*.

ceronigl Benthyciad o'r S.C. *chronicle*, gw. GPC 611 d.g. *cronicl*. Rhaid wrth ffurf deirsill er mwyn hyd y ll., felly cadwyd at ffurf ansafonol y llsgr.

62 **cydgymraint** Nis ceir yn GPC 663, ond fe'i deellir yn gyfuniad o'r rhagddodiad *cyd-* (GPC 658) a *cymraint* 'cyfartal o fraint, cydradd, cyfurdd' (GPC 769).

31

Man cychwyn yr ymryson hwn yw fod Llawdden wedi anfon Ieuan ap Hywel Swrdwal yn llatai drosto at ferch o Raeadr, er gwaethaf y ffaith ei fod ef, Llawdden, eisoes yn briod. Hon yw'r gerdd gyntaf yn yr ymryson ac ynddi y mae Ieuan yn disgrifio'r modd y bu iddo ymweld â'r ferch ac ymdrechu i ddwyn perswâd arni i dderbyn cynigion Llawdden. Ond gŵyr y ferch yn iawn fod Llawdden yn ŵr priod, a dywed yn bendant nad oes arni ei eisiau. Ond yn lle hynny, gofynna i Ieuan gyflwyno achos drosto ef ei hun fel carwr, ac er iddo gadw ochr Llawdden am ychydig, buan iawn y mae'n ymfodloni ar y trefniant newydd. Daw'r gerdd i ben wrth i Ieuan ddychmygu beth fyddai tynged Llawdden druan pe deuai ei wraig i wybod yr hanes, a chynghora ei gyfaill i gadw'r stori yn dawel rhag unrhyw ganlyniadau anffodus.

Ceir golygiad o'r gerdd hon yn Llawdden, &c.: Gw cerdd 30, td. 310.

14 **anniben** Sef 'ofer, anobeithiol'. O waith Tudur Aled y daw'r unig enghraifft yn yr ystyr hon yn GPC 139.

20 **trwsa** Benthyciad o'r S.C. *trusse* '*a bundle*, *pack*', gw. GIG 331.

30 Y mae'r ll. hon yn fyr o sillaf onid yngenir *eithr* yn ddeusill.

31–2 **Naddwn benillion iddi / Nos Sul ...** Cf. efallai yr arfer o naddu llwyau pren i gariadon ar nos Sul, a cf. PKM 86 (llau. 18–21).

38 **Annes** Gwraig Llawdden, fe ymddengys.

40 **Machynllaith** Cartref Llawdden a'i wraig ym Mhowys, gw. CLC² 449.

42 **Rhaeadr** Sef Rhaeadr Gwy ym Maelienydd, cartref y ferch y gobeithiai Llawdden ei charu.

32

Dyma ateb Llawdden i gywydd Ieuan ap Hywel Swrdwal. Daw'n amlwg nad yw esboniad Ieuan o'r hyn a ddigwyddodd yn tycio dim, a chwyna Llawdden yn arw am ddichell a thwyll Ieuan, gan ei gyhuddo o yngan un gair yn unig o blaid Llawdden am bob dau air o ganmoliaeth iddo ef ei hun. Dywed Llawdden fod gan Ieuan yntau wraig a theulu, ac na fyddai hithau yn falch o glywed manylion yr hanes. Ond wrth ddod â'r cywydd i'w derfyn cwymp Llawdden ar ei fai am fod mor ynfyd ag anfon Ieuan yn llatai, a datgan mai llatai benywaidd y byddai yn ei anfon at ddarpargariadon o hynny allan.

Ceir golygiad o'r gerdd hon yn Llawdden, &c.: Gw cerdd 31, tt. 310–11.

10 **priod Rhisierdyn** Bardd o Fôn a flodeuai yn y 14g., gw. GSRh 44–120. Ystyr *priod* yma yw 'cymar, un tebyg i', gw. GPC 2894.

11 **un ffydd â Ffawg** Sef Ffwg fab Gwarin, gw. uchod 2.60n. Yr oedd yn herwr enwog y gellid yn hawdd ei gyhuddo o ddiffyg teyrngarwch.

14 Y mae'r ll. hon yn fyr o sillaf onid yngenir *llwybr* yn ddeusill.

19 **brawd ffydd** Am enghreifftiau pellach o'r cyfuniad hwn, gw. GPC 311 a GSRh 2.31 (Sefnyn). Yr ystyr isod ll. 36 yw 'cymar, un tebyg i'.

28 **Eigr** Mam Arthur a oedd yn enwog am ei phrydferthwch, gw. TYP² 366 ac isod 34.37n.

33 **yn rhith hyn** Sef *'in this way or manner'*, gw. GPC 3081.

35 **i'r gras** Sylwer y byddai'r darlleniad *i'r gwas* yn rhoi gwell ystyr, er y byddai'n dryllio'r gynghanedd. Ond tybed ai ebychiad yw *i'r gras* yma?

36 **Gwenlydd** Sef Gwenwlydd, bradwr adnabyddus y ceir ei hanes yng 'Nghân Roland', gw. YCM² 43 a 118 *ymlaen*.

43 **Deili** Gwraig Ieuan ap Hywel Swrdwal. Ar yr enw Deili/Teili, gw. P.C. Bartrum, 'Personal Names in Wales in the Fifteenth Century', Cylchg LlGC xxii (1981–2), 469. Ymddengys mai yn nwyrain Cymru yr oedd yr enw'n fwyaf poblogaidd.

46 **Brycheiniawg** Ai yno yr oedd cartref Ieuan adeg canu'r cywydd hwn?

48 **tŷ Ddeili** Ffurf a luniwyd ar batrwm enwau megis 'Tyddewi', gw. Treigladau 109–10.

33

Dyma, efallai, y gerdd enwocaf a briodolwyd i Ieuan ap Hywel Swrdwal. Derbyniodd gryn sylw yn y gorffennol, a cheir golygiadau a thrafodaethau arni gan E.J. Dobson, Raymond Garlick a Tony Conran.[1] Fe'i cyfansoddwyd mewn Saesneg Canol, yn ymdrech gan y bardd pan oedd yn fyfyriwr yn Rhydychen i brofi nad oedd y Cymry yn eilradd i'r Saeson.[2] Ni fentrir yn y gyfrol hon ailolygu'r gerdd, ond cyfeirir y darllenydd at waith yr awduron hyn gan gynnig cyfieithiad Cymraeg sy'n seiliedig ar eu gweithiau

[1] E.J. Dobson, 'The Hymn to the Vigin', THSC, 1954, 70–124; Raymond Garlick, *The Hymn to the Virgin* (Newtown, 1985); Tony Conran, 'Ieuan ap Hywel Swrdwal's "The Hymn to the Virgin" ', *Welsh Writing in English*, i (1995), 5–27.

[2] Dyna yw cynnwys y rhaglith a geir yn rhai o'r llawysgrifau, gw. E.J. Dobson, *art.cit.* 99–100.

hwy. Priodolir y gerdd i Ieuan ap Rhydderch yn ogystal, ond y mae pwys y llawysgrifau o blaid Ieuan ap Hywel Swrdwal. Ysywaeth, nid oes tystiolaeth i brofi bod Ieuan wedi bod yn Rhydychen ar unrhyw adeg yn ystod ei yrfa, ac nid oes modd dilysu'r hanes sydd y tu cefn i'r gerdd hon.

Mesur yr awdl yw chwe englyn unodl union a ddilynir gan chwe phennill (neu 48 llinell) o dawddgyrch cadwynog. Y mae diffyg yn synnwyr a mesur yr awdl yn awgrymu bod llinellau 37–8 a 61–2 yn eisiau.

34

Perthynai Dafydd ap Hywel i deulu amlwg o noddwyr yng Nghyfeiliog. Trigai'r brif gangen yn Rhiwsaeson, ond ymgartrefu yn y Gellidywyll, Llanbryn-mair, a wnaeth cangen Dafydd. Dyma'r ach fel y cyfeirir ati yn y gerdd: Dafydd ap Hywel ab Owain ... ap Meilir ... ap Ithel Gledde ... ab Elystan Glodrydd.[1] Ychydig a wyddys am Ddafydd, ond dywed yr achau iddo fagu o leiaf bump o blant. Trwy ei fam yr oedd yn ŵyr i Faredudd ab Adda Moel, un o noddwyr Hywel Swrdwal (gw. cerdd 1 uchod) a gŵr a chanddo gysylltiad teuluol â'r beirdd hyn. Felly yr oedd Dafydd ap Hywel yntau yn perthyn o bell iddynt. Canodd Dafydd Llwyd o Fathafarn farwnad i Hywel, tad Dafydd, a Siôn Ceri gywydd mawl i Wmffre, un o'i feibion.[2] Tuedda hyn i awgrymu y dylid dyddio'r cywydd yn fras i oddeutu 1500.

Yn un llawysgrif yn unig y cadwyd y cywydd hwn. Y mae'r testun yn anfoddhaol ar brydiau ac y mae blas tafodieithol arno. Bu'n rhaid diwygio mewn sawl man er mwyn yr ystyr a'r mydr. Confensiynol yw'r gerdd at ei gilydd. Rhoddir pwyslais arbennig ar achau'r noddwr a hefyd ar ei allu milwrol a'i haelioni, ond ni ellir honni bod unrhyw arbenigrwydd yn perthyn iddi.

2 **Da i'r gwledydd, durglau ydych** Llsgr. *dair g*ʷ*ledydd tvr glav ydych*. Ll. lwgr a phetrus iawn, felly, yw darlleniad y testun. Y mae'n rhaid cywasgu *da* ac *i'r* yn unsill a deall *durglau* yn gyfansoddair yn cynnwys yr elfennau *dur* a *clau* 'cyflym, esgud, chwim; cywir, diffuant, didwyll', gw. GPC 491.

3 **Hywel** Tad Dafydd, gw. y nodyn cefndir uchod. Canodd Dafydd Llwyd o Fathafarn farwnad iddo, gw. GDLl 128–30 (cerdd 57).

7 **chwellan** Cyfeiriad at chwe phlwyf cwmwd Cyfeiliog—Cemais, Darowen, Llanbryn-mair, Llanwrin, Machynlleth a Phenegoes, gw. WATU 54 a cf. GGrG At.i.35n *Gwae'r chwe llan, gwyddan' i gyd* ('Marwnad

---

[1] WG Bartrum: WG2 'Elystan Glodrydd' 43(C), P.C. Bartrum: WG1 'Elystan Glodrydd', 43, 42, 1.

[2] Gw. GDLl 128–30 (cerdd 57); GSC cerdd 29.

Einion ap Seisyll o Fathafarn'); GGl² 71 (XXVI.26) *A cholli nerth chwe llan oedd* (Marwnad Hywel ab Owain ab Ifan Llwyd o Lanbryn-mair); GDID 71 (II.51) *Cadw chwellan i'th ran a'th ryw* (Gwilym ab Ieuan Hen i Hywel ab Ieuan Llwyd o Heiliarth).

8   **o caud** Ar ddiffyg treiglad llaes ar ôl *o*, gw. Treigladau 374–5. Ymddengys nad yw'r bardd yn gyson o ran y treiglad hwn, cf. 32.2.

9   **Llanbryn-mair** Plwyf yng nghantref Cyfeiliog, gw. WATU 259.

13   **prif rhinwedd** Awgrymir yn betrus mai e. yw *prif* yma, sef 'pennaeth, pendefig, arglwydd', gw. GPC 2886, a bod *-f* + *rh-* yn cyfuno i roi *-ff r-* (ond gw. J. Morris-Jones: CD 207) er mwyn y gynghanedd.

16   **enaur** Ffurf ar *henaur*, gw. GPC 1212, 1849.

17   **Meilir** Gw. y nodyn cefndir uchod.

18   **Ithel** Sef Ithel Gledde, gw. y nodyn cefndir uchod.

19   **Elystan** Sef Elystan Glodrydd, gw. uchod nodyn cefndir a cf. uchod 1.33n.

21   **Trefor** Ni lwyddwyd i ganfod y cysylltiad â Threfor. Y mae'n debygol fod rhyw berthynas rhwng Dafydd ap Hywel a chyff Tudur Trefor o ardal Llangollen.

22   **criadog** Ni cheir y ffurf hon yn GPC 594, ond y mae yno enghraifft o'r e. *criad* 'gwaedd, bloedd' (enghraifft gynharaf 1605–10). Gall felly mai a. o'r e. hwnnw sydd yma, neu, o bosibl, gywasgiad o *cariadog*, gw. GPC 428. Posibilrwydd arall fyddai darllen yr e.p. *Ch'radog* (neu *Charadog* er mwyn hyd y ll.), er nad oes Caradog hysbys yn ach Dafydd. Ar y posibilrwydd hwnnw, cf. uchod 26.15 (amrywiadau).

23   **Seisyllt** Mam Hywel ab Owain oedd Efa, ferch Llywelyn Gogof o gyff Seisyll, gw. P.C. Bartrum: WG1 'Seisyll' 2.

   Oswallt Sant a brenin a gysylltir yn arbennig â Chroesoswallt, gw. GSC 31.19n.

24   **Llawdden** Mam Owain ap Gruffudd, taid Dafydd, oedd Marged ferch Hywel ap Rhys. Yr oedd mam yr Hywel hwn yn ferch i Ruffudd Llwyd ab Ieuan Fychan ab Ieuan ap Rhys ap Llawdden y Gath / o'r Garth ap Rhys ap Llawdden Hen, gw. P.C. Bartrum: WG1 'Elystan Glodrydd' 43, 'Cydifor ap Dinawal' 3, 4, 'Llawdden' 1, 3. Ond gall fod cysylltiad agosach na hynny.

27   **M'redudd** Mam Dafydd oedd Marged, merch Maredudd ab Adda Moel, gw. uchod cerdd 1.

29   **Adda Moel** Gw. ll. 27n.

31   **Mortmer** Ar gysylltiad Adda Moel â theulu'r Mortmeriaid, gw. nodyn cefndir cerdd 1 ac 1.37n.

34 Sylwer yr atebir -*d* + *h*- ar wahân lle y disgwylid caledu.

36 Ll. lwgr ddigynghanedd a rhy fyr.

37 **Eigr** Y wraig brydferthaf ym Mhrydain, yn ôl 'Brut y Brenhinedd' Sieffre o Fynwy, a mam y Brenin Arthur. Gw. ymhellach TYP² lxxxi, 366, 414 a 32.28n.

39 **Mawd** Gwraig Dafydd oedd Mawd ferch Ieuan ap Gruffudd (yn fyw 1419) ap Siancyn ap Llywelyn ab Einion (yn fyw 1340) ap Celynnin, gw. P.C. Bartrum: WG1 'Aleth' 7 a ByCy 537 o dan 'Lloyd, Dolobran'.

41 **Ieuan** Gw. uchod ll. 39n.

43 **Celynnin** Gw. uchod ll. 39n.

44 **blaenes** Nis ceir yn GPC 281, ond fe'i deellir yn ffurf f. ar *blaenwr* 'arweinydd, pennaeth'.

46 Y mae'r ll. hon yn rhy hir oni chywesgir *dyry eb* yn ddeusill.

48 **dieisin** Nis ceir yn GPC 972, ond fe'i deellir yn gyfuniad o'r rhagddodiad negyddol *di*- ac *eisin* mewn ystyr ffigurol 'peth diwerth', gw. GPC 1199 a GSC 27.30n.

Nudd Sef Nudd Hael ap Senyllt, un o'r 'Tri Hael', gw. uchod 1.3n.

49 **pwy wnâi odwaith** Llsgr. *pwy nai odvaith*. Ystyr gadarnhaol 'unigryw, rhyfeddol' sydd i *od* yn y cyfuniad *odwaith*, cf. uchod 1.6n.

52 **yd fedd** Fe'i deellir yn ffurf dafodieithol ar *hyd fedd* 'to one's dying day', gw. GPC 1949 lle y daw'r enghraifft gynharaf o'r 19g.

53 **cyfiown** Llsgr. *kefiwn*. Darllenir *cyfiown* er mwyn yr odl, a'i gymryd yn ffurf dafodieithol ar *cyfiawn*.

54 **gard** Sef 'border, ymyl, addurniadau', gw. GPC 1381 d.g. *gard²*, *giard*.

dy own Dichon fod *gown* yn cynrychioli benthyciad diweddarach na'r e. cyfystyr *gŵn*. Y mae'r ddwy ffurf i'w cael gan y Cywyddwyr, gw. GPC 1517, 1688.

56 **Nudd** Gw. uchod ll. 48n.

59 **hen llew** Ar y diffyg treiglo, gw. GMW 20 a Treigladau 29. Y mae'r gynghanedd yn y ll. hon yn llwgr.

61 Y mae'r ll. yn rhy fyr. Tybed a ddylid darllen *Hawdd fydd, Dafydd, dy dyfiad*?

63 **hen fu Fosen** Bu Moses fyw yn 120 oed, gw. Deut xxxiv.7.

67 **hen fu Adda** Bu Adda fyw yn 930 oed, gw. Gen v.5 a cf. uchod 5.78.

Geirfa

cyfannedd cymdeithasgar,
diddan 16.43
cyfarwyddyd chwedl, hanes 9.22,
10.21, 22.4
cyfiown 34.53n
cyfoed 4.6n
cyfraith 13.44n
cyfrgoll gw. ar gyfrgoll
cymaint 6.12n
cymell 30.52n
cymorth 13.46n
cynneddf 7.19n
cyntaf 14.3n
cysonedd 27.45n
cytŷ 8.62n
cytÿwr 24.62n
cywaeth cyfoeth 1.20
cywyddol 18.21
chwaer 6.66n
chwant 8.49n
chwellan 34.7n
da 6.1–2n, 23.52n, 34.2n
dadl 26.47n
dall 23.41n
damuno 1 ll.pres.myn. damunwn
5.3; 3 ll.grff.myn. damunasant
11.58
darlleodr 9.17n
daroganllafn llafn y darogenir
amdano 1.4
dart gwaywffon 1.5, 9, 3.3, 33
dawns 2.17n
dechrau 6.1n
defnydd 8.6n
deiryd perthyn i 3 un.pres.myn.
deiryd 4.51
delw 5.63n
dergys 8.41n
desyf 14.8n
detholwr dewis ŵr 14.79
deuddeg 26.44n
deutu 26.28n
dial 23.35n

dianach o uchel ach 2.27
dieisin 34.48n
diffafr cmhr. diffafrach 2.62
dihafarch bywiog 19.1
diledach o uchel ach 2.26, 43
diliw 14.5n
dinas 14.9n, 25.39n
dioddef 9.56n
dioganair 11.46
diorn di-gabl 15.45
disgyblu 3 un.amhff.myn.
disgyblai 25.16n
disomgar hynaws 22.39
distain swyddog 1.3
diwedd 6.2n
diweniaith 2.24
diwladaidd 16.21
diwyd 3.33, 34n
doctor 10.17n
dodi 26.47n; 1 un.pres.dib. dotwyf
27.12n; 1 un.amhff.dib. dotwn
27.15n
doniaeth 1.21n
draig ll. dreigiau 18.23n
d'rogan 18.23n
drwg 11.29n
drws 23.22n
drychafiad dyrchafiad 29.50
du 7.24n, 8.51n, 23.41n
duc 2.50
dug 25.15n
duo 11.20n
durglau 34.2n
duw Pasg 11.18n
dwbled 19.12n
dwy 6.49n, 7.19n, 11.38n, 13.44n,
26.39n
dwyiaith 9.59n
dwylo 5.51n
Dydd Brawd 23.3
dygnedd tristwch, trymfryd 7.19
dynionol 14.13n
eb heb 10.56n

Ebryw 21.29n
eddilig 8.12n
efnys gelynion 24.33
eglwys 13.17n
ehengblas 1.63
eilio llunio 26.11
eillio 6.15n
elment ansawdd 9.3
emyl ymyl 13.3
emyrryd ymyrryd *1 un.pres.dib.*
  emyrrwyf 9.15n
enaur 34.16n
encyd ennyd, ysbaid 4.25, 11.59
ennyd 11.9
enw 12.2
enynnu 7.34n
epil 11.20n
es gw. **bod**
euraid 6.50n
eurllew 1.37
ewri 5.66n
ewythr 9.2n, 28.58n
fintnag 12.62n
fyr 3.4n, 27.61n
ffaling 12.43n
ffi tâl *ll.* **ffys** 14.67
Ffranc 12.16n
ffris 12.46n
ffydd 32.11n, 19n
gadu 24.36; *3 un.amhff.dib.* **gatai**
  16.9n; *amhrs.amhff.dib.* **getid**
  15.57n
galawnt dyn bonheddig 17.46
gallu *1 ll.pres.dib.* **gallon** 18.34n
gan 1.6n; *3 ll.* **cantun** 1.39n
Gard 30.1n
gard 34.54n
genau 10.19n
glân 21.17n; *cmhr.* **glanach** 12.2
glas 6.39n, 14.10n, 23.58n
gleisiad 13.1, 55; *ll.* **gleisiaid**
  13.58n
glendyd 6.20n

goradain 12.40n
gorchadw gwarchod 4.2
gorcheidwad gwarchodwr *ll.*
  gorcheidwaid 15.50
gorddwr 12.64n
goreilyd 4.33n
gorfod *3 un.amhff.dib.* **gorffai**
  23.63n
gormodd 9.12n, 19.48, 29.22
goror 3.11n
gorthir ucheldir 20.21
gorwydd march 2.41
gorwyr 1.36n, 9.19n
gowegi 27.11n
gowls 12.42n
gown 34.54n
graddau'r grog 8.17n
gras 32.35n
gresaw croeso 9.47
grog 8.17n
grudd *ll.* **gruddiau** 11.44n
gwadd 7.16n
gwaed 7.58n
gwalch 3.11n
gwalstod 10.16n
gwannyd 4.54n
gwart 11.38n
gwden corten grogi 7.22
gweniaith 27.3, 32.14
gwenieithwr 32.34
gwerthu *1 un.pres.myn.* **gwerthaf**
  7.6n
gwngen 27.61n
gwin 5.20n, 33n, 37n, 38n, 8.28n
gwinwaed 1.27
gwirion 21.20n
gwisg 6.35n
gwlad 10.45n, 11.27n, 20.3n,
  24.4n; *ll.* **gwledydd** 34.2n
gwledd 26.49n
gwn *ll.* **gwns** 3.20, 12.11
gwneuthur *3 un.pres.myn.* **gwna**
  6.2n; *3 ll.pres.myn.* **gwnânt**

5.39n; *3 un.amhff.myn.* **gwnâi**
34.49n
gwnllyw 1.4n
gŵr 1.30n, 12.14; *ll.* **gwŷr** 7.46n,
26.2n
gwraig 14.10n, 21.18n
gwrthiau gw. **gwyrth**
gwybod *3 un.amhff.myn.*
gwyddiad 9.7
Gwyddel 12.22, 24, 23.39
Gwyddelig 19.51n
gwygach 2.51n
gwyn 7.33n; *b.* **gwen** 21.30n
gwyrth *ll.* **gwrthiau** 7.60, 12.28
gwyrthiau 20.6
haf 12.34n
hansel rhodd, gwobr 6.7n
helmog 21.8n
hely 12.19
hen 21.17n, 28.58n, 34.59n, 63n,
67n
hendad 3.6n
henwaed 3.40
hil 25.21n, 22n, 27.33n, 30.16n
hinon 25.11n
hoedl 5.78n
hwnt 11.2n
hwrsẃns S. *'whoresons'* 7.38n
hyd ar 13.12n
hydeb dewrder 3.47
hyloyw 27.34n
iaith 13.42n; *ll.* **ieithoedd** 10.16n
iarll 6.8n, 9.2n
iau 10.17n
Iau 7.53n
iawn 17.1n
i dan 4.16n
Iddew 23.39; *ll.* **Iddewon** 23.38
i gan 5.26n
Ipocras [gwin] llawn perlysiau,
'hippocras' 5.16n
is 26.40n
isier 5.61n

iwmyn 5.7n
lamp 2.24
Lolardiaid 7.21n
llatai 31.4, 32.3, 54
llateiaeth 31.2
llawffon 21.43n
lled ar lled 20.57n
llen 12.42n
llew 1.1n, 34.59n
llif 23.2n
llin 3.25n, 25.24n
llonaid 11.38
Llun 7.56n
llwrw 13.16n
llwybreiddgarw carw a chanddo
rediad rhwydd 8.3
llwyd 6.35n, 26.2n
llwygo diffygio *3 ll.grch.* **llwygen'**
2.51
llwyth 21.33n
llygad *ll.* **llygaid** 8.29n
llyn 6.57n, 13.2n
llys 5.22n, 9.34n, 26.2n
'm 5.35, 63n
mab 3.17n, 31n, 35n, 11.10n,
12.26n, 24.42n, 25.1n
maber ieuenctid 2.40
macwy 3.13
maddau 10.33n
maels afau 26.21
maen 11.1n, 17.54n **maen blif**
3.19n; *ll.* **main** 11.1n
maeserdy tafarn 19.35
maethgen curfa 31.54
mamaeth 21.55n
maner ffordd, modd 27.49
mantell 6.29n, 8.49n, 12.25, 36,
48, 24.53n
manwlith 15.7
marfolaeth 16.23n **marwolaeth**
11.31
mart 1.42n
marwnad 16.48

raement 12.65n
rasbi math o win, S. 'raspis
  (wine)' 5.37
recwnsiawns 2.14n
rhad 25.1n
rhan 22.12n
rheidwr ymladdwr *ll*. rheidwyr
  26.27
rhestlafn gwaywffon sy'n
  gorwedd ar rest yr arfwisg 1.15
rhinwedd 34.13n
rhith 32.33n
rhiwliad rheolwr 1.34
rhoi 17.1n; *3 un.grff.myn.* rhoes
  8.49n
rhuddell 6.29n
rhwydd 25.1n
rhwydd-dab rhwyddineb 12.59
rhydrawns 2.13n
rhygar cyfaill neu berthynas agos
  3.45
rhygryfaf mwyaf cryf 6.61
saeth 16.4, 20.70, 23.13, 20
Sais 24.32n
saith 9.6n
sawr 21.62n
sbardun 6.49n
seren 21.29n, 25.2n, 6n
sewer 5.62n
'sgwîr 9.30n
siad 24.32n
sidan 6.39n
siec 11.50n
singls 24.56n
sinam 21.62n
sir 10.50n
soddi suddo 14.9; *3 ll.grff.myn.*
  soddasant 14.8
Sul 31.32n
swydd 4.8n
tabler 11.47n
tad 11.30n, 22.11n, 24.32n
taid 7.30n
talaith 17.34n

talu *3 un.pres.myn.* tâl 11.35n,
  30.23n
tarw 7.24n
telyn 5.51n
teml 21.56n, 22.35, 23.64
ternio *3 un.grff.myn.* terniodd
  11.48n
tir 14.78n, 26.32n
torri *3 un.amhff.myn.* torrai
  24.32n
toryn mantell 12.45
tra 5.50n, 51n, 12.59n
traetur *ll.* traeturiaid 7.21, 24
traethell traeth, y byd 10.11
traffres 11.29n
traidd y weithred o dreiddio,
  ymosod, ymweld 1.19
traw 30.53n
trebl 11.6n
trech 7.27n
trental 8.39n
tretio *amhrs.grch.* tretier 12.18n
tri 17.29n, 17.54n; *b.* tair 14.15n,
  17.34n
triael 17.6n
triagl 26.54n
trigeinplyg 3.18n
trimor 12.65n
troi *3 un.pres.myn.* try 6.57n
trugeinnyn 5.51n
trwsa 31.20n
trwsio llunio, gwisgo
  1 un.pres.myn. trwsiaf 1.25
trwy 3.18n, 17.44n
trydedd 21.21n
tryma' 17.54n
trystwyr ymladdwyr 17.50
trywyr 17.2n, 26.1n
tu hwnt 24.39n
tunnell 12.25n
tŷ 32.48n
tyfu *3 un.grff.myn.* tyfodd 26.10n
tyrnas 11.48n
un 30.23n

Enwau personau

Adam Adam ap Cynhaethwy
9.10n
Adda[1] 1.7, 60 Adda Moel 1.19,
34.29
Adda[2] 34.67n Addaf 5.78n, 21.35
Alecsander 20.43n
Alffus 21.14n, 18
Alis 7.58n
Amig 28.54n
Amlyn 28.53n
Anna 2.38n, 21.1, 4, 22.8, 22, 66
Annes[1] 8.54 Annes ferch Siôn
8.35n
Annes[2] 31.38n
Argus 10.45n
Aron 21.43n
Arthan 8.2n
Arthur 2.59, 5.22n, 18.35n,
26.2n, 30.48n
Basgrfil 3.24n
Beli 2.12n, 13, 4.20, 21, 17.36n,
19.21
Beuno 7.60n
Brân 2.12n, 4.20
Brochwel 17.37n
Brutus 26.29n
Brychan 3.31n, 11.21n, 17.37,
26.38n
Cadell 1.61n, 5.43n
Cadfan 4.18n
Caradog Freichfras 4.14n
  Cradog Freichfras 26.15–16n
Carnwennan 1.43n
Catwg 8.62n
Cawrda' 3.58n
Celynnin 34.43n
Clarens 1.40n
Clewffas 21.8n, 18
Clinbow 9.16n
Cradog Freichfras gw. Caradog
  Freichfras

Crist 8.56, 10.60, 15.14, 23.35,
29.19 (a gw. Iesu, Mab Mair)
Cunedda Wledig 24.4n
Curig 14.33n, 15.21, 20.1, 19, 58,
59, 74, 75, 78
Cynan ab Iago 4.17n
Cynfelyn 4.17n
Cynfrig Cynfrig ap Pasgen 17.18
Cynfyn 17.39n, 55
Cynin 5.63n
Cynyr 2.63n
Dafydd[1] Dafydd Broffwyd 9.25n,
21.35
Dafydd[2] [Rhys ap] Dafydd
18.13n
Dafydd[3] Dafydd ap Hywel 34.1,
33, 47, 57n, 61
Dafydd[4] [Hywel ap] Dafydd 30.7
Dafydd[5] 3.7n Dafydd Gam 9.46n,
26.10n Syr Dafydd 4.22n
Dafydd Fychan 30.26n
Dafydd Gam gw. Dafydd[5]
Dafydd ... Llwyd 28.49–50n
Dardan 4.19n
Defras 3.22n
Deili 32.43n, 48n
Derfel 2.64n, 71
Dewi 7.47n, 16.49, 22.70, 29.27,
32.31 Dewi Sant 5.44
Duw 1.64, 2.84, 4.11, 15, 25, 27,
30, 31, 5.55, 69, 6.32, 7.32, 42,
47, 8.2, 34, 52, 55, 60, 9.26, 37,
54, 56, 10.9, 24, 25, 11.17, 18,
32, 51, 12.28, 13.57, 14.7, 23,
32, 47, 63, 15.4, 14, 16, 26, 59,
16.9, 12, 35, 49, 20.20, 22, 28,
63, 65, 21.16, 22.12, 14, 23, 26,
45, 50, 54, 56, 67, 71, 23.8, 11,
26.9, 53, 27.25, 63, 28.5, 37, 53,
29.7, 18, 39, 45, 46, 54, 30.28,
31.36, 34.26, 34, 47

Iarll Caer 30.15n
Iarll Cent 1.39n
Iarll Penfro 7.12 (a gw. Wiliam a
 Herbard)
Iarll y Mars 1.37n (a gw.
 Rhosier[1])
Iarll yr Og 30.46n (gw. Owain[1])
Idloes 19.19n
Iestin 4.11n
Iesu 7.20, 23, 9.62, 12.66, 16.39,
 17.59, 21.38, 61, 22.33, 57,
 28.37, 29.18, 43, 32.23 Iesu
 Grist 10.12 (gw. Crist, Mab
 Mair)
Ieuan[1] [Gruffudd ab] Ieuan 8.7n
Ieuan[2] Ieuan ap Gwilym 11.56n,
 29.31, 40, 52 Ieuan ap Gwilym
 29.11
Ieuan[3] ?[Hywel Swrdwal ab]
 Ieuan 12.26n
Ieuan[4] [Gwilym Fychan ab]
 Ieuan 14.60
Ieuan[5] ... Efengyliwr 14.61–2n
Ieuan[6] ?Ieuan ap Gwilym Fychan
 15.6, 14, 22, 26, 36, 54 Ieuan ab
 Gwilym 15.28
Ieuan[7] ... Fedyddiwr 15.9–10n,
 15–16
Ieuan[8] 25.21n
Ieuan[9] [Llywelyn Fychan ab]
 Ieuan 25.54
Ieuan[10] Ieuan ap Gruffudd
 Fychan o'r Deuddwr 28.52n
Ieuan[11] 30.26n
Ieuan[12] Ieuan ap Gruffudd ap
 Siancyn 34.41n
Ieuan[13] 21.22n
Ieuan[14] 19.57n, 32.15, 25, 27
 Ieuan ap Hywel ... Swrdwal
 32.8–10
Ifor 3.25n
Ithel 34.18n
Lawnslod 2.19n Syr Lawnslod

2.53
Liwnel, Syr 2.54n
Lot 14.10n
'Lystan gw. Elystan
Llawdden[1] 18.1, 31.5, 14, 18, 34,
 54
Llawdden[2] 34.24n
Lleon Gawr 26.55n
Llŷr[1] 6.45n
Llŷr[2] 15.21n
Llywelyn[1] 1.26n
Llywelyn[2] 1.36n
Llywelyn[3] 27.33n
Llywelyn[4] Llywelyn ap Gruffudd
 Fychan o'r Deuddwr 28.51n
Llywelyn[5] [Ieuan ap Gwilym ap]
 Llywelyn 29.13
Llywelyn[6] 30.9
Llywelyn ... Fychan fab Ieuan
 25.19–20n
Mab Mair 11.45, 26.52 (a gw.
 Crist, Iesu)
Madog Llwyd 30.31n
Mael 26.40n
Maelgwn 20.9n, 31
Mair 4.30, 31, 5.41, 9.31, 19.11,
 20.74, 21.4, 10, 15, 24, 30, 32,
 37, 42, 53, 63, 22.11, 22, 34, 59,
 62, 69, 72, 28.46, 29.23, 30 (a
 gw. Mab Mair)
Marïa 21.31 (a gw. *Ave Maria*)
Mastr Tomas gw. Tomas[1]
Mathau 10.8, 33 (a gw. Robert)
Mawd 34.39n
Meilir[1] 30.11
Meilir[2] 34.17n
Meistr Rhosier gw. Rhosier[4]
Melgad 20.9n
Meurig[1] [Gruffudd ab Ieuan ap]
 Meurig 8.8n
Meurig[2] Meurig ap Pasgen 17.11
Meurig[3] 25.24n
Mihangel 20.77n, 24.53n

Enwau lleoedd

Llawysgrifau

Cynnwys nifer o'r llawysgrifau a restrir waith sawl copïydd. Ceisir dyddio'r rhannau hynny y mae gwaith Hywel Swrdwal, Ieuan ap Hywel Swrdwal a Dafydd ap Hywel Swrdwal ynddynt yn unig. Cydnabyddir yn ddiolchgar gymorth Mr Daniel Huws ynglŷn ag unrhyw ddyddiadau neu wybodaeth nas crybwyllir yn y ffynonellau printiedig a nodir.

Llawysgrifau yng nghasgliad Prifysgol Cymru, Bangor

Bangor 13512: llaw anh., hanner cyntaf y 18g., gw. 'Catalogue of Bangor MSS. General Collection X' 13473–16978 (cyfrol anghyhoeddedig, Prifysgol Cymru, Bangor).

Bangor 15599: Siôn Powel, Rhydyreirin, 1760–4, gw. *l.c.*

Llawysgrifau Ychwanegol yn y Llyfrgell Brydeinig, Llundain

BL Add 12230 [= RWM 52]: Griffith Vaughan, *c.* 1689, gw. RWM ii, 1136–44.

BL Add 14866 [= RWM 29]: David Johns, 1587, gw. *ib.* 1022–38.

BL Add 14966: Wiliam Bodwrda a'i gynorthwywyr, canol yr 17g., gw. CAMBM 1844, 46–7; R. Geraint Gruffydd, 'Llawysgrifau Wiliam Bodwrda o Aberdaron (a briodolwyd i John Price o Fellteyrn)', Cylchg LlGC viii (1953–4), 349–50; Dafydd Ifans, 'Bywyd a Gwaith Wiliam Bodwrda (1593–1660)' (M.A. Cymru [Aberystwyth], 1974), 266–340.

BL Add 14967 [= RWM 23]: llaw anh., canol yr 16g. (ar ôl 1527), gw. RWM ii, 996–1014.

BL Add 14969: Tomas Prys, Huw Machno ac eraill, dechrau'r 17g., gw. CAMBM 1844, 48.

BL Add 14971 [= RWM 21]: John Jones, Gellilyfdy, 16/17g., a Dr John Davies, Mallwyd, gw. RWM ii, 977–86; Rh.F. Roberts, 'Bywyd a gwaith Dr. John Davies, Mallwyd' (M.A. Cymru [Bangor], 1950), 342.

BL Add 14976 [= RWM 22]: un o gynorthwywyr Dr John Davies, Mallwyd, *c.* 1610–20, gw. RWM ii, 986–96.

BL Add 14978: llaw anh., *c.* 1600, gw. CAMBM 1844, 53.

BL Add 14984: llaw anh., *c.* 1600, gw. *ib.* 55–6.

BL Add 14991: Owen Jones 'Owain Myfyr' a Hugh Maurice, 18–19g., gw. *ib.* 57–8.

BL Add 15040: llaw anh., 16/17g., gw. *ib.* 77.

BL Add 31056: llaw anh., canol yr 17g., gw. *ib.* CAMBM, 1876–81, 154.

BL Add 31061: llaw anh., ail hanner yr 16g., gw. *l.c.*

BL Add 31069: Owen Jones 'Owain Myfyr' a Hugh Maurice, 1804 (yn ôl yr wynebddalen), gw. *l.c.*

BL Add 31072: Owen Jones 'Owain Myfyr' a Hugh Maurice, 1804 (yn ôl yr wynebddalen), gw. *l.c.*

Llawysgrif yng nghasgliad Bodewryd yn Llyfrgell Genedlaethol Cymru, Aberystwyth

Bodewryd 1: Wmffre Dafis, 1600–35, gw. 'Schedule of Bodewryd Manuscripts and Documents' (cyfrol anghyhoeddedig, Llyfrgell Genedlaethol Cymru, Aberystwyth, 1932), 1; E.D. Jones, 'The Brogyntyn Welsh Manuscripts', Cylchg LlGC v (1947–8), 258.

Llawysgrif yn Llyfrgell Bodley, Rhydychen

Bodley Welsh e 4: Lewys Dwnn, *c.* 1580–1603, gw. SCWMBLO vi, 53; CLC² 203; Garfield H. Hughes, *Iaco ab Dewi 1648–1722* (Caerdydd, 1953), 39.

Llawysgrif yng nghasgliad Brogyntyn yn Llyfrgell Genedlaethol Cymru, Aberystwyth

Brog (y gyfres gyntaf) 2: Wmffre Dafis, 1599, gw. 'Catalogue of Brogyntyn Manuscripts and Documents', i (cyfrol anghyhoeddedig, Llyfrgell Genedlaethol Cymru, Aberystwyth, 1937), 3–5; E.D. Jones, *art.cit.* 234–6.

Llawysgrifau yn Llyfrgell Ganolog Caerdydd

Card 2.68 [= RWM 19]: llaw anh., *c.* 1624, gw. RWM ii, 178–93.

Card 2.114 [= RWM 7] 'Llyfr Bicar Wocing': llaw anh., 1564–5, gw. *ib.* 110–28.

Card 2.202 [= RWM 66]: John Davies, 1690, gw. *ib.* 289–93.

Card 2.617 [= Haf 3]: llaw anh., *c.* 1620–5, gw. *ib.* 302–6.

Card 2.630 [= Haf 20]: Llywelyn Siôn, 16/17g., gw. *ib.* 323–8.

Card 3.2 [= RWM 27]: llaw anh., 17/18g., gw. *ib.* 224–9.

Card 4.9: William Jones, Llangadfan, 1794, gw. Graham C.G. Thomas & D. Huws, *Summary Catalogue of the Manuscripts ... commonly referred to as the "Cardiff MSS"* (Aberystwyth, 1994), 314–15.

Card 4.10 [= RWM 84]: Dafydd Jones, Trefriw, ail hanner y 18g., gw. RWM ii, 790–3.

Card 4.101 [= RWM 83]: Huw Machno, *c*. 1600–36, gw. *ib*. 783–9.

Card 5.44: Llywelyn Siôn, cwblhawyd 1613, gw. Graham C.G. Thomas & D. Huws, *op.cit*. 440; Llywelyn Siôn, &c.: Gw 157–60, 212–36.

Card 5.167 [= Thelwall]: cylch Richard Longford, *c*. 1565–72, gw. BaTh 303, 311–12.

Llawysgrif yng nghasgliad Castell y Waun yn Llyfrgell Genedlaethol Cymru, Aberystwyth

Chirk A 5: llaw anh., 16/17g., gw. E.D. Jones, 'A Schedule of Chirk Castle Manuscripts and Documents' i (cyfrol anghyhoeddedig, Llyfrgell Genedlaethol Cymru, Aberystwyth), 2.

Llawysgrifau yng nghasgliad Cwrtmawr yn Llyfrgell Genedlaethol Cymru, Aberystwyth

CM 5: llawiau amrywiol, 17/18g., gw. RWM ii, 878–86; B.G. Owens & R.W. McDonald, 'A Catalogue of the Cwrtmawr Manuscripts', i (cyfrol anghyhoeddedig, Llyfrgell Genedlaethol Cymru, Aberystwyth, 1980), 5–6.

CM 10: David Ellis, Cricieth, 1766, gw. RWM ii, 890–5; B.G. Owens & R.W. McDonald, *op.cit*. 11.

CM 12: David Ellis, 1794, gw. RWM ii, 900–3; B.G. Owens & R.W. McDonald, *op.cit*. 14–15.

CM 206: Cadwaladr Dafydd, Llanymawddwy, 1736–48, gw. B.G. Owens & R.W. McDonald, *op.cit*. 242–3.

CM 454: Peter Bayly Williams, 1791–3, gw. B.G. Owens, Rhiannon Francis Roberts a R.W. McDonald, 'A Catalogue of the Cwrtmawr Manuscripts' (cyfrol anghyhoeddedig, Llyfrgell Genedlaethol Cymru, Aberystwyth, 1994), 509.

Llawysgrifau yng nghasgliad J. Gwyneddon Davies ym Mhrifysgol Cymru, Bangor

Gwyn 3: Jaspar Gryffyth, 1590, gw. GSCMB 30; *Gwyneddon 3*, gol. I. Williams (Caerdydd, 1931), v–xii; *Early Welsh Poetry: Studies in the Book of Aneirin*, ed. B.F. Roberts (Aberystwyth, 1988), 46.

Gwyn 9: Peter Bayly Williams, 1801, gw. GSCMB 30–1.

Llawysgrifau yng nghasgliad Coleg Iesu, Rhydychen

J 101 [= RWM 17]: llaw anh., *c.* 1630, gw. RWM ii, 68–86; 'Schedule of Bodewryd Manuscripts and Documents' (cyfrol anghyhoeddedig, Llyfrgell Genedlaethol Cymru, Aberystwyth, 1932), l; E.D. Jones, 'The Brogyntyn Welsh Manuscripts', Cylchg LlGC v (1947–8), 234–6, plât rhif 32 (ond gall fod yn ddiweddarach na hynny, gw. M.P. Bryant-Quinn, ' "Enaid y Gwir Oleuni": y Grog yn Aberhonddu', *Dwned*, ii (1996), 57–8).

J 139 [= RWM 14]: llaw anh., dechrau'r 17g., gw. RWM ii, 56–7 (gwall yw 'early xvith century'); E.D. Jones, 'The Brogyntyn Welsh Manuscripts', Cylchg LlGC vi (1949–50), 223.

Llawysgrifau yng nghasgliad Llyfrgell Genedlaethol Cymru, Aberystwyth

J.R. Hughes 5: Y Parch. John Evans, Caira, ficar Casnewydd, 1793, gw. Rhiannon Francis Roberts, 'A Schedule of J.R. Hughes Manuscripts and Papers' i (cyfrol anghyhoeddedig, Llyfrgell Genedlaethol Cymru, Aberystwyth, 1963), 1–2; cf. M.P. Bryant-Quinn, ' "Enaid y Gwir Oleuni": y Grog yn Aberhonddu', *Dwned*, ii (1996), 55–6.

LlGC 16B: cynorthwyydd Wiliam Bodwrda, canol yr 17g., gw. NLWCM 37–47, R. Geraint Gruffydd, 'Llawysgrifau Wiliam Bodwrda o Aberdaron (a briodolwyd i John Price o Fellteyrn)', Cylchg LlGC viii (1953–4), 349–50; Dafydd Ifans, 'Wiliam Bodwrda (1593–1660)', *ib.* xix (1975–6), 300–10.

LlGC 428C: Howel W. Lloyd, canol y 19g., gw. NLWCM 299–302.

LlGC 435B: llaw anh., dechrau'r 17g., gw. *ib.* 321–5.

LlGC 552B: llaw anh., hanner cyntaf yr 17g., gw. HMNLW i, 33.

LlGC 642B: llaw anh., hanner cyntaf yr 17g., gw. *ib.* 43.

LlGC 643B: llaw anh., hanner cyntaf yr 17g., gw. *l.c.*

LlGC 695E: llaw anh., canol yr 17g., gw. *ib.* 50.

LlGC 834B: un o gynorthwywyr Dr John Davies, Mallwyd, *c.* 1610–20, gw. *ib.* 64.

LlGC 970E [= Merthyr Tudful]: Llywelyn Siôn, 1613, gw. RWM ii, 372–94; HMNLW i, 77; D.H. Evans, 'Ieuan Du'r Bilwg (*fl. c.* 1471)', B xxxiii (1986), 106.

LlGC 1238B: Twm o'r Nant (Thomas Edwards) a Twm Ifan, ail hanner y 18g., gw. HMNLW i, 100.

LlGC 1246D: Rhys Jones o'r Blaenau, canol y 18g., gw. *ib.* 101; CLC² 414.

LlGC 1559B: Wiliam Bodwrda, canol yr 17g., gw. HMNLW i, 130; R. Geraint Gruffydd, 'Llawysgrifau Wiliam Bodwrda o Aberdaron (a briodolwyd i John Price o Fellteyrn)', Cylchg LlGC viii (1953–4), 349–50; Dafydd Ifans, 'Bywyd a Gwaith Wiliam Bodwrda (1593–1660)' (M.A. Cymru [Aberystwyth], 1974), 579–601; *id.*, Cylchg LlGC xix (1975–6), 300–10.

LlGC 1560C: llaw anh., 16/17 g., gw. HMNLW i, 130.

LlGC 1706B: Walter Davies 'Gwallter Mechain', hanner cyntaf y 19g., gw. *ib.* 151.

LlGC 2023B [= Pant 56]: Evan Evans 'Ieuan Brydydd Hir', ail hanner y 18g., gw. RWM ii, 862–3.

LlGC 2601B: John Peter 'Ioan Pedr' (1833–77) ac eraill, 19g., gw. HMNLW ii, 224.

LlGC 3050D [= Mos 147]: Edward Kyffin, *c.* 1577, gw. RWM i, 180–96.

LlGC 3051D [= Mos 148]: llaw anh., ail hanner yr 16g., gw. *ib.* 196–212.

LlGC 3056D [= Mos 160]: Wmffre Dafis, *c.* 1600, gw. *ib.* 224–42; E.D. Jones, 'The Brogyntyn Welsh Manuscripts', Cylchg LlGC v (1947–8), 234; MWM 101.

LlGC 5269B: cynorthwyydd Dr John Davies, Mallwyd, *c.* 1630, gw. HMNLW ii, 64.

LlGC 5273D [= Dingestow 13]: William Davies, Llangoed, 1642, gw. *ib.* 83.

LlGC 5474A [= Aberdâr 1]: Benjamin Simon, 1747–51, gw. RWM ii, 395–408; HMNLW ii, 104.

LlGC 6209E: William Jones, cynorthwyydd Edward Lhuyd, *c.* 1700, gw. *ib.* 158–9; Garfield H. Hughes, *op.cit.* 32–3.

LlGC 6511B: Llywelyn Siôn, *c.* 1593–5, gw. HMNLW ii, 188; D.H. Evans, *art.cit.* 106.

LlGC 6681B: John Jones, Gellilyfdy, 1604, gw. HMNLW ii, 204–5; Nesta Lloyd, 'A History of Welsh Scholarship in the First Half of the Seventeenth Century, with Special Reference to the Writings of John Jones, Gellilyfdy' (D.Phil. Oxford, 1970), 27–8.

LlGC 6735B: Richart Robert, 17/18g., gw. HMNLW ii, 211.

LlGC 7191B: llaw anh., diwedd yr 17g., gw. *ib.* 245.

LlGC 8330B: llaw anh., *c.* 1635, gw. HMNLW iii, 36.

LlGC 8497B: llaw gynnar Thomas Wiliems, Trefriw, *c.* 1570–90, gw. *ib.* 54.

LlGC 9166B: llaw anh., canol yr 17g., gw. *ib.* 121.

LlGC 13061B: Tomos ab Ieuan, Tre'r Bryn, chwarter olaf yr 17g., gw. HMNLW iv, 353–4.

LlGC 13062B: Tomos ab Ieuan, Tre'r Bryn, chwarter olaf yr 17g., gw. *l.c.*

LlGC 13064D: llaw anh., *c.* 1771, gw. *ib.* 351.

LlGC 13066B: Meurig Dafydd, *c.* 1593, gw. *ib.* 356.

LlGC 13067B: llaw anh., 16/17g., gw. *l.c.*

LlGC 13068B: Sils ap Siôn, *c.* 1600, gw. *ib.* 356–7.

LlGC 13072B: Jenkin Richards, *c.* 1650, gw. *ib.* 359; R. Geraint Gruffydd, 'Awdl wrthryfelgar gan Edward Dafydd', LlCy v (1958–9), 158.

LlGC 13079B: llaw anh., diwedd yr 16g., gw. HMNLW iv, 363.

LlGC 13178B: llaw anh., hanner cyntaf yr 17g., gw. *ib.* 486–7.

LlGC 16964A: llaw anh., hanner cyntaf yr 17g., gw. 'Schedule of Manuscripts, Letters and Manorial Letters from the Library of the late Major Albert Addams-Williams, Llangibby Castle, Monmouthshire' (cyfrol anghyhoeddedig, Llyfrgell Genedlaethol Cymru, Aberystwyth, 1939), 2–3.

LlGC 17114B [= Gwysanau 25]: llaw anh., *c.* 1560, gw. H.D. Emanuel, 'The Gwysaney Manuscripts', Cylchg LlGC vii (1951–2), 339; *id.*, 'Catalogue of the Gwysaney MSS' (cyfrol anghyhoeddedig, Llyfrgell Genedlaethol Cymru, Aberystwyth, 1953), 31–45; E. Bachellery, Études v (1950–1), 116–18; GO 21–2 (er iddo gamsynied ynglŷn â'r dyddiad); BaTh 306.

LlGC 17121D [= Gwysanau 38]: llaw anh., canol yr 16g., gw. H.D. Emanuel, 'The Gwysaney Manuscripts', Cylchg LlGC vii (1951–2), 339; *id.*, 'A Catalogue of the Gwysaney Manuscripts' (cyfrol anghyhoeddedig, Llyfrgell Genedlaethol Cymru, Aberystwyth, 1953), 53–6.

LlGC 20574A: Siôn Prichard, Prion, 1652–7, gw. 'Llawysgrifau 20001–21700' (catalog anghyhoeddedig, Llyfrgell Genedlaethol Cymru, Aberystwyth).

LlGC 20968B: llaw anh., dechrau'r 17g., gw. 'Llawysgrifau 20001–21700' (catalog anghyhoeddedig, Llyfrgell Genedlaethol Cymru); YEPWC xxxi–xxxii.

LlGC 21290E [= Iolo Aneurin Williams 4]: Llywelyn Siôn, 16/17g., gw. Rh.F. Roberts, 'A List of Manuscripts from the collection of Iolo Morganwg among the Family Papers presented by Mr. Iolo Aneurin Williams and Miss H. Ursula Williams, London, 1953–4' (cyfrol anghyhoeddedig, Llyfrgell Genedlaethol Cymru, Aberystwyth, 1978), 3–4.

LlGC Mân Adnau 1206B [= Tanybwlch 1]: llaw anh., *c.* 1700, gw. 'Schedule of the contents of a manuscript Volume of Welsh Poetry, known as the Tanybwlch Manuscript' (cyfrol anghyhoeddedig, Llyfrgell Genedlaethol Cymru, Aberystwyth, 1932), 1–42.

Llawysgrifau yng nghasgliad Llansteffan yn Llyfrgell Genedlaethol Cymru, Aberystwyth

Llst 7: llaw anh., ail chwarter yr 16g., gw. RWM ii, 433–41.

Llst 30: cynorthwyydd Dr John Davies, Mallwyd, *c.* 1610–20, gw. *ib.* 465–73.

Llst 35: Wmffre Dafis, *c.* 1620, gw. *ib.* 478–82; ByCy 117; E.D. Jones, 'The Brogyntyn Welsh Manuscripts', Cylchg LlGC v (1947–8), 234.

Llst 47: Llywelyn Siôn, 1586–90, gw. RWM ii, 516–23; M.P. Bryant-Quinn, '"Enaid y Gwir Oleuni": y Grog yn Aberhonddu', *Dwned*, ii (1996), 55.

Llst 48: Llywelyn Siôn, 16/17g., gw. RWM ii, 523–5; D.H. Evans, *art.cit.* 106.

Llst 53: Siâms Dwnn, *c.* 1647, gw. RWM ii, 534–45.

Llst 55: Siôn Dafydd Rhys, 1579, gw. *ib.* 549–53.

Llst 118: Wmffre Dafis (*ob.* 1635), *c.* 1600–20, gw. *ib.* 579–92; E.D. Jones, *l.c.*

Llst 133: Samuel Williams ac Iaco ap Dewi, yn gynnar yn y 18g., gw. RWM ii, 664–94; Garfield H. Hughes, *op.cit.* 37–40.

Llst 134 [= Llyfr Hir Amwythig]: Llywelyn Siôn, *c.* 1609–10, gw. RWM ii, 695–712; D.H. Evans, *art.cit.* 106.

Llst 155: llaw anh., *c.* 1575–1600, gw. RWM ii, 728–32.

Llst 167: llaw anh., *c.* 1623, gw. *ib.* 754–7.

Llst 169: llaw anh., diwedd yr 16g., gw. *ib.* 759–60.

Llawysgrifau yng nghasgliad Peniarth yn Llyfrgell Genedlaethol Cymru, Aberystwyth

Pen 10: llaw anh., 15/16g., gw. RWM i, 320–1.

Pen 54i & ii: Hywel Swrdwal ac Ieuan ap Hywel Swrdwal, *c.* 1480, gw. *ib.* 420; MWM 95–6.

Pen 64: Simwnt Fychan, wedi 1577, gw. RWM i, 448–54.

Pen 66: llaw anh., diwedd yr 16g., gw. *ib.* 456–60.

Pen 69: Rhys Cain, 1574–90, gw. *ib.* 467–70.

Pen 77: Thomas Wiliems, *c.* 1570–90, gw. *ib.* 509–18; GP liii.

Pen 80: llaw anh., *c.* 1550–80, gw. RWM i, 524–7.

Pen 83: llaw anh., ail hanner yr 16g., gw. *ib.* 540–8.

Pen 86: llaw anh. (ond rhannau o'r llawysgrif yn llaw Gruffudd Hiraethog a Simwnt Fychan), ail hanner yr 16g., gw. *ib.* 550–6.

Pen 91: llaw anh., *c.* 1641, gw. *ib.* 566–9.

Pen 96: Lewis Dwnn, *c*. 1600, gw. *ib*. 592–603.

Pen 98i: llaw anh., *c*. 16/17g., gw. *ib*. 609–11.

Pen 100: Dr John Davies, Mallwyd, a chynorthwyydd, *c*. 1610–20, gw. *ib*. 624–34; Rh.F. Roberts, 'Bywyd a gwaith Dr. John Davies, Mallwyd' (M.A. Cymru [Bangor], 1950), 342.

Pen 101: Robert Vaughan, Hengwrt, hanner cyntaf yr 17g., gw. *ib*. 634–8.

Pen 112: John Jones, Gellilyfdy, cyn 1610, gw. *ib*. 671–86; N. Lloyd, 'A History of Welsh Scholarship in the First Half of the Seventeenth Century, with Special Reference to the Writings of John Jones, Gellilyfdy' (D.Phil. Oxford, 1970), 28–33.

Pen 152: Robert Vaughan, canol yr 17g., gw. RWM i, 927–32.

Pen 195: David Ellis, Gwanas, hanner cyntaf y 18g., gw. *ib*. 1023–5.

Pen 198: llaw anh., *c*. 1693–1701, gw. *ib*. 1026.

Pen 221: John Jones, Gellilyfdy, ar ôl 1620, gw. *ib*. 1045; N. Lloyd, *op.cit*. 26–7; M.T Burdett-Jones, 'Trydydd Llyfr Cywyddau John Jones Gellilyfdy', YB xvi (1990), 127–40.

Pen 312: John Jones, Gellilyfdy, 1610–40, gw. RWM i, 1114–18.

Llawysgrif yng nghasgliad Stowe yn y Llyfrgell Brydeinig, Llundain
Stowe 959 [= RWM 48]: llaw anh., 16/17g., gw. RWM ii, 1110–26; GLGC xxxii.

Llawysgrif yng nghasgliad Wynnstay yn Llyfrgell Genedlaethol Cymru, Aberystwyth
Wy 1: llaw gynnar Thomas Wiliems, *c*. 1570–90, gw. 'Schedule of the Wynnstay Manuscripts and Documents' (cyfrol anghyhoeddedig yn Llyfrgell Genedlaethol Cymru, Aberystwyth), 1–2.

Mynegai i'r llinellau cyntaf

Mynegai i'r noddwyr a'r gwrthrychau